HE GAVE GIFTS UNTO MEN

A Biblical Perspective of Apostles, Prophets, and Pastors

Kenneth E. Hagin

HE GAVE GIFTS UNTO MEN
by Kenneth E. Hagin

ⓒ 1992 RHEMA Bible Church
AKA Kenneth Hagin Ministries, Inc.
P. O. Box 50126 Tulsa, OK 74150-0126 U.S.A.
All Rights Reserved.

2008 / Korean by Word of Faith Company, Korea.
Translated and published by permission
Printed in Korea.

그리스도의 선물

1판 1쇄 발행일 · 2008년 3월 13일
1판 3쇄 발행일 · 2019년 2월 12일

지은이 케네스 해긴
옮긴이 김진호
발행인 최순애
발행처 믿음의 말씀사
2000. 8. 14 등록 제 68호
우) 16934 경기도 용인시 기흥구 신정로 301번길 59
TEL 031)8005-5483/5493 FAX 031)8005-5485
http://faithbook.kr

ISBN 89-90836-53-0 03230
값 16,000원

본 저작물의 한국어판 저작권은 케네스 해긴 목사님을 통해
FAITH LIBRARY와의 독점 협약으로 '믿음의 말씀사'가 소유합니다.
저작권법에 의해 한국 내에서 보호를 받는 저작물이므로 무단 전재와 복제를 금합니다.

사도, 선지자, 목사에 대한 성경의 관점

그리스도의 선물

케네스 해긴 지음 | 김진호 옮김

믿음의말씀사

| 목차 |

서문 _ 6

PART 1 사도들

01 사도들의 서열 또는 계급 _ 8

02 네 번째 서열의 사도 : 비토대적인 사도들 _ 41

03 사도적 부르심의 특징들 _ 59

04 사도적 사역을 위한 자격들 _ 80

PART 2 선지자들

05 구약과 신약에서 차이가 나는 선지자의 직임 _ 104

06 신약 선지자는 무엇인가? _ 121

07 선지자는 신약 시대의 믿는 자들에게
    방향을 안내하거나 지시하는 자 _ 147

08 육으로 연기하는 것과 성령으로 사역하는 것 _ 175

09 예언과 권면 _ 202

10 하나님은 권위의 위치에 초신자를 두지 않으신다 _ 228

PART 3 **목사들**

11 교회의 행정권 _ 248

12 목사와 지역교회 _ 273

13 서로 다른 교회의 구조 _ 311

14 사역자에 대한 지도 _ 328

| 서문 |

교회의 머리이신 예수 그리스도께서는 그의 몸된 교회를 멀지 않아 있게 될 자신의 재림을 위해 준비시키고 있습니다.

그것이 바로 사역으로 부르심 받은 자들이 그리스도의 몸 안에서 그들이 있어야 할 적절한 위치에서 기능을 하는 것이 지극히 중요한 이유입니다.

오늘날 그리스도의 몸 안에서 사도와 선지자의 역할들에 대해서 다소 논쟁이 있어 왔습니다. 어떤 신자들은 이 직임들은 심지어 존재하지도 않는다고 주장하기도 합니다.

또 다른 사람들은 이 직임에 있는 사역자들이 지역교회에서 목사와 일반신자들에게 가지는 권위에 대해 극단적인 관점을 취하기도 합니다.

이 책은 사도, 선지자, 그리고 목사들이 오늘날 그리스도의 몸 안에서 반드시 해야 할 기능에 대해 성경적인 관점을 보여주고 있습니다.

이러한 직임들은 그리스도의 몸으로부터 결코 제외되었던 적이 없습니다. 그럼에도 불구하고 제가 믿는 것은 하나님께서 이 영역의 가르침에서 성경적인 균형을 가져오기 원하신다는 사실입니다.

PART 1

사도들

01

사도들의 서열 또는 계급

…그가 위로 올라가실 때에 사로잡혔던 자들을 사로잡으시고 **사람들에게 선물을 주셨다**   엡 4:8

그가 **어떤 사람은 사도로**, 어떤 사람은 선지자로, 어떤 사람은 복음 전하는 자로 어떤 사람은 목사와 교사로 **삼으셨으니**   엡 4:11

하나님이 교회 중에 몇을 세우셨으니 첫째는 사도요 둘째는 선지자요 셋째는 교사요 그 다음은 능력을 행하는 자요 그 다음은 병 고치는 은사와 서로 돕는 것과 다스리는 것과 각종 방언을 말하는 것이라
   고전 12:28

사역의 은사들 : 하나님의 부르심

에베소서 4장 11절에는 다섯 가지 사역의 은사들이 언급되어 있습니다.

사역의 은사는 이들 다섯 가지 사역의 직임들, 즉 사도, 선지자, 복음 전도자, 목사, 그리고 교사 가운데 한 가지 직임에서 세움을 받기 위해, 하나님으로부터 전임full time 사역자가 되도록 부르심을 받은 사람들 안에 내주합니다.

어떤 사람들은 오늘날의 교회 안에 사도와 선지자의 직임을 제외한 모든 사역의 직임이 기능을 하고 있다고 말합니다. 그러나 하나님께서 교회에서 그런 직임들을 제하셨다거나, 교회는 이러한 사역의 은사들이 더 이상 필요하지 않다고 성경 어디에서 말하고 있습니까?

바울은 교회가 시작되고 수년이 지난 후 에베소 교회 교인들에게 이 서신을 보냈습니다. 그렇다면 만일 하나님께서 사도와 선지자의 역할을 교회에서 제하셨다면 바울은 이렇게 말했을 것입니다. "하나님께서 복음 전하는 자와 목사와 교사를 교회에 주셨으니…"라고 말입니다. 그러나 그는 그렇게 말하지 않았습니다.

하나님께서 다섯 가지 사역의 은사, 모두를 교회에 주셨습니다. 그리고 그 다섯 가지 사역의 은사들은 그들의 기능함에 있어서 결코 단절된 적이 없었습니다. 이 다섯 가지 사역의 은사들은 우리가 사는 이 시대에도 여전히 기능을 하고 있습니다.

이는 성도를 온전하게 하여 봉사의 일을 하게 하며 그리스도의 몸을 세우려 하심이라 우리가 다 하나님의 아들을 믿는 것과 아는 일에 하나가 되어 온전한 사람을 이루어 그리스도의 장성한 분량이 충만한 데까지 이르리니 엡 4:12-13

이 성경 구절들은 사역의 은사들이 교회에 주어진 세 가지 이유를 우리에게 말해줍니다.
1. 성도를 온전하게 하며
2. 봉사의 일을 하게 하며
3. 그리스도의 몸을 세우기 위해서

실제로 헬라어로는 "성도를 온전하게 하여 그 성도들이 사역의 일을 할 수 있도록 하며, 그 결과로서 그리스도의 몸을 세우는 것"이라는 의미를 나타내 줍니다.

다른 번역은 하나님께서 오중 사역five fold ministry의 은사를 주신 것은 "그분의 성도His holy people들로 하여금, 일꾼으로서 섬기도록 준비시키기 위해서이다."현대어 성경:The New Testament in the Language of Today, william F. Beck라고 말합니다.

굿스피트 번역본은 하나님께서 교회에 사역의 은사를 주신 것은 "성도들이 장성한 장년에 이를 수 있게 하고reach mature manhood 그리스도만큼 장성한 분량measure of development found in Christ에 이르도록 하기 위함이다"라고 말합니다.

얼마나 오랫동안 사역의 은사들이 교회 안에 있게 될 것입니까?

에베소서 4장 13절은 이렇게 말합니다.

"우리가 다 하나님의 아들을 믿은 것과 아는 일에 하나가 되어 온전한 사람을 이루어 그리스도의 장성한 분량에 충만한 데까지 이르리니."

12절과 13절에 있는 "온전하게 하여"나 "온전한"이란 말들이 여러분을 너무 몰아세워서 낙심하게 못하도록 하십시오. 육신 안에 있는 동안 우리는 결코 완전해 질 수 없습니다. 우리가 이러한 죽을 몸을 입고 있는 한, 우리는 대부분의 사람들이 완전에 대해 생각하는 그런 의미의 완전에는 도달하지 못합니다.

여기서 "완전"이란 단어는 성숙mature 또는 장성한 사람full manhood을 의미합니다. 성경은 영적인 성숙에 대해서 말씀하고 있습니다.

교회는 사도, 선지자, 복음 전하는 자, 목사 그리고 교사의 직임으로 불리워지는 사역의 은사들은 언제나 필요할 것입니다. 왜냐하면 믿는 자들로 구성된 하나의 몸으로서, 우리는 항상 그리스도의 장성한 분량을 향해 성장해가는 과정 중에 있기 때문입니다. 심지어 예수님이 재림하실 때조차도 그리스도의 몸 안에는 이제 막 구원받은 사람들과 여전히 영적인 아기들이 있을 것입니다.

이러한 오중 사역의 직임들에는 각 직분마다 독특한 기름부음이 있습니다. 그리고 하나님의 사역자들로서 다른 직임들 안에 위치해 있을 때 성령의 기름부음은 각 직임마다 다른 분량으로 주어지며, 다르게 역사합니다.

그러나 모든 사역의 은사들은 그리스도의 몸을 세우거나 영적으로 지어져가게 하기 위함입니다.

평신도가 아닌 전임 사역자들은 각자의 사역의 은사에 기름부음이 있습니다. 어떤 평신도도 하나님께서 교회 안에 부으신 이러한 사역의 은사들을 대신할 수 없습니다. 물론 평신도도 하나님을 증거 할 수 있으며, 그리고 더 나아가서 하나님 나라의 성장에 관한 많은 일들을 할 수 있습니다.

그리고, 일반적 의미에서 모든 사람은 그리스도의 몸 안에서 섬기기 위한 사역 안에 있습니다.

그러나 사역의 은사들은 전임 사역자로 불리는 사람, 성도들을 준비시키고 성숙하도록 돕기 위해 하나님으로부터 기름부으심을 받은 사람들을 위한 것입니다. 교회에서 이러한 사역의 은사들이 나타나지 않고 역사하지도 않는다면 성도들이 사역의 일을 할 수 있도록 성숙하지도 않을 것이며 준비되지도 않게 될 것입니다.

사역의 은사들에 관해 알아야 할 그 외의 것들이 있습니다.

에베소서 4장 11절은 말씀하기를 "예수님께서 이 사역의 은사들을 사람들에게 주셨다"고 말합니다. 고린도전서 12장 28절은 "하나님은 이 사역의 은사들을 교회에 두셨다"고 말합니다.

하나님은 사역의 은사들은 사람에게 주셨습니다. 그리고 하나님은 그 사역의 은사들을 사람이 아니라 교회에 두셨습니다. 여기에는 큰 차이가 있습니다.

스스로 원하기 때문에, 혹은 누군가가 당신에게 말했기 때문에, 또는 누군가가 당신에게 예언했기 때문에 당신이 사역의 어떤 국면으로 들어가는 것이 아닙니다.

사람이 여러분을 사역으로 부르는 것이 아닙니다. 하나님이 부르시는 것입니다. 하나님만이 남자와 여자들을 사역의 은사의 직임에 세우시는 것입니다.

하나님께서 사역으로 부르시는 자들은, 그 사역을 위해 하나님께서 준비시키십니다. 하나님께서 사역으로 부르신 자들에게 기름을 부으시고 그들에게 영적인 능력을 주시는데, 하나님께서 그들을 어떤 직임에 부르셨든지 감당할 수 있도록 하기 위해서입니다.

성공에 있어서 교육과 야망이 중요하지만, 우리가 사역에서 성공하고자 한다면 우리는 교육이나 야망 이상의 것이 필요합니다. 우리는 초자연적 은사들, 초자연적 장비들equipment로 갖추어진 사역을 필요로 합니다.

사역은 어떤 직분으로 불리느냐가 중요한 것이 아니라 교회의 머리이신 주 예수 그리스도께서 어떤 사역을 감당할 수 있도록 어떠한 능력을 주셨느냐가 중요합니다. 나는 어떤 사람들이 스스로를 어떤 직함으로 부르면서 돌아다니는 것을 우습게 생각합니다.

어떤 것에다가 어떤 상표를 갖다 붙인다고 그 상표가 되는 것이 아닙니다. 당신이 빈 깡통에다 어떤 상표를 붙인다고 해도 그 깡통 안에 아무 것도 채울 수 없는 것입니다!

성경은 주 예수 그리스도께서 친히 사역의 은사들을 그리스도의 몸에 주셨다고 말씀합니다. 그럼에도 불구하고 어떤 사람들은 주제 넘게 돌아다니며 사람들에게 안수하면서, 그들을 여러 가지 사역의 직임들 안으로 밀어 넣고 있습니다.

그것은 불가능한 일입니다!

나는 그것을 "빈 머리에 빈 손 얹기"라고 부릅니다!

그리고 그것은 그리스도의 몸에 어떤 문제를 일으키는데, 왜냐하면 그렇게 하는 것이 사람들로 하여금 자기가 기름부음을 가지고 있지도 않고, 또 부르심을 받지도 않는 사역의 직임들 안으로 들어가도록 사람들을 부추기는 것이기 때문입니다.

친구들이여, 당신은 하나님으로부터 부르심을 받지 않은 사역의 직임으로 스스로 들어갈 수는 없습니다. 그렇게 하는 것은 위험합니다. 그것으로 인해 당신의 생명을 지불해야 할 수도 있습니다. 나는 젊어서 죽는 사역자들을 줄곧 보아왔는데, 그들은 하나님께서 그들에게 하라고 하신 것을 하지 않고, 그들이 부르심을 받지 않은 사역의 직임 안으로 스스로를 밀어 넣으려고 했기 때문입니다.

아무도 어떤 사람을 사역의 어떤 직임으로 세울 수 없습니다. 하나님만이 사람들을 이러한 직임들 안으로 불러 세웁니다.

다른 사람들이 그러한 소명을 인정하고 알 수도 있습니다. 그러나 소명을 주시고 교회 안에서 이러한 사역의 직임들을 세우시는 분은 바로 하나님이십니다.

때때로 당신은 사람들이 "나는 하나님을 위해 일하고 싶지만, 내가 부르심을 받았는지 안 받았는지 모르겠습니다"라고 말하는 것을 듣습니다. 만일 당신이 부르심을 받았는지 아닌지 잘 모른다면 당신은 십중팔구 부르심을 받지 않았습니다.

이해하시겠습까? 만일 당신 안에 설교가 있고 가르침이 있다면,

그것은 조만간 밖으로 나오게 됩니다.

수탉에게 홰치는 법을 가르칠 필요가 없습니다. 수탉 안에는 홰치는 본능이 들어있기 때문에 수탉은 홰를 치는 것입니다! 그리고 당신 안에 설교나 가르침이 들어 있다면, 그것은 곧 나오게 되는 것입니다.

어떤 사람들은 이렇게 말합니다. "나는 사역에 아무런 소명도 받지 못했습니다. 나는 단지 어떤 필요를 보았고, 그래서 나는 그 필요를 채운 것 뿐입니다."

그것이 진실일 수는 있습니다. 그러나 그렇다고 그것이 어떤 사람으로 하여금 이러한 직임 중 하나로 세우는 것은 아닙니다.

실제로 우리 각 사람은 다른 이들에 대해 사역할 수 있어야 합니다. 그리고 물론 일반적 의미로 모든 그리스도인은 설교자입니다. 설교한다는 것은 복음의 좋은 소식을 선포하거나 말하는 것을 의미하기 때문에, 모든 평신도는 설교자이어야 하는 것입니다.

그럼에도 불구하고 그러한 사실 자체가 어떤 사람으로 하여금 이러한 사역의 직임들 중 하나에 위치할 수 있는 자격을 주는 것은 아닙니다.

사역의 직임에 들어가는 것은 반드시 하나님의 부르심이 있어야 합니다. 하나님께서 사역에 대한 신적인 소명을 주십니다. 그분께서 사역을 위한 영적 능력을 부여해 주십니다. 그리고 그분은 사역에 있는 자들에게 어떤 자격을 요구하십니다.

하나님께서 어떤 사람을 사역에 어떻게 부르셨는지는 중요하지 않습니다. 중요한 것은 하나님의 부르심에 대한 개인적 순종입니다.

하나님으로부터 주어진 나타남

1987년에 나는 주님으로부터 방문을 받았습니다. 주 예수 그리스도께서 나타나셔서 나에게 말씀하셨습니다.

전체의 경험은 두 시간 오십 분 동안 지속되었습니다. 그 방문에서 주님께서 나에게 말씀하신 것들 중 어떤 것은 나의 책 「하나님의 계획과 목적과 추구plan, purpose, and pursuits」에서 다루고 있습니다.

그 방문 중, 예수님께서 신약시대의 교회를 위한 자신의 계획을 나에게 말씀해 주셨습니다. 그리고 예배에 있어서 교회를 위한 자신의 계획이 새 언약 아래 예배와 옛 언약 아래 예배와 어떻게 다른지에 대해서도 말씀해 주셨습니다.

그리고 이 말씀 가운데, 친히 교회 안에 확립하신 사역의 은사들에 대해 저에게 말씀하시기 시작하셨습니다.

이 책에서 나는 새 언약 아래서 사역을 위한 예수님의 계획이 어떻게 다른지 그중 일부를 여러분과 나누려고 하는데, 특별히 사도, 선지자, 그리고 목사의 직임에 관해서 나누고자 합니다.

1987년 주님의 방문을 받은지 얼마 되지 않아서 그리스도의 몸의 서로 다른 영역에서 논쟁이 일어난 것처럼 보였습니다. 특별히 사도와 선지자의 직임에 관해서였습니다.

물론 예수님은 교회에서 나타나는 교리적인 잘못들을 알고 계셨습니다.

나는 그분께서 이러한 주제들을 말씀하신 것은 교리적으로 균형을 유지하고 잘못된 곳으로 빠지는 것으로부터 사역자들을 지키기 위해서라고 믿습니다. 여러분도 아시다시피, 모든 교리적인 잘못들 안에는 어떤 진리의 요소가 있습니다.

대체적으로 잘못되는 것은 사람들이 성경적인 진리들을 극단으로 몰아갈 때입니다. 실제로 이러한 영적인 극단들에는 반드시 진리의 일부가 포함되어 있어야 합니다. 그렇지 않으면 아무도 그들을 믿지 않을 것입니다. 잘못된 것이 너무나 명백해지기 때문이지요.

나는 어떤 주제에 있어서도 극단은 반대합니다. 사람들은 심지어 믿음에 관해서도 극단적이 될 수 있습니다.

그것이 내가 사람들에게 어떤 영역에서든지 한쪽으로 치우쳐서 극단적이고 과도해지지 않도록 권유하는 이유입니다.

다만 길의 한 가운데 머무르십시오.

사도와 선지자 직임에 관한 이러한 잘못들 가운데 많은 것들이 이 분야에서의 정확한 가르침의 부족에서 기인합니다.

1987년 방문에서 예수님은 사도의 직임에 대해 말씀하기 시작했습니다. 그분이 "사도들에게는 네 가지의 등급 또는 서열이 있다. 그리고 이러한 다른 서열이나 등급 안에서, 사도들은 서로 다른 분량의 기름 부으심을 가지게 된다"고 말씀하셨습니다.

예수님은 계속해서 "사도들에게만 다른 서열이나 등급이 있을 뿐만 아니라, 선지자, 복음 전도자, 목사 그리고 교사들에게도 서로 다른 서열이 역시 있다"고 말씀하셨습니다.

나는 우리 모두가 이러한 여러 가지 직임들에서 서로 다른 분량의 기름부음 아래서 사역하는 사람들을 보아왔으리라고 생각합니다.

심지어 목회의 직임에서도, 어떤 목사들은 다른 사람들과 다른 형태 또는 다른 분량의 기름부으심을 가지고 있습니다. 그리고 우리는 그들 위에 임해 있는 서로 다른 분량의 기름부으심을 가지고 있는 복음 전도자, 선지자, 그리고 교사들을 봅니다.

사도적 직임에서도 똑같습니다.

사도의 첫 번째 서열 : 예수 그리스도

물론 예수님은 이 오중 사역의 은사들fivefold ministry gifts 중 다섯 가지 모두에서 머리의 위치에 있습니다.

성경은 예수님을 사도라 부르고 있습니다.

"사도"라고 번역된 그리스어 단어는 "소식을 전하는 자, 보내심을 받은 자, 혹은 위임받은 자"들을 의미합니다.

히브리서 3장 1절은 "우리의 믿는 도리의 사도시며 대제사장이신 예수를 깊이 생각하라"고 말합니다.

예수님은 확실히 위임을 받으셨습니다. 그렇지 않습니까? 예수님은 보내심을 받은 자들의 머리에 계십니다. 그분은 사도로 부르심을 받았습니다. 왜냐하면 예수님은 자신의 초기사역에서 세상에 구원의 좋은 소식을 가져오기 위해, 보내심을 받은 자, 소식을 전하는 자, 그리고 위임을 받은 자였기 때문입니다.

그 다음에, 예수님은 자신을 선지자(마 13:57)라고 부르셨습니다. 그분은 또한 복음 전도자의 직임에 계셨는데, 왜냐하면 그분은 구원의 좋은 소식을 선포하셨기 때문입니다(눅 19:10).

예수님은 목사이셨습니다. 그분은 자신을 선한 목자라고 부르셨습니다(요 10:11-16). 그리고 그분은 또한 교사이셨습니다. 예수님 사역의 주된 내용 중 하나가 사람들을 가르치는 것이었습니다(마 9:35).

예수님은 각 사역의 은사에서 홀로 한 서열 안에 계십니다. 예수님은 한량없이 성령을 가지셨기 때문에 어느 누구도 그토록 가장 높은 서열에 있을 수 없습니다(요 3:34).

한량없이 성령을 받은 자는 전에도 없었으며, 앞으로도 없을 것입니다. 믿는 자들은 어떤 분량의 성령을 가지고 있습니다(롬 12:3).

그것을 다른 말로 하면, 예수님은 자신의 지상 사역에서 앞으로 어느 누구도 가지지 못할 분량의 성령의 기름부으심이 임하여 있었습니다. 믿는 자들은 성령을 소유하기 때문에, 그들 위에 그 동일한 성령의 기름부으심을 어느 정도 가지고 있습니다. 그리고 전체로서 그리스도의 몸이 예수님이 이 땅에 계셨을 때, 예수님이 가지셨던 것과 동일한 분량의 성령의 기름부으심을 가진다고 말할 수 있을 것입니다.

그렇지만 전에도 그랬고 앞으로도 예수님과 같은 정도나 같은 분량의 기름부으심을 받게 될 자는 아무도 없습니다.

이것은 예수님의 신성에 관한 논쟁을 혼동시키려는 것이 아닙니다. 한 분의 인격으로서 예수님 자신은 영원하신 하나님의 아들이시며, 삼위일체의 두 번째 위격이십니다.

그분은 육신으로 나타나신 성자 하나님God the Son이셨습니다. 그러나 그분이 이 땅에 오셨을 때, 그분은 모든 신적 특권들divine privileges로부터 자신을 비우시고(빌 2:5-8) 사람으로 사역하셨습니다.

스스로 육신의 성품을 취하심으로 예수님은 자신의 신적 권능들에 대해 자유로운 사용을 포기하시기로 선택하신 것입니다.

예수님은 신성을 그만두신 적이 없습니다. 그럼에도 불구하고 그분은 성령으로 기름부음을 받은 사람으로서 직임을 감당하셨습니다.

예수님께서 성육신하기 전에 성부 하나님과 성령 하나님과 같이 동등하고, 같이 영원히 존재하셨다는 사실을 깨달음으로 우리는 이것을 더 잘 이해할 수 있습니다.

그분은 신성의 모든 특권들, 가령 전지하심(모든 것을 아심), 전능하심(모든 것을 하실 수 있는 능력) 그리고 무소부재(동시에 어디에나 계심)를 성부 하나님, 성령 하나님과 더불어 가지고 계셨습니다.

예수님께서 베들레헴의 아기로 오셨을 때, 그분은 임마누엘이었는데, 이것은 "하나님이 우리와 함께 계신다"는 의미입니다.

그분은 육신으로 나타나셨습니다.

그분은 하나님이시기를 결코 그만 두시지 않았으며, 신성을 잃어버리지도 않으셨습니다. 그러나 그분은 신성의 특권을 내려놓고 자신을 인간의 한계들로 스스로 제한하셨습니다.

비록 예수님께서 거룩하시고 죄가 없으셨지만, 그분은 전지하신 분으로서 활동하시지 않았습니다. 오히려, 그분은 지혜안에서 자라가셨습니다(눅 2:52).

그분은 전능하신 분으로 일을 하신 것이 아닙니다. 그분은 말씀하시길 "내 스스로는 아무 것도 할 수 없다"(요 5:19,30)고 하셨습니다.

그분은 더 이상 무소부재하신 분으로 활동하시지 않았습니다. 그러나 그분은 하나님의 구속의 계획을 완성하기 위해 나중에 십자가에 못 박히시고 영광스럽게 부활하신 인간의 몸에 자신을 가두셨습니다.

그러므로 예수님은 신성을 버리신 적이 없습니다. 그럼에도 그분은 사람으로 이 땅에 오시기로 선택하셨습니다. 그리고 그분은 성령의 권능과 기름부으심 아래서 사역하였던 것입니다.

그러나 그분은 한량없이 성령을 소유하셨기 때문에(요 3:34) 예수님은 사도의 직임을 포함하여 다섯 가지 사역의 은사들 모두에서 홀로 한 서열 안에 계시는 것입니다.

1987년 방문에서 예수님은 계속해서 저에게 사도들의 서로 다른 서열과 등급들에 대해 말씀해 주셨습니다.

두 번째 서열의 사도들 : 어린 양의 사도들

어린 양의 열두 사도들은 사도들의 두 번째 서열에 있습니다. 예수님은 이렇게 말씀하셨습니다.

"어린 양의 사도들은 별도의 한 서열 안에 있다. 다른 사람은 누구도 그 서열 안에 들어갈 수 없는데, 어린 양의 사도들은 더 이상 없기 때문이다."

계시록에서 하나님의 말씀은 어린 양의 열두 사도들에 대해 언급합니다(계 21:14).

"그 성에 성곽에는 **열두 기초석**이 있고 그 위에 **어린 양의 열두 사도**의 열두 이름이 있더라"

어린 양의 사도는 열두 명뿐입니다.

그리고 예수님을 따랐던 열두 사도를 제외하고는 어느 누구도 그 두 번째 서열의 사도에 들어갈 수 없습니다.

어린 양의 사도들은 특정한 시간과 목적을 위해 보내심을 받은 자이기 때문에 다른 사람은 아무도 이 두 번째 사도들의 서열 안에 들어갈 수 없는 것입니다.

무슨 목적으로 이 열두 사도들은 보내심을 받은 자들입니까? 교회를 다스리기 위해 보내심을 받았습니까? 절대 그렇지 않습니다!

그들은 부활의 현장에 있던 증인이 되기 위해서 보내심을 받은 자들입니다.

어린 양의 사도들의 자격

모인 무리의 수가 한 백 이십 명이나 되더라 그때에 베드로가 그 형제들 가운데 일어서서 이르되 형제들아 성령이 다윗의 입을 통하여 예수 잡는 자들의 길잡이가 된 유다를 가리켜 미리 말씀하신 성경이 응하였으니 마땅하도다 이 사람은 본래 우리 수 가운데 참여하여 이 직무의

한 부분을 맡았던 자라 이 사람이 불의의 삯으로 밭을 사고 후에 몸이 곤두박질하여 배가 터져 창자가 다 흘러 나온지라 이 일이 예루살렘에 사는 모든 사람에게 알리어져 그들의 말로는 그 밭을 아겔다마라 하니 이는 피밭이라는 뜻이라 시편에 기록하였으되, 그의 거처를 황폐하게 하시며 거기 거하는 자가 없게 하소서 하였고 또 일렀으되 그의 직분을 타인이 취하게 하소서 하였도다 이러하므로 요한의 세례로부터 우리 가운데서 올려져 가신 날까지 주 예수께서 우리 가운데 출입하실 때에 항상 우리와 함께 다니던 사람 중에 하나를 세워 우리와 더불어 예수께서 부활하심을 증언할 사람이 되게 하여야 하리라 하거늘

행 1:15-22

어린 양의 사도들의 첫 번째 가장 분명한 특성은 그들은 복음의 사역자들ministers of gospel이었다는 것입니다.

그것은 그들이 첫 번째 그리고 가장 우선적인 설교자들이었으며 말씀을 가르치는 교사들이었음을 의미합니다.

두 번째로, 우리는 그들이 "요한의 세례로부터 우리 가운데서 올려져 가신 날까지 주 예수께서 우리 가운데 출입하실 때"(21절) 같이 있었던 것을 알게 됩니다.

그들은 예수님의 이 땅에서의 사역을 현장에서 목격한 증인이어야만 합니다.

세 번째, 어린 양의 열두 사도들은 예수님의 부활을 현장에서 목격한 증인들이 될 목적으로 보내심을 받았던 자들입니다.

"항상 우리와 함께 다니던 사람 중에 하나를 세워 우리와 더불어 예수께서 부활하심을 증언할 사람이 되게 하여야 하리라 하거늘"(22절)

다른 말로 하면, 어린 양의 사도들은 예수님의 지상 사역 동안 예수님과 함께 있었던 사람들이어야 하며, 그리고 그분의 부활을 목격한 사람들이어야 합니다. 그것이 바로 어린 양의 열두 사도들은 그들만의 별도의 서열 안에 있는 이유입니다.

1987년 방문에서 예수님은 이 사도의 두 번째 서열을 토대적인 사도들foundational apostles란 의미에서, 어린 양의 사도들이라고 부르셨는데, 왜냐하면 하나님께서 신약의 교리를 세우는데 돕기 위해 그들을 사용하셨기 때문입니다(엡 2:20).

그리고 그들 가운데 일부는 성경의 여러 가지 책들을 썼습니다.

유다가 예수님을 배반했을 때, 사도들은 그 자리를 채우기 위해 다른 한 사람을 뽑아야 했던 것을 기억할 것입니다. 이 사람은 그들 중에 같이 있던 사람이어야 했습니다. 그리고 예수님의 사역과 부활을 직접 본 사람이어야 했습니다.

맛디아가 유다의 자리를 대신할 자로 뽑혔습니다.

어떤 사람들은, 사도들이 유다의 자리를 대신하기 위해 맛디아를 뽑았을 때, 하나님의 뜻을 놓쳤다고 말합니다. 왜냐하면 바울이 뽑혀서 한 명의 어린 양의 사도로 포함되었어야 하기 때문이라는 것입니다.

그러나 바울은 어린 양의 사도로서 자격이 되지 않았는데, 왜냐하면 그는 예수님의 사역을 현장에서 목격한 증인이 아니었기 때문입니다.

예수님께서 지상에 계셨을 때 바울은 거듭나지도 않았었습니다.

바울은 예수님의 3년간 공생애 동안 예수님과 또 제자들과 함께 출입하지도 않았으며, 동행하지도 않았습니다.

그리고 바울은 예수님의 부활을 직접 본 증인도 아니었습니다.

또 어떤 사람들은 사도는 그 열두 사도뿐이고, 사도의 직임은 그 열두 사도들과 함께 끝났다고 말합니다.

다른 말로 하면, 어린 양의 사도들만이 그리스도의 몸에서 과거와 미래를 통틀어 사도들의 전부라고 하는 것입니다.

그러나 돌아가서 신약 성경을 다시 읽어보십시오. 그러면 거의 20명 정도 되는 사람들이 사도나 혹은 "보내심을 받은 자"로 불리고 있는 것을 발견할 것입니다.(이 주제에 관한 더 구체적인 연구를 원한다면, 케네스 해긴 목사님의 저서인 「사역의 은사들Ministry Gifts」을 보십시오.) 그러므로 사도의 직임은 열두 사도와 함께 끝난 것이 아닙니다.

세 번째 서열의 사도들 : 다른 토대적인 사도들

세 번째 서열의 사도는 바로 바울이 속해 있는 사도의 등급입니다. 이 서열에 들어 있는 사도들의 특징은 그들도 역시 신약 성경의 교리적인 토대가 형성되는 것을 도왔다는 것입니다.

1987년 방문에서 예수님은 또한 나에게 이렇게 말씀하셨습니다.

"토대적인 사도들은 두 번째와 세 번째 서열의 사도들 가운데서 볼 수 있다. 이 등급 또는 수준의 사도들과 선지자들은 신약성경의 교리적 토대를 놓기 위해 기름부으심을 받았다."

두 번째와 세 번째 서열의 사도와 선지자들은 토대적인 사도들과 선지자들로 간주되어져야 합니다. 왜냐하면 신약 성경의 복음이 그들에게 계시되어졌기 때문입니다.

바울은 토대적인 신약의 사도들과 선지자들인 이 세 번째 서열에 들어 있었습니다. 그는 신약성경의 많은 부분을 썼으며, 그리고 그는 그리스도에 관한 신비한 계시를 사람으로부터 배운 것이 아니었습니다. 그는 그것을 성령으로부터 받았습니다.

> 그것을 읽으면 내가 그리스도의 비밀을 깨달은 것을 너희가 알 수 있으리라 이제 그의 거룩한 사도들과 선지자들에게 성령으로 나타내신 것 같이 다른 세대에서는 사람의 아들들에게 알리지 아니하셨으니
>
> 엡 3:4-5

바울은 복음의 계시를 초기신약 성도들에게 전파했습니다. 그래서 우리는 다른 기초를 놓을 필요가 없는 것입니다.

우리는 단지 신약성경에서 우리를 위해 이미 놓여진 토대 위에 쌓아 올리기만 합니다.

> 그러므로 이제부터 너희는 외인도 아니요, 나그네도 아니요 오직 성도들과 동일한 시민이 요 하나님의 권속이라 너희는 사도들과 선지자들의 터 위에 세우심을 입은 자라 그리스도 예수께서 친히 모퉁잇돌이 되셨느니라
> 엡 2:19-20

그리스도의 몸인 교회는 사도들과 선지자들이 신약성경에서 우리를 위해 이미 놓은 토대 위에 세워졌습니다. 이제 우리는 그 토대 위에 쌓여져가야 합니다.

> 내게 주신 하나님의 은혜를 따라 내가 지혜로운 건축자와 같이 터를 닦아 두매 다른 이가 그 위에 세우나 그러나 각각 어떻게 그 위에 세울까를 조심할지니라
> 고전 3:10

아무도 오늘날 복음의 기초에 무언가를 더하기 위한 부가적인 계시를 받고 있지 않습니다. 왜냐하면 우리는 이미 새 언약의 계시를 가지고 있기 때문입니다.

바울은 이렇게 말했습니다. "그러나 우리나 혹은 하늘로부터 온 천사라도 우리가 너희에게 전한 복음 외에 다른 복음을 전하면 저주를 받을지어다"(갈 1:8)

바울은 이미 놓여진 기초 위에 우리가 어떻게 세울 것인가를 주의해야 한다고 경고한 것입니다(고전 3:10).

우리는 그것에 뭔가를 더할 수도 뭔가를 제거할 수도 없습니다.

오늘날의 사도들은 토대적 사도 Foundational Apoltle가 아닙니다

그때 방문에서 예수님은 저에게 매우 재미있는 말씀을 하셨습니다.

그분은 말씀하시기를 "오늘날에는 기초를 놓는 사도들도 없고, 기초를 놓는 선지자들도 없단다. 오늘날에는 초대교회의 사도들과 선지자들과 동일한 수준 또는 권위와 같은 서열, 또는 같은 정도의 기름부음을 받은 사도들과 선지자들은 없다. 오늘날 교회에서는 아무도 두 번째나 세 번째 서열에 속해 있지 않다."

1987년 예수님이 저에게 나타나셨을 때, 나는 왜 그분께서 이런 것들을 저에게 설명하시는지 정확히 알지 못했습니다.

그러나 그 방문에서 예수님께서 저에게 말씀하신 이후로 저는 그리스도의 몸 안에서 드러나는 잘못들, 특히 사도와 선지자들에 관한 논쟁의 대상들에 대해 알게 되었습니다. 그때서야 비로소 교회의 머리이신 예수님께서 이러한 주된 교리적 주제들에 대해 그토록 길게 말씀하셨는지 그 이유를 제대로 이해할 수 있었습니다.

우리는 그러한 오늘날의 잘못들 중 몇 가지를 성경 말씀의 빛으로 비추어보고자 합니다.

첫 번째, 오늘날 어떤 사람들은 올바른 신약의 교회행정을 가지기 위해서는 오중사역은 반드시 모든 지역교회 안에서 활성화되어야 하며, 각 지역 교회에는 오중사역적인 행정체계가 만들어져야 한다고 주장합니다(우리는 이 잘못에 대해서 이 책의 뒤편에서 다룰 것입니다).

두 번째, 이러한 잘못된 가르침은 에베소서 4장 11절에서 언급된 사역의 은사들 중에서 사도가 맨 첫 번째 서열로 언급된 것은 사도들은 다른 모든 사역의 은사들 위에 탁월하다는 것을 의미한다고 주장합니다.

만약 누군가가 사도들이 가장 뛰어나다고 생각한다면, 그는 사도들은 목사를 포함한 지역의 몸the local body 안에 있는 모든 다른 사역의 은사들을 다스려야 한다는 태도를 취하는 것과 같습니다.

세 번째, 그들은 오늘날의 사도들과 선지자들은 여전히 신약의 교리와 기초를 놓고 있다고 가르치고 있습니다. 그리고 그들은 만일 당신이 당신의 교회를 다스리는 사도와 당신의 교회가 나아갈 바를 안내하는 선지자가 없다면, 당신은 올바른 신약의 토대를 가지지 못한 것이라고 주장합니다.

내가 믿기로는 이것이 바로 예수님께서 방문하셨을 때 "오늘날 토대적인foundational 사도들과 선지자들은 없다"고 그토록 강조하여 말씀하신 이유입니다.

예수님께서는 이러한 잘못이 그리스도의 몸 안에서 나타나게 될 것을 아셨습니다.

예수님은 계속해서 만일 오늘날 우리 가운데 바울과 같은 서열이나 수준에 맞는 토대적인 사도들과 선지자들이 있다면, 그들은 신약의 교리에다 뭔가를 더할 수 있다고 설명하셨습니다.

아시다시피, 오늘날 어떤 사람들이 사도의 직임에 대해 그들이 가르치는 것에서 극단에 치우쳤기 때문에 오류 안으로 첫발을 내딛게 된 것입니다.

첫째, 오늘날 교회에 부가적인 토대가 놓여져야 한다는 것은 비성경적입니다.

예수 그리스도는 으뜸가는 머릿돌입니다. 만약 우리가 오늘날 다른 토대를 놓기 위해 사도들을 필요로 한다면, 우리는 다른 머릿돌을 필요로 하는 것과 같습니다. 왜냐하면 머릿돌은 토대의 일부이기 때문입니다!

여러분은 이것이 얼마나 말도 안 되는 일인지 알 수 있겠지요.

생각해 보십시오. 당신이 계속하여 토대를 거듭거듭 놓아야 한다면, 당신은 결코 집을 지을 수 없습니다.

만일 당신이 일주일 안에 토대를 놓았다가, 그리고 새로운 토대를 놓기 위하여 다음 주에 그것을 걷어내 버린다면, 당신은 절대로 집을 지을 수 없을 것입니다.

당신은 토대를 그대로 두고 그 위에 계속해서 지어야 하는 것입니다.

그것이 예수님께서 오늘날 토대적인 사도와 선지자들은 없다고 저에게 말씀하신 이유입니다.

토대는 놓여졌습니다. 그리고 그것은 확실한 토대입니다. – 그 위에 오늘날 교회가 안전하게 지을 수 있는 토대입니다.

뿐만 아니라, 오늘날 교회에는 심지어 세 번째 서열의 사도들도 없습니다. 만일 그들이 오늘 날에도 있다면, 그들은 신약에다가 뭔가 더할 수 있을 것입니다.

그러나 그런 직임을 감당할 수 있거나 교회에 교리를 더 추가할 수 있을 정도로 기름부음을 받은 자들이 없기 때문에 아무도 그렇게 할 수 없는 것입니다.

두 번째, 이 교리는 오류에 빠져 있는데, 왜냐하면 사도들이 가장 중요한 사역 은사이기 때문에 에베소서 4장 11절과 고린도전서 12장 28절에 사도들이 처음 기록되었다고 추측하는 것은 잘못되었기 때문입니다.

그들이 모든 다른 사역 은사들을 다스리기 위함임을 지적하기 위해 맨 처음에 기록된 것이 아닙니다.

초대교회에서 사역의 은사들이 우리로 하여금 왜 바울이 적절하게 그들을 그런 순서로 기록했는지를 잘 이해하기 위해서는 초대교회에서 사역의 은사들이 어떻게 전개되어 왔는지를 알아야 할 필요가 있습니다.

유아기의 교회와 사역의 전개

하나님의 말씀을 올바르게 구분하지 않음으로 어떤 사람들은 사도의 직임을 잘못 나타내왔고 또 사도의 직임을 극단으로 끌고 갔습니다.

어느 것이든 극단적인 것은 잘못된 것입니다.

우리는 같은 주제에 대해 다른 성경의 빛 가운데서 성경을 해석해야 할 필요가 있습니다. 그러므로 어떤 주제에 관해 진리의 말씀을 올바르게 구분하기 위해서 우리는 주어진 주제에 관한 모든 성경 말씀을 취해서 그 말씀들을 성경의 모든 빛 가운데서 연구하고 그 주제에 관해 말해야 합니다.

사도의 직임이 모든 다른 사역의 은사들보다 탁월하기 때문에 사도가 첫 번째 순서로 기록되었다는 생각을 취함으로써, 어떤 사람들은 독재적인 태도로 "자신이 사도이다"라고 선포하면서, 또 사람들과 교회들은 자기들에게 굴복해야 된다고 요구하면서 이 교회 저 교회로 돌아다니고 있습니다.

명백하게 예수 그리스도의 부활을 추종하는 우주적인 교회의 설립에서 사도와 선지자들이 가장 중요했던 것은 사실입니다. 왜냐하면 그들이 모든 세대들에서 그 위에 세워져야 할 토대인 신약성경의 계시를 가져왔기 때문입니다.

그렇지만 오늘날 지역교회의 활동에 관하여 고린도전서 12장 28절은 가장 중요한 직임으로서나 지역 교회와 함께 다스리는 직임으로서, 사도와 선지자의 직임에 대해서 언급하는 것이 아닙니다. 왜냐하면 바울은 교회에서 다스리는 것governments을 전혀 분리된 별도의 범주로서 다루고 있기 때문입니다.

그러므로 바울은 지역교회 안에서 직임들의 중요의 순서대로 사역의 은사들을 기록할 수 없었던 것입니다.

왜냐하면 고린도전서 12장 28절에서 바울은 교사를 세 번째 순서로 기록했습니다. 그러나 에베소서 4장 11절에서는 그는 교사의 직임을 마지막에 두었습니다.

그것은 일관된 것이 아닙니다.

또한, '다스리는 것'을 목회적인 직임pastoral office이라고 당연하게 생각하여 고린도전서 12장 28절에서 바울은 목회적 직임 앞에 돕는 사역을 기록하고 있는 것입니다.

만일 그가 오늘날 지역 교회에서 직임의 중요성에 의해 직임들을 기록하고 있다면 교사와 돕는 사역이 지역 교회에서 목사보다 더 높은 권위를 가졌을 것입니다.

그것은 성경적이 아닙니다. 그리고 에베소서 4장 11절에 기록된 순서를 따른다면, 복음 전도자는 지역 교회에서 목사 위에 있는 권위에 있게 됩니다. 이것은 성경적이지 않습니다.

특별히 복음 전도자의 사역은 대개 지역교회 안에 정착하는 사역이 아니기 때문입니다.

이 사역은 일반적으로 교회 밖에 있는 구원받지 못한 사람들을 위해 더 많이 이동하는 사역입니다.

그래서 우리가 쉽게 알 수 있는 것은 바울은 오늘날 지역 교회에서 직임들의 중요한 순서를 따라서 사역의 직임들을 기록하지 않았다는 것입니다. 그리고 또한 바울은 이 사역의 직임들이 기록된 순서를 따라서 지역교회 통치를 위한 계급조직체계hierarchy를 세운 것도 아닙니다.

전혀 그렇지 않습니다. 사도의 직임이 지역교회에서 가장 중요한 직임이고, 그리고 다른 모든 사역의 은사들 위에서 지배하도록 되어 있기 때문에 맨 첫 번째 기록된 것이 아닙니다.

실제로 에베소서 4장 11절과 고린도전서 12장 29절을 보면, 하나님께서 초대교회에서 사역의 은사들을 배치하셨거나 진전시켜온 순서대로 이 직임들을 기록하였다고 보는 것이 합리적입니다.

초대교회는 오중 사역fivefold ministry을 가지고 있지 않았습니다. 왜냐하면 하나님께서 사역과 사역자들을 성장시키는데 시간이 걸리기 때문입니다.

그리고 하나님은 스스로 자신의 말씀을 위배하지 않으시기(딤전 3:6) 때문에 권위의 위치나 사역의 직임들에 초보자들을 세우지 않으십니다.

그래서 한동안 초대교회에서 활동하는 유일한 사역은 사도사역뿐이었습니다.

그러므로 사도적 직임은 초대교회에서 분명하게 처음으로 있었던 사역의 은사였습니다. 어린 양의 열두 사도는 초대교회의 초기 사역자의 전부였습니다. 열두 사도들은 예수님께서 지상 사역을 하실 때 그분과 동행하였습니다(행 1:21). 그들은 하나님께 선택되었던 것입니다.

그리고 성령께서 그들을 복음의 사역자들로 준비시키셨고 또 자격을 주셨던 것입니다.

사도들은 모든 사역의 분야에서 어느 정도 사역 은사들을 사용하는 역량을 가지고 있었던 것 같습니다. 그리고 그들은 참으로 능력을 필요로 했는데, 왜냐하면 교회가 교회로서 유아기 상태에 있었고, 그 때까지 교회에는 다른 어떤 사역의 은사들이 성숙되어 있지 않았기 때문입니다. 그리고 그들은 어느 정도 선지자적으로 사역을 했으며,

또한 복음 전도자적인 사역을 했었다고 보는 것이 또한 설득력이 있을 것 같습니다.

그들은 목회적으로 돌보는 사역을 했으며, 말씀을 가르쳤다는 것도 우리는 확실히 알 수 있습니다.

그러나 사도들은 교회에서 유일한 사역의 은사로서만 남아 있지 않았습니다. 시간이 흘러감에 따라 선지자로서 사역할 사람들도 나타나기 시작했습니다. 선지자들은 영감을 받아 말했습니다. 성경은 이 주제에 관해 우리에게 상세한 것을 언급해주지 않고 있습니다.

그러나 사도행전 13장 1절 "안디옥 교회에 선지자들과 교사들이 있으니…"라는 말씀을 근거로 그 때에 선지자 사역이 잘 세워져 있었음을 우리는 분명히 알 수 있습니다.

이와 유사하게 성경은 복음 전도자의 사역의 정확한 시작에 대해서도 우리에게 말해주지 않습니다.

그러나 우리는 사도행전 8장에 나오는 빌립의 사역으로 복음 전도자의 직임이 처음으로 언급된 것을 보게 됩니다.

그 때 교회는 이미 오랫동안 존재해오고 있었습니다. 그리고 성령님께서 교회에 복음 전도자 사역을 진전시킬 수 있는 시간들이 있었던 것입니다.

교회가 성장해감에 따라 목사pastor 또는 목자shepherd들이 세워졌으며, 믿는 자들은 영적으로 성숙해 갔습니다(행 14:23, 15:2, 20:28).

그리고 믿는 자들이 훈련받고 교리적으로 교훈을 받음에 따라(행 2:42, 13:1) 교사의 사역은 초대교회에서 이미 진전되어 있었습니다.

사도의 직임을 다른 모든 직임들보다 높이는 것이 잘못된 또 하나의 이유는 심지어 초대교회에서조차 사도들은 모든 교회를 다스리지 않았으며, 심지어는 그들이 세우는 데 도왔던 교회들조차 그들은 다스리지 않았다는 것입니다.

바울은 자신의 교회를 세우는 동안에 오직 교회에 대한 영적인 감독만 했습니다.

그러나 그는 예루살렘 교회나 다른 어떤 교회도 감독하지 않았습니다. 일단 자신이 개척한 교회를 떠나면, 그는 다른 사람들에게 감독권을 이양해 주었습니다(행 20:28).

떠난 후에, 바울은 교회가 질문한 것에 대해 대답해 주었습니다. 그리고 그는 그들에게 바른 조언들을 제공해주었습니다. 그러나 그는 그들을 조종하거나 지배하지 않았습니다.

나는 사도적 직임과 관련하여 "영적 권위"란 말을 사용하는 것을 정말 싫어합니다. 왜냐하면 그 어휘는 사도들이 사람들과 교회를 지배하고 다스린다는 생각을 주기 때문입니다. 그러나 사도들은 그렇게 하지 않습니다.

그렇지만 요점은 고린도전서 12장 28절에서 바울이 "하나님이 교회 중에 몇을 세우셨으니"라고 말했을 때, 그는 하나님께서 초대교회에 사역의 은사들을 세우거나 발전시켰던 순서에 관해서 말하고 있는 것은 거의 확실합니다.

이 교리에서 또 다른 실수는 모든 사역의 은사들이 지역 교회의 행정을 구성하고 있다고 주장하며, 교회의 크기에 관계없이 오중 사역의 은사들에 의해 다스려져야 한다고 주장하는 가르침입니다.

사람들은 말씀을 올바르게 구분하지 못했습니다. 그들은 우주적인 그리스도의 몸인 전체로서의 교회와 지역교회를 제대로 구별하지 못했습니다.

전체로서의 교회 안에서 우리는 다섯 가지 사역의 은사들이 역사하고 있는 것을 발견하게 될 것입니다. 그러나 개별 지역 교회는 다섯 가지 사역의 은사가 모두 역사하는 것은 아닙니다.

이러한 잘못된 개념들은 믿는 자들을 자유하게 하는 대신 그리스도의 몸을 속박하고 있습니다. 하나님의 말씀은 우리를 자유하게 하지, 속박하게 하는 것이 아니라고 성경은 말씀합니다(요 8:32).

만일 우리가 조심하지 않는다면, 이 주제에 관해 양면 모두에서 잘못된 개념을 가질 수 있습니다.

우리는 한쪽으로 치우쳐서 진정한 사도의 직임과 기능을 부인할 수도 있습니다. 또한 우리는 그 반대편으로 너무 치우쳐서 사도적 직임에 무제한의 우월성과 권위를 부여할 수도 있습니다.

사도적 직임에 너무 많은 우월성을 주는 사람들과 사도직을 가졌다고 주장하는 사람들은 마치 "나는 사도입니다. 여러분은 내가 말하는 대로 해야 합니다. 왜냐하면 올바른 신약의 통치체계를 가지려면 지역 교회는 사도들에 의해 다스림을 받아야 하기 때문입니다"라는 태도를 가진 것처럼 보여집니다.

실제로 나는 신약 성경 어디에서도 지역 교회에서 목사 직임보다 더 높은 직임을 발견하지 못했습니다.

나는 신약 성경 어디에서도 사도들이 목사들과 다른 사역 은사들을 지배했다는 것을 찾아보지 못했습니다.

사도들과 선지자들은 사람들과 교회를 지배하고 다스려야 한다는 비성경적인 가르침은 새로운 것이 아닙니다.

나는 50년 이상 사역에 몸담아 왔으며, 그리스도의 몸 안에서 행해지는 이러한 비성경적인 가르침들을 전에도 줄곧 보아왔습니다.

이러한 오류들은 주기적으로 일어납니다. 이런 오류들은 교회 안에서 매 세대마다 in every generation 발생하기 때문에, 반드시 다루어져야 합니다.

어떤 특정 주제에 대하여 하나님 말씀의 진리로서 가르침을 받지 못한, 다른 세대가 오게 될 것입니다. 그리고 그들은 어떤 영역에서 극단에 치우치게 되어서 영적으로 균형을 잃게 될 것입니다.

매 새로운 세대마다 하나님은 이러한 주제들을 다루기 위해 교회의 지도력에서 누군가를 일으켜 세워야 합니다.

1930년대 하나님은 도날드 지 Donald Gee를 일으켜 세우셔서 그의 책 「그리스도 사역의 은사 The Ministry Gifts of Christ」에서 사도에 관한 극단적인 가르침을 다루도록 했습니다. 그의 책도 더 이상 출판되지 않습니다.

도날드 지는 오순절 운동의 개척자들 중 한 사람이고 위대한 교사들 중의 한 사람이었습니다.

그 다음 1950년대에 우리는 그리스도의 몸에서 다시금 표출되는 동일한 문제에 직면했습니다.

고든 린지Gorden Lingsay는 자신의 책 「사도, 선지자 그리고 통치 Apostles, Prophets and Government」에서 그것을 다시 언급했고, 그리고 그 문제는 잠잠해졌습니다.

린지는 성경학교인 "열방을 위한 그리스도Christ for the Nations"의 창립자이고, "치유의 음성The Voice of Healing"이라는 잡지를 출판했습니다.

도널드 지와 고든 린지는 교회에서 존경받는 지도자들이었고, 그들의 책은 영적으로 균형 잡혀 있었기 때문에 그 당시 일어났던 많은 잘못된 교리들을 바로잡을 수 있었습니다.

그 당시에 진정한 부흥이 있었습니다. 그리고 대개 그럴 때 하나님의 움직이심을 멈추도록 시도하려고 마귀는 이러한 영적 오류들을 가져오기 시작합니다.

마귀는 믿는 자들을 영적인 오류로 빠져들게 하고, 참된 하나님의 성령의 움직이심을 유산시키려고 시도함으로써 믿는 자들의 관심을 다른 곳으로 돌리게 합니다.

오늘날 교회 안에 새로운 세대가 일어났습니다. 그리고 또 동일한 논쟁이 그리스도의 몸 안에서 떠올랐습니다. 그래서 그것은 다시 다루어져야 합니다.

나는 하나님께서 누군가 다른 사람을 사용하시게 하고자 했지만, 그분은 말씀하시길 "아니야. 네가 그걸 해라!"고 하셨습니다. 그것이 제가 이 책을 쓰는 이유입니다.

나는 이 책을 저술함에 있어서 고든 린지의 책인 "사도, 선지자와 통치"로부터 종종 인용할 것입니다. 왜냐하면 그 책은 내가 믿는 바를 확대해 주고 그의 통찰력은 주님께서 나를 방문하셔서 말씀하신 것들 중 얼마를 설명하는데 도움을 주게 될 것이기 때문입니다.

그러나 우리 시대인 오늘날 이러한 오류들이 다시 일어난 한 가지 이유는 사람들이 초대교회 당시의 두 번째 세 번째 서열의 사도와 같은 지위를 오늘날의 사도 직임에 주려고 하는데 있습니다.

오늘날 어떤 사람들은 네 번째 서열의 사도들이라고 불리기에 합당한 사람들이라는 것은 의심의 여지가 없습니다. (우리는 네 번째 서열의 사도에 대해서 다음 장에서 다루게 될 것입니다.)

그러나 자신이 사도라는 것을 방송하고 다니는 사람은 십중팔구 사도가 아닙니다.

당신이 만일 사역자라면, 다른 사람들로 하여금 영적인 자질이나 능력을 기초로 하여 당신의 삶과 사역에서 나타나는 열매를 보는 것으로 당신을 부르게 하도록 격려해 드리고 싶습니다.

칭호와 관계된 것 없이 다만 그리스도의 몸 가운데 주님이 행하시는 역사 안에서 드러나는 현상과 영광으로 사역의 은사들을 보고 즐거워합시다.

02

네 번째 서열의 사도 : 비토대적인 사도들

비록 오늘 날 그리스도의 몸에서 두 번째나 세 번째 등급의 사도와 선지자는 없을지라도 네 번째 서열의 사도는 있습니다.

오늘날 교회 안에 어느 정도 사도적 직임에 있는 사람들이 있습니다. 그들은 보내심을 받은 자들입니다. 그러나 그들은 초대교회의 사도들보다는 더 낮은 서열에 속해 있습니다. 그들이 바로 네 번째 서열의 사도들입니다.

분명히 "사도"란 단어는 지금보다 초대교회시대에 더 넓게 사용되었습니다. 그리고 사람들은 '사도'란 말의 의미를 이해했습니다.

그러나 오늘날 그 말을 많이 쓰지 않게 되었으므로 사람들은 잘못 이해하게 되었습니다. 오늘날 어떤 단어들은 때때로 일반적으로 사용되고 그리고 다른 때에는 구체적으로 사용됩니다.

사도의 직임에 관한 잘못된 개념들과 근거가 불분명한 생각들을 포함하여, 이런 어떤 것들에 대한 영적인 허구의 성spiritual air castles 들을 쌓을 때, 우리는 성경이 우리에게 이해시키려는 어떤 진리들을 놓칠 수 있습니다.

그때 주님이 오셔서 우리가 만든 허구의 성들을 허물어뜨리시고 우리를 교정해 주셔야 합니다. 그러면 어떤 사람들은 화를 냅니다. "사도"라는 헬라어는 '보냄 받은 자' 란 의미의 '아포스톨로스apostolos' 로부터 번역된 것입니다. 빌립보서 2장 25절에서 바울은 빌립보에 보내는 사자messenger로서 에바브로디도에 관해 말합니다. 여기 사자로 번역된 헬라어 단어가 바로 아포스톨로스입니다.

> 그러나 에바브로디도를 너희에게 보내는 것이 필요한 줄로 생각하노니 그는 나의 형제요 함께 수고하고 함께 군사 된 자요 너희 사자로 내가 쓸 것을 돕는 자라
> 빌 2:25

사자messenger란 단어를 사용함으로서 바울은 에바브로디도를 사도로 부르고 있습니다. 그러나 에바브로디도는 십중팔구 우리가 오늘날 사도에 대해 생각하는 구체적인 의미에서 사도의 직임에 있지는 않았을 것입니다.

사도라는 말이 사용되었을 때, 그것은 대리자delegate로서, 또는 대표자representive로서, 또는 회중의 대표로 위임받아commissioned representative of a congregation 보냄받은 자를 의미합니다.[1]

물론 에바브로디도는 바울과 같은 등급이나 수준에 있는 사도는 아니었습니다. 그는 초대교회에 있었지만, 두 번째나 세 번째 등급의 사도는 아니었는데, 왜냐하면 그는 신약성경의 교리나 기초를 놓지 않았기 때문입니다.

에바브로디도가 성취했을지도 모르는 사도 사역은 네 번째 사역에 있었을 것입니다.

바울이 여기에서 "사도"라는 단어를 사용했을 때 그는 아마도 일반적인 의미로서 그 말을 사용했을 것입니다. 그것은 여러분이 어떤 대표자 회의convention나 모임에 대표를 보내듯이 교회가 에바브로디도를 보낸 것을 의미합니다.

에바브로디도는 아마 단순히 사역에서 바울을 돕기 위해 빌립보 교인들로부터 보냄받은 사도, 사자messenger 또는 대표일 것입니다.

사자 혹은 대표로서 에바브로디도는 바울이 그랬던 것처럼 사도적 직임의 완전한 활동범위에 있었던 것 같지는 않습니다.

바울은 사자였을 뿐만 아니라 교회를 시작할 수 있는 영적인 기름부으심이나 역량을 가지고 있었습니다.

바울은 또한 영적인 역량과 자질을 가지고 있었으므로 그 지역 교회에 목사의 직임이 채워질 수 있을 때까지, 그러한 교회들을 감독하는 책임을 수행할 수도 있었습니다.

---

1) Kittle, Theological Dictionary of the New Testament(Paternoster Press: Eerdmans Publishing Company, 1985), p.70.

에바브로디도가 어떤 교회를 시작했다는 기록은 없습니다. 그러므로 그는 어떤 교회들을 향한 특정한 사도적 사역을 한 것은 아닙니다.

실제로 "사도"라는 말은 심지어 세속적인 헬라의 글에서도 역시 사용되었습니다.

다른 말로 하면, 심지어 하나님을 알지 못하던 사람들도 사도라고 불리워졌다는 의미입니다.

고대 헬라어에서 "사도"라는 말은 명사로서 위임받은 사자, 또는 대사를 의미했습니다. 특정한 역할을 수행하기 위해 보냄받은 사람은 사도라고 불리워졌는데, 왜냐하면 그는 어떤 과업을 성취하기 위해 특별히 보냄받았기 때문입니다.

그러므로 오늘날 그리스도의 몸 안에 어떤 메시지를 가지고 보냄받은 자들로서 어느 정도 사도적 직임에 있는 사람들이 있을 수 있습니다. 그들은 그리스도의 몸에 어떤 영적인 방향을 따라, 특정한 메시지나 사역을 가져오기 위해 성령으로부터 위임받은 자들입니다.

그들은 네 번째 서열에 있습니다. 그러나 사도적 직임에 있는 모든 자들은 등급이나 서열에 관계없이 사역에 부르심 받은 모든 사람들과 마찬가지로, 모두가 우선적으로 말씀 설교자들이거나 말씀 교사들임을 염두에 두어야 합니다. 혹은 그들이 설교자이며 교사일 수도 있습니다. 그러나 또 한편으로 그들은 그리스도의 몸에 특별한 임무를 성취하거나 어떤 메시지를 가져오기 위한 특별한 소명을 받았습니다.

현대의 선교사들

우리시대의 많은 선교사들은, 만일 그들이 성령으로부터 보내심을 받았다면 네 번째 서열에 있는 사도들입니다. 선교단체missionary boards들로부터 파송받은 사람들은 선교사의 일을 하고 있을 수는 있습니다. 그러나 반드시 그것이 영적으로 사도의 자격을 그들에게 주는 것은 아닙니다.

다른 말로 표현하면, 이 서열에서 "사도"라는 말은 성령으로부터 보내심을 받거나 위임받은 자를 의미하는 것이지, 단순히 가는 자를 의미하는 것이 아닙니다.

사실 진정한 선교사는 특정한 나라의 사람들에게 전할 메시지를 가지고 성령으로부터 보내심을 받은 자입니다.

그러한 나라들에서 놀라운 일들이 일어나는데 이러한 사역들의 결과로서 일어나는 것입니다.

어떤 선교사들은 메시지를 가지고 특정한 나라에 갈 뿐만 아니라, 그들이 교회를 세울 수 있는 역량도 역시 가지고 있습니다.

오늘날 다른 나라에 새로운 사역을 세우기 위하여 참으로 하나님으로부터 부르심을 받아 보내심을 받은 자들이 사도들입니다. 왜냐하면 사도들 사역의 주요한 특징들 가운데 한 가지가 교회를 세우고 새로운 일을 시작하는 것이기 때문입니다.

예를 들어보면, 우리가 사도행전에서 읽는 많은 이방인 교회들이 바울에 의해 세워졌습니다. 오늘날 선교사들이 복음 전도자로서 사람들을 구원할 능력을 가지고 있을 뿐만 아니라 교회를 시작하고 세울 수 있는 능력까지 가지고 있다면, 그들은 사도의 사역을 행하고 있는 것입니다.

그리고 나서 사람들이 구원을 받으면 사도는 하나님께서 목자에게 주시는 역량과 영적 자질들을 가지고 말씀으로 그들을 양육하고 가르치고 그리고 세우게 됩니다. 그는 교회가 견고하게 세워지기 위해 여러 가지 일을 하면서 충분히 오랫동안 그곳에 머물게 됩니다.

그리고 나서 다른 새로운 사업을 개척하기 위해 계속해서 여행을 할 수도 있습니다.

수년 동안, 나는 한 도시에서 다른 한 도시로 다니며 그들이 간 곳마다 좋은 교회를 세우는 사람들을 줄곧 보아왔습니다.

그것이 그들의 소명입니다. 그리고 그것이 바로 사도의 직임 중 일부입니다.

사도의 직임은 그리스도의 몸에 항상 있어 왔습니다. 그러나 우리는 그들을 단지 선교사 또는 교회 개척자들church planters로 불렀던 것입니다.

진실로 중요한 것은 직함title이 아니라 기능입니다.

오순절 운동초기에 참으로 사도라고 불러야 할 한 명의 특별한 사람을 나는 잘 기억하고 있습니다. 짧은 시간 동안에 그는 하나님께서 자신을 보내시는 나라에서 50개의 교회를 세웠습니다. 의심할 여지없이 그는 그 나라에 보내심을 받은 사도였습니다.

수년 전 나는 한 순복음 교단의 목사가 어떤 나라에서 7년 동안 있으면서 교회를 세우려고 노력했다는 말을 들었습니다. 7년 후 그가 세운 교회에서 제일 많은 교인을 가졌던 것이 37명이었습니다.

그 중에 35명은 자신이 길거리에서 데려온 아이들이었습니다. 그는 크게 실망했고, 다시는 선교현장으로 돌아가지 않겠다고 결심하면서 미국으로 돌아왔습니다.

그런데 그가 기도하는데, 하나님께서 다시 그를 붙드셨습니다. 하나님께서 그의 문제가 어디에 있는지 그에게 보여주셨습니다.

그는 그리스도 안에 있는 자신의 권리와 특권을 잘 알지 못했고, 하나님 말씀의 약속들을 어떻게 자기 것으로 삼는지를 몰랐습니다.

그가 그리스도 안에서 자신의 유산에 대해 이해하기 시작했고, 어떻게 하나님을 믿어야 하는지 알게 되었을 때, 하나님은 그를 그 나라에 다시 보내셨습니다.

한참 지난 후, 그는 미국에서 설교하기 위해 다시 돌아왔습니다. 그리고 그때 내가 그의 설교를 듣게 되었습니다.

그는 이렇게 말했습니다. "지난해, 우리는 27만 명을 구원받게 했고, 7만 명이 성령의 충만함을 받았으며, 그리고 일년 동안에 우리는 80개 교회를 세웠습니다."

그것은 일년 만에 된 일이었습니다!

그의 사역에 나타난 이러한 풍성한 열매는 그의 삶에 사도적인 부르심이 있음을 보여줍니다.

그는 사도적인 임무를 성취했습니다. 그는 "사도"라는 직함에는 별로 관심이 없었습니다.

사도적 직임에 있는 목사들

제가 언급했던 것처럼 "사도"란 말은 우리가 생각하는 것보다 훨씬 더 넓은 의미를 가지고 있는 것 같습니다.

그것이 바로 우리가 이 분야에서 오류에 빠져왔던 한 가지 이유라고 나는 생각합니다.

우리는 그 직임의 완전한 범위를 이해하지 못해 왔습니다. 네 번째 서열의 사도는 사자messenger, 대표, 복음의 대사, 선교사, 또는 특별한 메시지를 가지고 특별한 임무를 띠고 보냄받은 사람이 될 수 있습니다.

오늘날 이러한 사람들 가운데 많은 이들이 항상 사도의 직임에 있어 왔는데도 우리는 매우 적은 수의 사도들만이 있는 것으로 생각하는 것 같습니다.

우리는 단지 그들을 그렇게 부르지 않았을 뿐입니다.

예를 들어서, 만일 어떤 목사가 한 도시에서 교회를 세우도록 성령의 보내심을 받았다면, 그는 네 번째 서열에서 어느 정도 사도적 직임 안에 있을 수 있습니다.

그런 경우에 그는 그 도시 또는 지역사회에 어떤 메시지를 가지고 보냄받은 자입니다. 물론 어떤 도시에 파송된 모든 목사들이 다 사도로서 자격이 있는 것은 아닙니다.

그는 또한 앞으로 우리가 다루게 될 자신의 삶과 사역에서 드러나는 사도적 소명의 특징들과 영적인 자질을 소유해야 합니다.

그렇다고 하더라도, 하나님을 위해 어떤 일을 시작하도록 부름받은 진정한 목사는 자신을 사도라고 광고하지 않을 것입니다. 그는 호칭에는 관심이 없습니다.

그의 동기는 자신을 높이기 위한 것이 아니라, 하나님께서 그를 보내서 하라고 하신 일을 성취하는 것입니다.

사도행전 1장 20절에서 우리는 목사가 어느 정도 사도의 직임에 있을 수 있다는 약간의 암시를 보게 됩니다. 가룟 유다가 범죄함으로 타락한 것을 여러분은 기억합니다. 그래서 다른 사람이 그의 자리를 대신하도록 선택되어야 했습니다.

> 시편에 기록하였으되 그의 거처를 황폐하게 하시며 거기 거하는 자가 없게 하소서 하였고 또 일렀으되 그의 직분을 타인이 취하게 하소서 하였도다   행 1:20

직분bishoprick이란 단어는 감독bishop의 직임을 의미합니다.

디모데전서 3:1-2절에서 바울은 목사를 감독bishop이라고 부릅니다.

> 미쁘다 이말이여 곧 사람이 감독(목사 또는 감독)의 직분을 얻으려 함은 선한 일을 사모하는 것이라 함이로다 그러므로 감독은 책망할 것이 없으며, 한 아내의 남편이 되며 절제하며 신중하며 단정하며 나그네를 대접하며 가르치기를 잘하며   딤전 3:1-2

"감독bishop"이란 단어는 헬라어 "에피스코포스"인데, 그것이 감독bishop 또는 관리자overseer로 번역되었습니다.

지역 교회의 관리자는 목사입니다(행 20:28). 목사는 교회를 세울 수 있으며, 어떤 메시지를 가지고 특정한 한 도시나 모임group에 보냄 받을 수조차 있습니다.

그런 의미에서 그는 어느 정도 사도의 직임에 속해 있는 것입니다. 왜냐하면 그는 메시지를 가지고 성령의 보내심을 받았기 때문입니다.

그의 메시지는 언제나 복음입니다.

그렇다면 여러분은 어떤 젊은 건방진 사람이 어느 정도 사도적인 직임 안에 속해 있는 목사에게 와서 "당신은 올바른 교회 행정체계를 가지고 있지 않습니다. 당신은 사도의 권위 아래 있어야 합니다"라고 말할 때, 그것이 얼마나 터무니없는 것인지 알 수 있습니다.

첫째, 그것은 성경적이지 않습니다.

목사는 자기 위에 다스리는 자로 사도를 필요로 하지 않습니다.

두 번째, 그는 제한된 범위 내에서 자신이 이미 사도일 수 있습니다!

그렇다면 목사가 전체적으로 크게 보면 교회에서 사도가 아닐 수도 있습니다. 그러나 하나님께서 그를 그 도시나 그 지역교회로 보내셨다면, 그는 보냄받은 자로서 사도일 수 있습니다.

그럴지라도, 보내심을 받은 자로서 그것이 그 목사에게 그 도시의 모든 사람과 다른 교회들에 대한 권위를 주는 것은 아닙니다.

그러나 그의 소명에 그 지역 교회를 세우고 감독할 수 있는 신적인 능력이 주어지게 됩니다.

이것이 우리가 줄곧 생각해 왔던 것보다 "사도"란 말의 더 넓은 의미입니다.

오늘날 슬프게도 어떤 사람들은 스스로를 사도라고 부름으로서 일부 사람들의 무지를 이용해 왔으며, 그래서 그들은 다른 사람들에 대해 권위를 행사할 수 있었습니다.

가장 빈번하게 "사도"로 번역된 헬라어 단어는 '아포스톨로스' 입니다.

때때로 동사도 같은 의미로 사용되는데 "사절로서 임무를 띠고 보내다"는 뜻입니다.

그것은 대표, 구체적으로 복음의 대사를 의미할 수 있습니다.

동사로서 사용된 "사도"란 단어는 보내는 것to send을 의미합니다.

어린 양의 사도들에 관해 언급하는 사도행전 1장 20절에서 감독 bishoprick에 해당하는 단어가 감독overseer입니다. 그러므로 우리는 이 두 단어, 사도apostle와 감독overseer의 관련성을 볼 수 있습니다. 그리고 신약성경을 잘 살펴봄으로써 사도들이 교회를 세울 때, 사도적 사역 안에, 목회적인 감독의 요소도 있음을 우리는 알 수 있습니다.

고대 헬라어에서 이 단어는 아주 흔하게 사용되었습니다. 헬라의 문학작품들은 "제우스의 사도들" 또는 신들을 대표하여 보낸 사람들에 대하여 말합니다.

성경적으로, 사도들은 참된 하나님을 대표하기 위해 보냄을 받았습니다.

성경은 하나님을 위해 어떤 일을 하기 위해 특별히 보내심을 받은 사람들이 있다는 인식을 이해시키려고 "사도"라는 단어를 사용합니다.

그들은 심지어 목회적 직임에 관련한 감독들일 수도 있습니다. 그리고 사도의 직임에 있으면서 감독자인 예가 성경에 있습니까? 그렇습니다. 그런 예가 있습니다.

바울은 주님의 동생 야고보를 사도라고 불렀습니다. 바울은 "주의 형제 야고보 외에 다른 사도들을 보지 못하였노라"고 말합니다(갈 1:19).

야고보는 원래 사도들 가운데 하나가 아니었습니다.

예수님이 이 땅에 계실 때, 그는 예수님이 하나님의 아들이심도 믿지 않았습니다. 성경은 예수님께서 환상 중에 야고보에게 나타나신 것을 말씀합니다(고전 15:7).

그러나 사도행전 15장에서 교회 교리를 정하기 위해, 장로들과 사도들이 회의를 가졌을 때, 야고보는 예루살렘에서 열렸던 그 회의의 감독이었음을 우리는 알 수 있습니다(행 12:17, 15:13).

그는 예루살렘 교회의 책임자였거나 목회를 했지만, 그는 사도라 불리워졌던 것 같습니다.

다른 비(非)토대적 사도들

그러므로 우리는 그리스도의 몸에 진리의 성경적인 계보를 따라 어떤 과업을 수행하거나 어떤 중요한 것을 가져오기 위해 성령으로부터 "보내심을 받은 자"란 의미에서, 네 번째의 서열의 사도사역은 어느 정도 그리스도의 몸에서 역사하고 있음을 발견할 수 있습니다.

사역의 호칭title은 중요하지 않습니다. 중요한 것은 성령의 나타나심과 능력입니다(고전 2:4).

때때로 하나님은 누군가에게 메시지를 주어서 교회에 보내시는데, 어떤 성경적인 계보를 따라 믿는 자들을 분발시키려 하기 위해서입니다. 그 사람은 단지 그 일을 행하기 위해 보냄을 받은 것입니다.

그래서 우리는 하나님께서 네 번째 서열의 사도들을 특별히 부르셔서 그리스도의 몸인 교회 전체에 어떤 메시지나 사역을 주신 것을 알 수 있습니다. 예를 들어, 하나님께서 스미스 위글스워스를 "믿음의 사도"로서 그리스도의 몸에 "보냄 받은 자"로 부르신 것은 전혀 의심의 여지가 없습니다.

믿음에 관해 교회를 가르칠 목적으로 성령께서 위글스워스를 일으켜 세웠던 것입니다. 그런 의미에서 그는 교회에 보내심을 받은 사도였습니다. 그리고 믿음은 그가 그리스도의 몸에 가져간 그의 성경적인 메시지였습니다.

수년전 나는 영국에서 온 하나님의 성회Assemblies of God:순복음 교단에 소속한 목사님 한 분의 방문을 받았습니다.

그는 개인적으로 위글스워스를 알았다고 저에게 말했습니다. 위글스워스는 이 목사님의 교회에서 자신의 마지막 설교를 했습니다. 그는 내게 말하길 "나는 위글스워스의 사역으로 인해 죽음에서 살아난 23명의 사람들을 개인적으로 알고 있습니다"라고 했습니다.

이것은 누구로부터 들은 것이 아니라, 이 사람은 개인적으로 이러한 경우들을 알았던 것입니다.

위글스워스는 결코 자신을 사도라고 부르지 않았습니다. 그가 그렇게 하지 않은 게 지혜로웠던 것입니다. 다른 사람들이 그를 "믿음의 사도"로 불렀습니다. 이것이 무엇을 의미합니까?

이것이 위글스워스가 그리스도의 몸 안에서 다른 사역의 은사들에 대해 다스릴 권위를 지고 있었다는 것을 의미합니까?

그렇지 않습니다. 이것은 단지 그가 그리스도의 몸에 어떤 메시지를 가져오기 위해, 그리고 하나님을 위해 어떤 일을 하기 위해 보내심을 받았다는 것을 의미하는 것입니다.

위글스워스는 특별한 성경적 노선을 따라 그리스도의 몸을 세우며 또 그리스도의 몸에 유익을 가져오기 위해, 하나님으로부터 일으켜 세움을 받아 믿음을 가르치고 믿음의 능력을 보여주었던 것입니다.

그리고 견실하고 성경적인 사역들이 그가 인도하는 집회들로부터 시작되어 지구상의 사람이 살고 있는 모든 대륙에서 일어나게 되었습니다.

그런 의미에서 오늘날 우리에게 그리스도의 몸에 단지 한 가지 특별한 메시지를 강조하기 위해 보냄받은 사도들이 있습니다.

이러한 사역들은 다른 사람들 위에서 권위를 행사하거나 신약성경에다 다른 기초를 놓으려고 부름받은 것이 아닙니다.

내가 처음 오순절 쪽으로 건너왔을 때, 비록 우리가 사도사역이라고 부르지는 않았지만 나는 사도적 사역이 행해지는 것을 보았습니다.

이 사람들은 메시지만 가지고 보냄받았을 뿐만 아니라 교회를 시작할 수 있는 역량 또한 가지고 있었습니다.

예를 들면, 한 여자 전도자가 있었는데, 텍사스 주 북부와 동북부를 망라하여 새로운 사역을 개척했습니다. 그녀의 남편은 그녀가 인도하던 한 집회에서 구원받았고 그는 건축업자였습니다. 그는 찬양을 인도하는 능력이 있었습니다. 그래서 그는 자신의 사업을 그만두고 부흥집회에서 찬양을 인도하면서 집회를 준비하는 일들을 하였습니다.

이것은 1930년대와 1940년대에 있었던 일입니다. 그때는 그 지역에 어떤 종류의 순복음 교회도 없었습니다.

그렇지만 심지어 경제 대공황에도 불구하고 이 여전도자와 그녀의 남편은 이 지역의 다른 도시들을 다니면서 여름 내내 옥외집회를 계속하였습니다.

이 여전도자는 2~3주 동안 설교를 했었고 그동안에 겨우 한 두 사람만 집회에 참석하곤 했습니다. 그렇지만 그녀는 계속 설교를 했습니다. 그리고 그녀의 남편은 계속 찬양을 했습니다. 그러면 마침내 몇 사람이 더 집회에 오곤 했습니다.

그녀는 구원에 대해 설교하곤 했고, 그러면 사람들이 구원받았습니다. 사실 그녀는, 대부분의 사람들이 의도적으로 할 수 있었던 것보다 더 많은 사람들을 우연히 구원받게 할 수 있었습니다.

마침내 소문이 나게 되었고 많은 사람들이 그 집회에 와서 구원받게 되었습니다.

그녀의 남편이 건축업자이었기 때문에 그들은 교회 건물을 세울 수 있을 만큼의 기간동안만 한 곳에서 머무르곤 했으며, 그녀는 교회를 시작하곤 했습니다.

그렇지만 그녀는 나에게 말하길 "어느 곳이든 한 장소에서 내가 2년 이상 머무르면 사역은 문제에 빠져들기 시작합니다. 왜냐하면 나는 목사가 되도록 부름받지 않았기 때문입니다. 그래서 나는 단지 교회를 시작할 수 있을 만큼만 머무르곤 했으며, 그리고 나서 나는 막 시작한 교회를 다른 목사에게 넘겨주곤 했습니다"라고 말했습니다.

이 여전도자는 많은 교회들을 설립했습니다. 그리고 그 교회들 중 얼마는 50~60년이 지난 오늘날에도 여전히 건재하고 있는데, 그 이유는 그녀가 견고한 성경 말씀의 토대 위에 그 교회들을 세웠기 때문입니다.

그녀는 복음 전도자로 여겨졌음에도 불구하고 그녀는 어느 정도 사도적 직임 안에서 움직였다는 사실에 대해 나는 전혀 의심하지 않았습니다.

그녀는 어느 정도 사도적 직임 가운데서 활동했습니다. 그녀는 일단 교회를 개척한 후에는 그것을 다른 목사에게 넘겨주었습니다. 그리고 나서 그녀와 남편은 다른 곳 어딘가에 또 교회를 시작했습니다.

다른 말로 하면, 그녀는 교회 개척자였습니다. 사도들은 매우 종종 새로운 일들을 시작하는 개척자들입니다.

나의 사역기간을 통틀어 나는 두 번째와 세 번째 서열에 속하는 사도로서 합당한 자격을 가진 사람을 아무도 보지 못했습니다. 그리고

1987년 방문에서 예수님께서 나에게 말씀하신 후, 내가 왜 그런 사람들을 볼 수 없었는지 그 이유를 이해하게 되었습니다.

우리는 오늘날 그리스도의 몸 안에서 그 서열에 속한 자들을 볼 수 없습니다. 그러나 나는 네 번째 서열의 사도로서 합당한 자격을 갖춘 사람들을 줄곧 보아왔습니다.

나는 하나님의 부르심을 받아서 그리스도의 몸 안에서 어떤 임무를 성취하기 위해, 또는 성경적인 어떤 계보를 따라 어떤 특별한 사역을 성취하기 위해 보내심을 받은 다른 사람들을 보았습니다. 그런 의미에서 그들은 "보내심을 받은 자들"입니다.

그러나 그들은 스스로를 사도라고 부르면서 돌아다니지 않았습니다. 그런 점에서 바로 사람들이 실수를 범하는 것입니다. 사람들에게 직함을 주는 것이 반드시 필요하지 않습니다. 우리에게 필요한 것은 하나님께서 우리에게 하도록 부르신 일을 충실하게 하는 것입니다.

이런 사람들 중 얼마는 완전한 의미에서 사도들이 아니었습니다. 그러나 그들은 어느 정도 그 직임에 속해 있었습니다. 왜냐하면 그들은 그리스도의 몸에 어떤 특별한 메시지를 가져오거나 어떤 특별한 사역을 수행하기 위해 "보내심을 받은 자들"이었기 때문입니다.

실제로 교회 역사 전체를 통하여 하나님은 많은 사람들을 부흥의 선두에 세우기 위해 그리고 하나님을 위해 다른 강력한 일들을 행하도록 하기 위해 그들을 일으켜 세우시고 또 보내셨습니다.

그리고, 그런 의미에서 우리는 그들을 이런 낮은 서열에 있는 "사도들"이라고 정당하게 부를 수 있을 것입니다.

나는 오순절 운동의 초기에 마치 사람들로 하여금 성령으로 충만하게 하는 사역에 몸담고 있는 것처럼 보이는 특별한 한 사람을 기억합니다.

그런 이유로 인해서 각지로부터 온 목사들이 그를 자신들의 교회에 초대했습니다. 많은 목사들이 내게 말했습니다.

"그는 마치 사람들이 성령으로 세례를 받도록 하는 초자연적인 능력이 있는 것 같습니다. 그가 가는 곳 어디에서든 사람들은 성령으로 충만하게 됩니다."

다른 말로 하면, 그는 성령세례에 관해 구체적으로 가르치도록 그리스도의 몸에 보냄받은 사자였던 것입니다.

다른 성경적 계보들을 따라 특별히 보냄받은 다른 이들도 있습니다.

우리는 그리스도의 몸 안에서 그들 모두를 필요로 합니다.

나는 어떤 형태의 사도적 직임으로 어느 정도 사역을 해오고 있는 사역자들이 있다는 것을 믿습니다. 그러나 사람들은 너무 종교적으로 세뇌되어 있기 때문에 그 사실을 인정하지 않고 있습니다.

그리스도의 몸은 이러한 성경적 직임과 그 직임의 기능을 알아야 합니다. 그래서 건전한 사역자들이 하나님으로부터 소명을 받은 온전한 범위에서 사역할 수 있어야 합니다.

03

사도적 부르심의 특징들

등급이나 서열에 관계없이 사도적 직임으로 부르심을 받은 자는 누구에게든 해당하는 어떤 일반적인 특징들이 있다는 것을 성경은 보여줍니다. 만일 어떤 개인의 삶과 사역이 이러한 일반적인 특징들을 가지고 있지 않다면, 나는 그의 삶에 사도적 소명이 참된 것인지에 대해 심각하게 의심할 것입니다.

하나님으로부터 부르심을 받고 구별됨; 사람에 의해 확증받음

사도의 성경적인 예로서 바울의 삶을 살펴보면, 우리는 어떤 사람이 자신의 사도적 사역의 소명이 사람들로부터 확증받기 전에, 하나님으로부터 부르심을 받아야 한다는 것을 알 수 있습니다.

사도행전 13장에서 바울이 성령에 의해 사도적 사역을 위해 구별되었을 때, 우리는 이 원칙에 대한 진리를 볼 수 있습니다.

안디옥 교회에 선지자들과 교사들이 있으니 곧 바나바와 니게르라 하는 시므온과 구레 네 사람 루기오와 분봉왕 헤롯의 젖동생 마나엔과 및 사울이라 주를 섬겨 금식할 때에 성령이 이르시되 내가 불러 시키는 일을 위하여 바나바와 사울 을 따로 세우라 하시니 이에 금식하며 기도하고 두 사람에게 안수하여 보내니라 두 사람이 성령의 보내심을 받아 실루기아에 내려가 거기서 배타고 구브로에 가서　　　행 13:1-4

나는 여기서 여러분이 바울의 사역이 진행되는 과정을 보기를 원합니다. 이 구절들은 다섯 사람의 이름을 우리에게 보여줍니다. 이 사람들은 모두 선지자이거나 교사이며 또는 선자자겸 교사입니다.

바나바는 선지자가 아니라 교사였음을 추측할 수 있는데, 왜냐하면 선지자는 환상과 계시를 가진 자이기 때문입니다. 우리는 성경에서 바나바가 어떤 환상이나 계시를 받았거나 가졌다는 것을 발견하지 못합니다.

반면에 바울은 선지자이며 교사였습니다.

바울은 신약성경의 거의 반을 기록했기 때문에 우리는 바울이 선지자임을 알 수 있습니다. 그리고 그는 계시로서 그것을 받았습니다.

바울이 "곧 계시로 내게 비밀을 알게 하신 것은…"(엡 3:3)라고 말했던 것을 기억해 보십시오.

그래서 이때까지 – 이것은 바울과 바나바 사역의 범위였습니다. – 바나바는 교사였으며 바울은 선지자겸 교사였습니다. 그리고 그때까지 바울과 바나바는 어느 정도의 기간 동안 사역을 해오고 있었습니다.

그러나 바울과 바나바 두 사람 다 하나님께서 그들을 위해 가지고 계신 일을 위하여 성령께서 그들을 따로 세워 보낼 때까지 사도적인 직임에 들어서지 않고 있었습니다. 그리고 하나님께서 그들을 위해 가지고 계신 일이 바로 사도적 사역이었습니다.

우리는 바울과 바나바가 사도적 사역에 부르심을 받은 것을 알 수 있는데, 왜냐하면 성경은 그들을 하나님이 불러 시키는 일을 위하여 성령의 "보내심을 받았다"고 말씀하기 때문입니다: "두 사람이 성령의 **보내심을 받아**…"(행 13:4)

그리고 성경은 사도들의 첫 번째 선교여행에 대해 계속 언급합니다.

그리고 시간이 지난, 그 첫 번째 선교여행 중에 성경은 바울과 바나바를 "사도"라고 부릅니다(행 14:14).

그러나 나는 여러분이 사도행전 13장 2절에서 중요한 어떤 것을 보았으면 합니다. 바울과 바나바는 세상의 기초를 놓을 때부터, 하나님으로부터 사도적 사역에 부르심을 받았습니다 (엡 1:4). 그러나 이 성경 구절에서, 그 소명은 예언과 안수함으로 사람에 의해 확증 받았다는 것을 알 수 있습니다.

바꾸어 말하면, 바울과 바나바는 사람들이 자신들의 머리에 안수했던 바로 그 날 사도적 사역에 대한 자신들의 소명을 받은 것이 아니라는 것입니다.

바울과 바나바는 안수받는 것과 예언을 통해 그들이 사도적 사역으로 부르심 받은 것을 사람들로부터 단지 확증받았던 것입니다.

하나님께서 이미 불러 시키신 일을 위하여, 성령께서 그들을 따로 세우셨습니다.

우리가 그것을 어떻게 알 수 있습니까? 성령께서 "바나바와 사울을 내가 지금 부르는 am calling 일을 위하여 따로 세워라"고 말씀하시지 않으신 것에 주목하십시오. 성령께서 그런 식으로 말씀하시지 않았습니다.

성령께서 이렇게 말씀하셨습니다.

"…성령이 이르시되 내가 불러 시킨I have called 일을 위하여 바나바와 사울을 따로 세우라 하시니"(행 13:2). 그것은 과거시제입니다.

성령님께서 바울과 바나바에게 그들의 사도적 사역의 부르심에 대해 이미 말씀하셨기 때문에 그것은 과거시제입니다.

이 예언적인 말은 하나님께서 이미 그들의 삶에 계획해 놓으신 사도적 부르심에 대한 단순한 확증입니다.

우리는 신약 어디에서도 믿는 자들이 사람에 의해 소명을 받고 사역의 직임으로 따로 세움 받는 것을 볼 수 없습니다.

때때로 하나님은 어떤 사람이 자신의 영 안에 가지고 있는 소명을 확증해주기 위해 사람들을 사용하시기도 합니다. 그러나 사람들이 누군가에게 소명을 주거나 어떤 사역 안에 배치시킬 수는 없습니다.

간혹 사람들은 말합니다. "그렇지만 하나님께서 나를 사용하셔서 이런 저런 사역에 쓰임 받게 될 어떤 사람에게 예언하게 하셨다."

하나님은 때때로 어떤 사람이 마침내 어떤 식으로 성령으로 쓰임 받게 될 것이라는 사실을 예언하기 위해 누군가를 사용하시기도 합니다. 그러나 어느 누구도 예언을 통하여 사람들에게 영적인 은사를 주거나 사역의 직임을 부여해 줄 수는 없습니다.

오늘날 어떤 이들은 안수하는 것과 예언하여 주는 것을 통하여 사람들을 사역 안으로 밀어 넣으려고 시도하고 있습니다!

그것은 불가능하며, 또한 비성경적입니다.

1949년에 이런 일들이 여기저기서 일어났습니다. 이 운동에 관여한 사람들이 많은 부분들에서 성경적이었지만, 그들의 교리 안에 오류들이 섞여 있었습니다.

많은 경우 어떤 사람이 가르치는 것의 90퍼센트가 성경적일 수 있습니다. 그러나 나머지 10퍼센트가 독을 품고 있을 수 있습니다. 그리고 그것이 영적으로 엄청난 해악을 가져올 수 있습니다. 이런 점이 바로 우리가 충분한 성경의 지식을 가지고 진리의 말씀을 올바르게 분별해야 할 필요가 있는 이유입니다.

우리는 성경적인 90퍼센트의 것을 비성경적인 10퍼센트로부터 구별하기 위해 배워야 할 필요가 있습니다.

그리고 때때로 어떤 오류가 결국 우리를 해칠 수 있으므로, 잘못된 교리를 가르치는 사람들과의 교제를 단절하는 것이 자신에게 더욱 유익할 수 있습니다.

1940년대에 인기 있었던 이러한 가르침에서 소위 사도와 선지자라는 사람들이 안수하고 예언해 줌으로써 사역의 직임과 영적인 은사들을 사람들에게 전이시켜주어, 그들로 하여금 사역의 직임들 안으로 들어가도록 밀어 넣고 있었습니다.

그것은 전혀 비성경적입니다.

비록 치유나 성령으로 충만 받기 위하여 사람들에게 안수하는 것은 성경적일지라도 사람들을 안수해 줌으로서 그들에게 영적인 은사를 주거나 그들을 사역으로 부를 수는 없는 것입니다.

제가 말했듯이 때때로 하나님은 예언을 통해 어떤 사람의 소명을 확증해 주십니다. 그러나 하나님만이 사람을 사역으로 부르시고 그들에게 영적인 은사를 나누어 주실 수 있습니다.

성령은사 운동Charismatic Movement의 초기에 또 이러한 오류가 유행처럼 일어났습니다. 그리고 오늘날 우리는 거듭하여 그러한 오류가 일어나는 것을 경험하고 있습니다.

이런 면에서 최근에 오류에 빠진 사역자들 가운데 어떤 이들은 수년 전 일찍이 그리스도의 몸에 이러한 오류들이 나타났을 때는 거기에 없었습니다.

그러므로 그들은 이런 가르침이 과거에 유발시켰던 해악을 알지 못했던 것입니다.

그것이, 만일 지각이 있다면, 젊은 목사들은 그들보다 앞서 영적으로 이 길을 걸어온 우리의 말을 귀 기울여 들어야 하는 이유입니다.

그렇게 함으로, 그들은 많은 상심heartache들로부터 벗어나게 될 것입니다.

그들 가운데 어떤 이들은 이런 잘못된 교리들로 인해 자신들이 목회하던 교회를 잃어버릴 수도 있습니다. 그리고 그들 가운데 얼마는 결국 큰 낭패를 맛보게 될 것입니다. 왜냐하면 이런 가르침은 비성경적이어서, 결국은 잘못되었음이 드러나게 될 것이기 때문입니다.

첫째 설교자 혹은 교사

사도적인 소명의 또 한 가지 일반적인 특징은 사도는, 그리고 최우선적으로 설교자이거나 교사입니다. 혹은 말씀의 설교자임과 동시에 가르치는 자입니다.

> 이를 위하여 내가 전파하는 자preacher와 사도로 세움을 입은 것은 참말이요 거짓말이 아니니 믿음과 진리 안에서 내가 이방인의 스승이 되었노라
> 딤전 2:7

> 내가 이 복음을 위하여 선포자preacher와 사도와 교사로 세우심을 입었노라
> 딤후 1:11

바울이 "나는 처음으로 세우심을 받은 사도입니다"라고 말하지 않는 것에 주목하십시오. 바울은 그렇게 말하지 않았습니다. "나는 선포자preacher:설교자로 세우심을 받았습니다"라고 바울은

먼저 말했습니다. 왜냐하면 그는 첫 번째로 그리고 최우선적으로 복음의 설교자였기 때문입니다.

그는 복음을 설교하고 가르칠 목적으로 보내심을 받은 자였습니다.

사역의 은사를 받은 모든 개개인은 무엇보다 우선적으로 말씀의 설교자 또는 교사입니다.

바꾸어 말하면, 사역의 은사로 소명받은 자들은 성경을 선포하거나 성경을 설명하는 사람이라는 것입니다.

이 성경 구절에서 우리는 사도의 주된 사역이 말씀을 설교하거나 가르치는 것임을 알 수 있습니다. 사도적인 소명은 교회나 사람을 다스리는 것과는 관계가 없습니다.

이 두 성경 구절에서 바울은 사도의 주된 사역을 강조하기 위해서 자신의 설교하는preaching 사역을 먼저 언급합니다.

바울은 무엇을 설교하는 자였습니까? 그는 복음의 설교자였습니다. 무엇을 가르치는 교사였습니까? 하나님의 말씀을 가르치는 교사였습니다. 어떤 사람들이 스스로 사도라고 부르면서, 말씀 외에 교리를 가르치면서 다가올 때, 이러한 사실들을 정확히 아는 것은 우리로 하여금 사도적 소명의 진정한 특성을 이해하는데 도움을 주게 됩니다.

참된 사도의 표징sign들

사도의 표징들은 고린도후서 12장에서 바울이 언급했습니다.

사도의 표가 된 것은 내가 너희 가운데서 모든 참음과 표적과 기사와 능력을 행한 것이라   고후 12:12

무엇이 사도의 표된 것입니까?

표적과 기사 그리고 능력을 행하는 것입니다.

만일 오늘날 스스로를 사도라고 부르는 사람들이 그들의 삶과 사역에서 나타나는 이러한 사도적 표징들이 없다면, 그들은 그 직임에 있는 것은 아닙니다.

또한 어떤 이가 이 사도적 직임에 들어가기 위해서, 그는 반드시 매우 실제적이고 평범을 뛰어넘는 주님과 함께하는 깊고 개인적인 경험이 있어야 합니다.

예를 들어, 바울은 자신의 회심에서 그런 경험을 가졌으며, 자신이 사역하는 전 기간 동안 그런 일들이 명백하게 계속 있었습니다.

비록 바울은 예수님께서 지상에 계셨을 때, 육신을 입으신 예수님을 보지 못했지만, 그는 환상 가운데 주님을 보았습니다(행 9:3-6).

그의 회심은 평범을 뛰어넘는 심오한 영적 경험이었습니다(행 26:13-19).

예를 들어, 바울은 주님과 함께하는 매우 깊은 영적인 체험에서 주님의 만찬(신약의 성만찬)에 대한 지식을 예수님으로부터 직접 받았습니다.

"내가 너희에게 전한 것은 주께 받은 것이니…"(고전 11:23)

토대적인foundational 사도와 선지자로서, 바울은 이러한 교회의 예식에 관한 통찰과 가르침을 예수님으로부터 직접 받았습니다. 다른 사도들로부터 받은 것도 아니고 교회의 전통으로부터 받은 것도 아닙니다. 그리고 물론 바울은 복음에 대한 계시도 주님으로부터 직접 받았습니다(갈 2:1-2).

네 번째 서열에 속해있는 사도들은 교회가 세워지는 토대에 관한 그 이상의 어떤 계시도 받지 않을 것입니다.

그러나 그들의 주님과의 개인적인 경험은 초자연적일 것이며, 평범을 뛰어넘는 것이 될 것입니다.

그러나 그것이 사도를 개인적으로 다른 믿는 자들이나 다른 사역의 은사들보다 뛰어나게 하는 것은 아닙니다.

만일 이상의 것들이 진정한 사도들의 표징들이었다면, 거짓 사도들의 표징은 어떤 것들이 있을까요?

거짓 사도들

거짓 사도들과 선지자들이 초대교회에 있었다면 오늘날 우리는 완벽하지 않기 때문에 오늘날의 역시 그런 자들이 교회 안에 존재합니다.

그러나 그러한 상황이 진정한 사도적 직임을 몰아낼 수는 없습니다.

사실 무언가 거짓된 것이 있다는 것은 진정한 사도적 직임이 있음을 증명해주는 것입니다. 왜냐하면 사탄은 실제이며 참된 것만을 위조하기 때문입니다.

> 그런 사람은 거짓 사도요 속이는 일꾼이니 자기를 그리스도의 사도로 가장하는 자들이니라 이것이 이상한 일이 아니니라 사탄도 자기를 광명의 천사로 가장하나니 그러므로 사탄의 일군들도 자기를 의의 일꾼으로 가장하는 것이 또한 대단한 일이 아니니라 그들의 마지막은 그 행위대로 되리라   고후 11:13-15

거짓 사도와 참된 사도를 분별하는 한 가지 매우 단순한 방법이 있습니다.

참된 사도는 건전한 성경적 기초, 즉 하나님의 말씀 위에 주님의 새 일들을 개척하고 세웁니다. 거짓 사도는 분리, 분쟁, 그리고 잘못된 가르침으로 교회를 허물어뜨립니다. 오늘날 소위 사도라고 일컬어지는 어떤 사람들은 그런 짓을 행하고 있습니다. 그들이 바로 거짓 사도들입니다.

> 어떤 이들은 투기와 분쟁으로, 어떤 이들은 착한 뜻으로 그리스도를 전파하나니 이들은 내가 복음을 변명하기 위하여 세우심을 받은 줄 알고 사랑으로 하나 그들은 나의 매임에 괴로움을 더하게 할 줄로 생각하여 순수하지 못하게 다툼으로 그리스도를 전파하느니라   빌 1:15-17

당신은 3달러짜리 위조지폐를 본 적이 있습니까? 물론 없겠지요. 그것은 바로 3달러짜리 지폐가 존재하지 않기 때문입니다. 거짓 사도는 참된 사도의 위조이며, 진짜처럼 행동하려고 합니다.

거짓 사도는 속이는 일꾼이라고 성경은 말합니다. 그는 대개 자신의 개인적 이득을 목적으로 불순한 동기에서 참된 직임을 위조합니다.

그것이 바로 내가 스스로 사도라고 외치는 자들에게 "교회는 몇 개나 개척하셨습니까?"라고 묻거나 "당신이 그 직임에 있다는 것을 증명하는 당신의 자격은 무엇입니까?"라고 묻는 이유입니다.

그들은 어쩌면 한 교회 정도는 개척했을 수도 있습니다. 그러나 한 교회를 개척하는 것이 사도로서 그들에게 반드시 자격을 주는 것은 아닙니다. 왜냐하면 그 외에도 사도적 직임에 반드시 있어야 할 다른 특성들과 자질들이 있기 때문입니다.

그리고 그들은 그러한 특성들과 자질들을 가지고 있지 않을 수도 있습니다.

한 교회를 개척하고 목회하는 것이 주님께서 그들에게 주신 주된 사역일 수도 있습니다.

고든 린지Gorden Lindsay는 자신의 책 "사도, 선지자, 그리고 교회 행정Apostles, Prophets, and Governments"에서 거짓 사도에 대해서 이렇게 말합니다.

"거짓 사도는 첫째, 사도 직임을 강탈하는 것에 의해 드러납니다. 둘째, 사도의 사역을 생산해내는데 실패함으로 드러나게 됩니다."

초대교회는 사도라고 주장하는 사람들을 주목했지만 실상은 거짓 사도들이었습니다.

그들은 시련을 당하자 거짓말쟁이들임이 드러났습니다. 그래서 그들은 그리스도 교회의 양 무리를 인도할 수 없게 되었습니다.

오늘날 교회 안에 사도적 직임이 필요한 것은 너무나 명백합니다. 그러나 역사는 스스로를 사도라고 부르는 사람들에 대한 위험성을 보여줍니다. 투표로서 사도를 선출함으로서 사도적 기능을 회복하려고 시도해 온 단체들은 단지 스스로의 어리석음만 드러내었습니다.

스스로 사도임을 주장하는 자들은 처음에는 가끔씩 관대한 영을 보여줍니다.

그러나 그들이 곧 독단적이고 분파적이 됩니다. 그리고 대개는 사람들을 속박 가운데 밀어 넣게 됩니다.[2]

어떤 목사가 한 장소에 가서 자신을 사도라고 주장하는 사람의 설교를 듣게 되었습니다. 그 사람의 사역에서 사도적 직임의 역사나 열매는 전혀 보이지 않았습니다. 그는 어떤 교회도 설립한 적이 없으며, 사도적 직임의 다른 어떤 특징도 소유하고 있지 않았습니다.

그렇지만 자칭 사도라고 하는 이 사람이 다른 사람들에게 자신이 "사도"임을 확신시키자 마자, 그는 "적절한 신약 교회의 행정체계를 세우기 위해서 사도와 선지자가 지역교회에서 목사 위에 권위의 위치에 있어야 합니다. 나는 사도입니다. 이 지역에 있는 교회들은 나의 권위 아래로 들어와야 하며, 여러분 모두는 최소한 수입의 20퍼센트 이상을 내게 보내야 합니다."

이런 식으로 소위 사도라 일컬어지는 사람들은 사람들을 속박하고,

---

[2] Gordon Lindsay, *Apostles, Prophets and Government*, (Dallas, Texas: Christ For The Nations, Inc., reprint 1988), pp.12,13.

그들로부터 돈을 뜯어내기 위해 자신의 권위를 사용하려고 합니다!

나는 그런 자를 거짓 사도라고 부릅니다.

그의 동기는 잘못되었고, 방법 또한 잘못되었습니다.

그러나 그 사람이 말하는 것을 들은 목사들 가운데 한 명은 이 잘못된 가르침의 갈고리에 걸려들어서 자신의 교회를 자칭 사도라는 사람의 권위에 넘겨주어 버렸습니다.

그 목사의 교회에는 200명의 교인들이 있었습니다. 그러나 그의 사역을 자칭 사도라는 자의 권위에 넘겨준 후, 그가 그것이 비성경적이라는 것을 깨닫기도 전에, 그 교회는 50명으로 감소해 버렸습니다.

그 교회의 교인들은 그 목사보다 분별력이 있었습니다. 그들은 이러한 가르침이 잘못되었음을 알았기 때문에 그 교회를 떠났습니다.

그때 자칭 사도라는 사람은 이렇게 말했습니다. "어떤 교회든, 그 교회 위에 권위를 행사하는 사도가 없으면, 그 교회는 불법적인 교회입니다."

차라리 나는 한 밤중에 양철 외양간에서 우는 당나귀 울음소리를 듣겠습니다! 정말 나는 그 당나귀를 더 존경합니다. 당나귀는 우는 것이 그가 할 수 있는 전부이기 때문입니다.

참된 사도의 일은 성령의 열매가 있어야 할 뿐만 아니라, 비성경적인 가르침으로 교회를 허물어뜨리는 것이 아니라 그리스도의 몸을 세우려고 하는 것이 보여져야 합니다.

고든 린지는 참된 사도 사역에 대해 자신의 책 "사도, 선지자, 교회 행정체계"에서 이렇게 말합니다.

"진정한 사도들은 자신들의 사도적 사역에 겸손함이 나타납니다. 그들은 자신들의 직임을 공적으로 선포하기보다 오히려 자신들의 행하는 역사로써 하나님이 그들에게 주신 사역의 직임을 나타낼 것입니다. 스스로를 사도라고 부르지 않고도 사도의 사역을 행할 수 있습니다. 사도적 직임은 크게 잘못 이해되고 있습니다. 많은 사람들은 하나님의 백성들을 다스림으로써 권위의 위치로 올라가는 것으로 생각합니다. …어떤 사람이 먼저 사도의 사역을 행하면, 그의 사역은 자연스럽게 인정받게 됨을 그는 알게 될 것입니다. … 사도는 전체 교회를 위해 어떤 부담을 가지게 됩니다 그리고 그는 전체 교회의 번영welfare에 관심을 가지게 됩니다. 이것은 그가 수백만이나 되는 그리스도의 몸에 속한 모든 사람들에게 육적으로 사역을 한다는 것을 의미하지는 않습니다. 그러나 그의 부담은 전체 그리스도의 몸을 위한 것이 됩니다. … 참된 사도는 전체의 몸에 대한 관심을 나타내게 될 것입니다. 그리고 모든 성도들이 "믿음으로 연합을 이루기"까지 전체의 몸을 세우는 것에 힘을 다할 것입니다. 그는 탐욕스런 영을 가지고 있지 않으며, 재정적인 이익을 추구하는 자가 아닙니다."[3]

린지 목사님은 1950년대에 이 책을 썼습니다. 그럼에도 불구하고 그가 오늘날 우리를 위해 이것을 쓴 것 같다고 여러분은 생각하지 않습니까?

---

3) Gordon Lindsay, P.14

순종하는 사역

나는 여러분이 참된 사도의 성경적인 특징들에 관해 그 외 다른 것을 보게 되길 원합니다.

십사년 후에 내가 바나바와 함께 디도를 데리고 다시 예루살렘에 올라 갔나니 계시를 따라 올라가 내가 이방 가운데서 전파하는 복음을 그들에게 제시하되 유력한 자들에게 사사로이 한 것은 내가 달음질하는 것이나 달음질 한 것이 헛되지 않게 하려 함이라   갈 2:1-2

이 성경 구절에서 주목해 보아야 할 것들이 몇 가지 있습니다. 사도는 다른 사역의 은사들 위에 군림하는 것이 아닙니다. 사실 참된 사도는 사도 바울이 여기서 그랬던 것처럼 검증된 다른 복음 사역자들에게 자신의 사역을 복종시킬 것입니다.

바울이 아라비아에 얼마나 오래 있었는지 아무도 알지 못합니다(갈 1:17). 그러나 바울이 예루살렘의 사도들과 의논하려고, 예루살렘에 올라갔을 때, 그는 적어도 17년 동안이나 사역에 몸담아 오고 있던 것을 우리는 압니다(갈 1:18, 2:1).

다른 말로 하면, 그는 사역의 초보자가 아니었습니다. 그렇지만 그는 자신이 전파한 것에 대해 여전히 명성있는 다른 사람들과 의논하였다는 것입니다.

사실 바울은 성령으로부터 이방인들에게 전파하던 복음을 예루살렘에 올라가서 거기 있던 뛰어난 지도적인 사도들인 명성있는 자들과 나누도록 계시를 받았습니다.

예루살렘에 있던 사도들은 이방인들에게는 복음을 설교하거나 전파하지 않았습니다. 그들은 여전히 유대인들에게만 설교하고 있었습니다.

바울은 하나님께서 자기에게 주신 계시내용을 사도들에게 제출하였습니다. "…내가 달음질 하는 것이나 달음질한 것이 헛되지 않게 하려 함이라"(갈 2:2).

다른 말로 하면, 바울은 자신이 받은 주 예수 그리스도 복음에 대한 계시를 그 당시의 영적 지도자들에게 제출하여 함께 공유했다는 것입니다.

만일 이 위대한 하나님의 사람이 헛된 달음질을 할 가능성이 있다면 우리도 역시 헛된 달음질을 할 수 있는 가능성이 있는 것입니다.

그것이 바로 바울은 자신이 받은 계시를 어린 양의 사도들에게 제출하기 원했던 이유입니다. 그들은 검증받았으며, 잘 세워진 복음의 사역자들이었으며, 예수님이 이 땅에 계실 때, 주님과 동행했던 자들이었습니다.

만일 바울이 자신이 받은 계시를 검증받는 사역자들에게 제출할 필요가 있었다면, 우리는 얼마나 더 그렇게 해야 할 필요가 있겠습니까?

그러나 오늘날 어떤 사람들은 사역에서 최근에 지도자가 된 사람들, 또는 젊은 사역자들과 의논하기를 원하거나, 아니면 자신들이 받은 계시나 사역을 어느 누구와도 나누거나 의논하는 것을 원하지 않습니다.

사도적 부르심의 특징들

한 번은 어떤 목사가 자신의 위대한 계시를 가지고 나에게 왔습니다. 나는 그에게 말했습니다.

"나는 그것을 수용할 수 없습니다. 그것은 성경적이 아니기 때문입니다."

나는 (그가 스스로 위대한 계시라고 생각하는) 그것이 그리스도의 몸을 해치고 하나님의 계획을 방해하며, 마침내 이 사람의 사역을 망칠 것을 알았습니다.

그러나 그는 "예, 그러나 하나님은 나에게 계시를 주셨습니다."라고 주장했습니다. 당신이 그렇게 말하는 순간 당신은 문제에 빠져듭니다.

만일 하나님께서 당신에게 무엇인가를 보여주셨다면, 교회 내 다른 사람들도 그것을 알게 될 것이고, 특별히 교회내의 지도적 위치에 있는 사람들도 알게 될 것입니다. 그렇지만 주 예수 그리스도를 찬양하며 높이는 대신 당신 스스로를 높이고 교만하게 한다면 그것이 어떠한 계시든 주의하십시오.

나는 이 목사에게 계속 말했습니다.

"심지어 선지자의 직임에 있을지라도 바울은 '예언하는 자는 둘이나 셋이나 말하고 다른 이들은 분별할 것이요' (고전 14:29)라고 말했습니다. 만일 선지자의 사역이 판단을 받아야 한다면, 교사의 사역이나 다른 어떤 사역들 역시 판단 받아야 할 필요가 있습니다. 사람을 판단하는 것이 아니라, 그 사람이 가르치는 것과 설교하는 것을 판단하는 것입니다. 그 사람의 사역을 판단해야 합니다."

그러나 이 사람은 듣지 않고 가서는 그리스도의 몸에다 소위 자기가 받았다는 계시를 가르치기 시작했습니다. 그러나 그의 사역은 지속되지 못했습니다. 왜냐하면 그의 사역은 성경적인 것이 아니라, 모든 것이 나me와 나의 것mine에 대해서였기 때문입니다.

그는 교만한 마음, 비성경적인 어지럽게 조합된 계시로 높아졌습니다. 그러나 결국 그는 사라져갔고, 아무도 그에 대해 다시 듣지 못했습니다.

만일 당신이 말씀에 대한 계시를 가지고 있다면, 당신이 그것을 공적으로 가르치거나 설교하기 전에 먼저 영적으로 그것을 판단하십시오. 그리고 그것을 그리스도의 몸에 영성이 있는 다른 사람들에게 드러내 보여주고 그들로 하여금 그것을 판단하도록 하십시오.

사역에 오래 몸담아 옴으로 분별력이 있는 명성이 있는 분들이 그것을 판단할 때까지, 그것을 설교하거나 그것에 근거하여 행동을 취하지 마십시오.

당신은 헛되이 달음질할 필요가 없습니다.

실제로 우리는 우리가 받은 계시나 사역이 판단받기를 원해야 합니다. 바울은 자신이 받은 계시와 사역이 판단받기를 원했습니다. 그는 자신의 계시가 올바르고 성경적으로 건전하기를 원했던 것입니다.

그것이 바울이 사역에 오래 몸담아 옴으로 이미 많은 경험을 한 예루살렘 사도들에게, 자신이 받은 계시를 나누었던 이유입니다.

참된 사도의 열매는, 자신이 때때로 사역을 하는 지역교회의 목사들을 포함하여, 다른 형제들을 향해 순종하려는 태도를 가지는 것입니다. 참된 사도는 의심스러운 가르침과 계시들로 교회를 허무는 것이 아니라, 축복하고 세워주며 그리고 사역을 개척하는 것에 관심을 가집니다.

나의 사역에서 나 역시 주님으로부터 내가 받은 계시를 명성이 있고 경험이 많은 분들과 나누는 것을 실천해 왔습니다. 그리고 내가 사역의 현장에 있었을 때, 비록 내가 사도는 아니었지만, 사도들이 하는 순회 사역을 했습니다.

우선 나는 항상 나의 사역을 내가 사역하던 그 지역교회의 목사나 감독들에게 순종시켰습니다.

나는 항상 내가 사역하던 지역의 목사들에게 "제가 설교하는 것들 가운데 여러분이 원치 아니하시는 것이 있으면 제게 말씀해 주십시오. 그러면 그것은 설교하지 않겠습니다. 그리고 제가 설교하지 않는 것 중, 여러분이 제가 설교하길 원하는 것이 있으시다면, 말씀만 해주십시오"라고 말했습니다.

이것이 진정한 순종입니다. 그리고 모든 순회사역자들은 지역 교회의 목사들에게 자신의 사역을 순종시켜야 합니다.

대부분의 경우에 목사들은 나에게 하나님께서 인도하시는 대로 자유롭게 사역하라고 말합니다. 그것은 나의 사역이 이미 검증을 받았고 목사님들의 신뢰를 얻었던 것입니다.

나는 또한 말씀에 대한 계시를 받았을 때에도 그것을 실천해 왔습니다. 바울이 갈라디아서 2장 2절에서 말하였던 것처럼, 사역에서 존경을 받고 내가 신뢰하는 형제들에게 성령님으로부터 받은 중요한 계시들을 항상 나누어 왔습니다.

이러한 하나님의 사람들은 풋내기들이 아니었으며, 또한 하룻밤새 변질되는 가벼운 사람들이 아니었습니다.

그들은 영적으로 건전했으며, 오랫동안 한결같이 사역해온 사람들이었습니다.

바울의 사역에서 우리는 사도적 부르심의 일반적인 특징들을 볼 수 있습니다. 비록 그는 지역 교회의 한 교인이었지만 그는 성령의 보내심을 받았습니다.

그는 다른 사역자들과 마찬가지로 최우선적으로 설교자였습니다. 그리고 그의 메시지는 주 예수 그리스도의 복음이었습니다.

그는 특정한 사람들 즉, 이방인들에게 그 메시지를 가져가기 위해 하나님으로부터 위임받았습니다. 그의 사도적 사역은 모든 사람들을 지향하는 것이 아니었습니다.

그는 무한정 사도적 권위를 가진 것이 아니었습니다. 바울 역시 성경적인 사도 사역의 열매를 가지고 있었습니다.

그리고 그는 자신의 사역을 말씀 안에서 검증되고 평판이 있는 분들에게 복종시켰습니다.

04

사도적 사역을 위한 자격들

사도적 직임에 부름 받은 사람들이 갖추어야 할 자격들에 대해 성경은 어떻게 말씀하고 있습니까?

먼저 디모데전서 3장은 감독bishop이나 관리자overseer의 자격들에 대해 말씀하는데, 나는 이것이 목사의 자격에 대해서 언급하는 것이라고 생각합니다. 우리는 사도, 선지자, 복음 전도자, 또는 교사의 직임에 대해 우리에게 구체적으로 주어진 어떤 자격들을 찾아볼 수 없습니다.

그러나 하나님은 사람을 차별하는 분이 아니시므로 어떤 한 사역에 대해 요구하는 것보다, 다른 사역에 더 많은 것을 요구하지는 않으실 것입니다(행 10:34).

그러므로 디모데전서 3장 1-13절에 기록되어 있는 자격들이 바로 사역을 위한 자격이며, 사도적 직임을 포함하여 그리스도의 몸 안에 있는 어느 사역의 은사에나 적용할 수 있다고 분명히 말할 수 있습니다.

미쁘다 이 말이여, 곧 사람이 감독의 직분을 얻으려 함은 선한 일을 사모하는 것이라 함이로다 그러므로 감독은 책망할 것이 없으며 한 아내의 남편이 되며 절제하며 신중하며 단정하며 나그네를 대접하며 가르치기를 잘하며 술을 즐기지 아니하며 구타하지 아니하며 오직 관용하며 다투지 아니하며 돈을 사랑하지 아니하며 자기 집을 잘 다스려 자녀들로 모든 공손함으로 복종하게 하는 자라야 할지며 (사람이 자기 집을 다스릴 줄 알지 못하면 어찌 하나님의 교회를 돌보리요) 새로 입교한 자도 말지니 교만하여져서 마귀를 정죄하는 그 정죄에 빠질까 함이요 또한 외인에게서도 선한 증거를 얻은 자라야 할지니 비방과 마귀의 올무에 빠질까 염려하라   디모데전서 3:1-7

사도적 직임에 있는 사람은 반드시 하나님의 부르심을 받아야 하고, 또 그 직임을 감당할 수 있는 영적인 준비가 있어야 함을 나는 언급했습니다.

이 두 가지 요소는 하나님이 해야 할 일입니다.

그러나 사도적 직임에 부르심 받은 자 역시 그 직임에 임할 수 있는 자격들을 반드시 가져야 합니다. 그것은 사역자 자신의 책임입니다.

오직 자신만이 그런 신뢰와 책임의 직임에 임할 수 있도록 할 수 있습니다.

나는 하나님의 부르심을 받고 어떤 사역의 직임에 임할 수 있는 영적인 능력으로 준비된 사람들을 줄곧 보아왔습니다. 그러나 그들은 사역에서 실패했는데, 왜냐하면 그들은 그러한 사역에 임하기 위해 반드시 요구되는 필수적인 자격들이 부족했기 때문입니다.

그들은 하나님께서 그들을 불러 시킨 사역에 임할 수 있도록 스스로를 준비하지 않았습니다.

성격과 행동

사도의 직임이나 다른 어떤 사역들에 부르심을 받은 사역자들의 자격들은 무엇입니까? 디모데전서 3장 2절은 그가 "책망할 것이 없어야 한다…"고 말합니다.

비난 받을 만한 것이 없는 성격의 사람a man of blamless character

딤전 3:2 (20세기 번역본)

비난할 여지가 없는 성격의 사람a man of irrepraochable character

딤전 3:2 (웨이마우스 번역본)

비난할 여지를 주지 않아야 하며, 책망받을 만한 것이 없는 사람

딤전 3:2 (확대번역본)

그의 삶에 반대할 것이 없는 선한 사람이어야

딤전 3:2 (테일러 번역본)

디모데전서 3장 2절은 이렇게 말합니다.

"…절제하며, 신중하며, 단정하며…"

20세기 번역 신약 성경은 이렇게 말합니다.

"그는 착실하고sober, 분별있고discreet 그리고 잘 정돈된 삶을 살아야 합니다."

웨이마우스Weymouth 번역은 이렇게 말합니다.

"사역자는 비난할 여지가 없는 성격의 사람이어야 하며, 아내에게 진실하고 절제하며, 착실한 마음으로 행동을 잘하는 사람이어야 합니다."

확대번역 성경은 말합니다. "그는 반드시 신중하고 착실하며 자신을 절제해야 하며… 지각이 있으며 처신을 잘하고 그리고 위엄이 있어야 하며 정돈된 삶을 살아야 합니다."

내가 이러한 사역자들의 자격들을 생각해 낸 것이 아닙니다. 성령께서 바울에게 그것들을 기록하도록 영감을 주신 것입니다.

사역에 들어가는 것은 무거운 책임입니다. 그것이 바로 사도를 포함하여 모든 사역자들은 위엄이 있고 질서 있으며, 잘 훈련된 삶을 살아야 하는 이유입니다.

이런 것만으로도 어떤 사역자들은 탈락 될 것입니다.

다른 말로 하면, 사역자의 삶은 영적인 준비에서 뿐만 아니라, 행동과 성격에서도 사역자의 삶을 반드시 반영해 내야 한다는 것입니다.

그의 성품도 반드시 그의 부르심에 어울려야 합니다.

사도 또는 사역자는 자신의 행동과 습관에서 반드시 책망받을 만한 것이 없어야 합니다. 만일 사역자가 그러한 자격들에 미달하면 그들은 그들이 할 수 있는 최고의 역량에 도달하지 못하게 됩니다.

어떤 사역자들은 하나님께서 그들에게 주신 사역을 성취하기 위하여 필요한 교정을 거쳐야 할 것입니다.

어떤 사역자들이 사도적 형태의 사역으로 부르심을 감지할 수도 있습니다. 그들이 자신들의 현재 처해진 위치에서 하나님을 섬기는 데 충실하면서 기도와 말씀으로 하나님의 임재를 기다릴 때, 그들의 영 안에서 성령의 깨우치심quickening이 있게 될 때가 올 것입니다.

그때 그들은 자신들의 소명을 성취하기 위해 하나님의 능력 안에서 걸어갈 수 있게 될 것입니다.

그들의 목적은 사람들이 자신들을 따르도록 그들을 끌어들이는 것이 아니라, 남자와 여자들을 불러 예수님을 따르도록 하는 것입니다.

그리스도의 성품을 가진 참 사도는 주님 앞에 자신을 낮추고 사람들의 주의와 관심을 결코 자신에게 모으려고 하지 않습니다.

예수님은 이렇게 말씀하셨습니다.

"내가 땅에서 들리면 모든 사람을 내게로 이끌겠노라 하시니" (요 12:32).

사도적 직임에 부르심을 받은 자로서 자기의 성품을 개선하기 위해 시간을 투자해 온 자는 오히려 자신을 숨기고 예수님을 높여드립니다. 그리스도의 높은 부르심에 부합하도록, 우리 모두는 자신을 살피고 우리의 성품과 행동을 개선하는 일에 착수해야 합니다.

만일 믿는 자들이 스스로를 살펴야 한다면 사도적 직임에 하나님의 부르심을 받은 자들은 얼마나 더 그리스도 안에서 그들의 높으신 부르심으로부터 그들을 방해하려고 하는 모든 무거운 짐들을 내려놓아야 할 필요가 있겠습니까?

건전한 교리를 가르치는 자

> 그러므로 감독은 책망할 것이 없으며 한 아내의 남편이 되며 절제하며 신중하며 단정하며 나그네를 대접하며 가르치기를 잘하며   딤전 3:2

진정한 사도는 또한 교리적인 탈선이나 극단적인 가르침이 아닌, 건전한 성경적 교리를 가르치는 경향성을 유지함으로 스스로 자격을 갖추어 갈 것입니다. 그리고 그는 자신의 사역이 영적인 은사들이나 표적과 기사들 위에 기초해 있는 것이라기보다, 오히려 말씀 위에 견고히 기초해 있음을 분명히 할 것입니다.

어떤 사람들은 이것을 놓칠 수가 있는데, 소위 사도라고 일컬어지는 어떤 사람들의 사역에서 일어나는 기적적인 일들과 기사를 보기 때문에, 그 사람들의 교리를 따를 수 있다고 그들이 생각할 때, 이것(말씀 위에 견고히 기초하는 것)을 놓치는 일이 일어납니다.

그렇게 해서는 절대 안됩니다. 모든 사역자들의 교리는 반드시 성경과 일치해야 합니다. 심지어 표적과 기사가 그의 사역에서 일어난다고 할지라도 말입니다.

P.C 넬슨Nelson 목사는 뛰어난 희랍어와 히브리어 학자였으며, 동시에 훌륭한 성경교사였습니다.

그는 존 알렉산더 도위John Alexander Dowie에 관하여 이런 면에 대한 중요한 것을 말했는데, 그것은 나에게 오랜 세월 동안 큰 도움이 되었습니다.

도위는 미국의 신유 메시지 분야에서 위대한 개척자입니다.

수많은 치유의 놀라운 기적들이 도위의 사역에서 일어났습니다. 그러나 도위는 자신이 앞으로 오게 될 세 번째 엘리야라고 공표함으로서 교리적으로 빗나갔습니다.

우리가 "아버지 넬슨"이라고 불렀던 바로 그 넬슨 목사는 도위에 관해 이렇게 말했습니다. "너희는 도위의 믿음을 따를 수는 있다. 그러나 그의 교리를 따라선 안된다"

여러분, 구약 성경으로 돌아가서 삼손의 이야기를 읽어보십시오. 삼손의 삶에서 기사와 표적이 그의 전 생애 동안 일어났음을 볼 수 있습니다. 그러나 그것이 그가 경건한 성품이나 건전한 교리를 가졌음을 의미하는 것은 아닙니다.

예를 들어서 삼손은 자신을 통해 기적들이 일어났습니다. 심지어 그가 간음 가운데 다른 여인과 살고 있을 때에도, 거짓말을 하고 있을 때에도 기적을 역사하는 은사는 여전히 그의 삶에서 한 동안 일어났습니다(사사기 16장을 보십시오).

자, 나를 오해하지 말아 주십시오. 하나님께서 삼손의 죄를 심판하시는 때가 왔습니다. 삼손은 일어나서 자신의 몸을 흔들었고 그리고 그는 "…여호와께서 이미 자기를 떠나신 줄을 깨닫지 못하였더라" (삿 16:20).

자. 하나님께서 삼손의 생애 가운데 행하신 기적들에 대해 감사드립시다. 그러나 그의 삶은 따라야 할 도덕적 표준이 아닙니다.

순진한 사람들이 어떤 사람의 사역에서 초자연적인 표적과 기사들이 일어나기 때문에, 그 사람의 교리를 따르려고 할 때 잘못 인도받게 되는 것입니다.

바울은 이렇게 말합니다. "내가 그리스도를 본 받는 자가 된 것 같이 너희는 나를 본 받는 자가 되라"(고전 11:1)

어떤 사람이 말씀을 따를 때, 여러분은 그 사람을 따를 수 있습니다. 그러나 소위 사도나 사역자라고 불리는 사람들의 말이 성경말씀으로 뒷받침 되지 않는다면, 그들에게 결코 주목하지 마십시오.

어떤 사람이 단순히 어떤 사역의 직임에 있다는 이유만으로 그가 말하는 것이 비성경적임에도 여러분이 반드시 그 말을 들어야 하는 것을 의미하는 것이 아닙니다. 심지어 그 사람의 삶에서 한 동안 기적적인 하나님의 권능이 나타났다 할지라도, 하나님께서 교리적인 잘못을 심판하실 때가 오게 됩니다.

여러분은 누군가의 믿음을 따를 수는 있겠지만, 그의 교리를 따를 수는 없습니다. 때때로 사람들은 어떤 사람의 믿음 때문에 그 사람의 교리까지 따르려고 합니다. 그러나 그것은 비성경적입니다.

점검되지 않은 채 그냥 방임된 작은 교리적 오류도 마침내 큰 오류가 되고 맙니다.

예를 들어서, 만일 당신이 털사Tulsa에서 로스앤젤레스로 비행기로 여행하는데, 항로에서 조금 벗어났는데 조종사가 그 항로를 교정하지 않는다면, 당신은 항로에서 크게 벗어나게 되어 목적지에 도착하지 못할 것입니다.

영적으로도 마찬가지입니다.

만일 당신이 영적으로 아주 조금 경로에서 벗어났다면, 당신은 즉시 자신을 교정하여 말씀과 일치하는 데로 돌아와야 합니다.

그렇게 하지 않으면, 당신이 더 멀리 가면 갈수록 교리적 오류는 더욱 커지게 될 것입니다.

진정한 사도는 건전한 성경적 교리를 가르칠 것입니다. 그리고 그는 자신이 말하는 것을 말씀으로 뒷받침할 것입니다.

돈을 사랑하지 않는 자

성경은 사역에 있는 사람의 자격들 가운데 한 가지를 언급해 줍니다.

"…돈을 사랑하지 아니하며…"(딤전 3:3).

성경은 복음 사역자들에 대하여 많은 것들을 언급하며, 또 어떻게 돈을 벌어야 하는가에 대해서도 말해줍니다.

워렐The Worrel 신약성경에서 디모데전서 3장 2절의 관주는 "사람들로부터 돈을 뜯어내기 위해 그의 직임을 이용하지 말아야한다"고 말하고 있습니다.

오랜 세월 동안, 나는 가끔 사람들로부터 돈을 얻기 위해 자신의 사역과 자신에게 임해있는 기름부으심을 이용하는 사람들을 보아왔습니다.

예를 들어서, 언젠가 나는 어떤 사역자의 집회에 참석한 적이 있는데, 그 사역자는 뛰어난 치유 사역자였습니다.

이 특별한 집회에 다섯 명의 귀머거리와 벙어리가 치유받기 위해 주립병원으로부터 와 있었습니다.

이 사역자는 이 다섯 사람 모두에게 사역을 행하였습니다. 그리고 그들은 모두 즉석에서 치유되었으며, 듣고 말할 수 있게 되었습니다.

곧바로 그 사역자는 집회를 중단하고 헌금을 걷기 시작하였습니다. 하나님의 권능이 크게 나타났기 때문에 그는 큰 헌금을 걷을 수 있으리라는 것을 알았던 것입니다.

이 기적적인 치유들 때문에, 집회에 참석했던 모든 사람들이 그에게 돈을 주기위해 달려 나갔습니다.

어떤 사람들은 치유받기 위하여 큰 액수의 돈을 헌금합니다. 그러나 치유는 돈으로 살 수 있는 것이 아닙니다.

예수님께서 갈보리에서 이미 그 값을 지불하셨습니다.

이 사람은 자신의 사역과 하나님의 치유의 권능을 돈을 얻기 위해 잘못된 방법으로 이용했습니다.

이 사역자에게 어떤 일이 일어났을까요?

그의 성품적인 결함과 그가 고치지 못했던 다른 잘못들이 그의 사역뿐만 아니라 생명까지 앗아갔습니다.

사도적 사역을 위한 자격들

예수님께서 텍사스 주 록웰에서 처음으로 나에게 나타나셨던 환상 가운데, 그분이 나에게 말씀하신 것들 중 한 가지는 바로 이것이었습니다.

"조심해야 할 것이 두 가지가 있다. 첫 번째, 무슨 일이 일어나든 모든 존귀와 영광은 언제나 나와 내 이름에 돌리는 걸 명심해라. 두 번째, 돈에 대해 크게 주의하여라. 내가 나의 성령을 부어 그런 사역으로 불러서 기름을 부었던 많은 사람들이 돈을 마음에 둠으로 기름 부음을 잃어버리고 말았다."

어떤 사역자도 자신의 직임을 이용하여 개인적 이익을 추구해서는 안됩니다.

확대번역 성경은 사역자의 돈 문제에 대해 더욱 분명하게 보여줍니다.

>…돈을 사랑하지 아니하는 자 – 부에 대하여 만족을 모르고 탐을 내어 문제가 될만한 수단으로 그것을 얻으려는… 이익을 얻으려고 탐내지 않는 – 부를 탐내고 그것을 얻으려고 저열하고 부정직한 방법에 사용하는   디모데전서 3:3, 8 (확대번역)

이것이 바로 내가 "당신의 주머니로부터 돈을 예언으로 끌어내어 자신의 주머니로 가져가는 사람들을 조심하십시오. 그런 자들에게서 떠나십시오"라고 사람들에게 말하는 이유입니다.

물론 사역자들은 헌금을 거둘 수 있으며, 사람들로 하여금 어떤 부족함에 대해서 알게 할 수도 있습니다. 그러나 그들은 결코 돈이 목적이 되어서는 안됩니다.

어떤 사역자도 그리스도 안에서 그분의 높으신 부르심을 개인적인 것을 얻기 위해 사용해서는 안됩니다.

나의 사역에서, 나는 돈에 대해서 가능한 한 최소로 언급하려고 노력해왔습니다.

우리가 돈을 강조해야 한다는 것을 나는 믿지 않습니다. 내가 믿는 것은 "만일 내가 사람들을 먹이면, 그들은 나를 먹일 것이며 또 하나님께서 공급해 주실 것이다"라는 것입니다.

실제 복음 사역자는 개인적 이득을 위해 돈을 사용하는 것에 관심을 가질 것이 아니라 하나님 나라를 건설하는데 관심을 가져야 합니다.

고든 린지Gorden Lindsay는 자신의 저서인 "사도, 선지자, 그리고 교회의 행정Apostles, Prophets and Governments"에서 사역자와 돈에 대해 이렇게 언급합니다.

> 그들의 사역에 동참하였던 열두 제자 중 한 사람인 유다는 개인적인 이득을 위해 자신의 지위를 사용함으로서 스스로 자격을 상실하였고 또한 자기의 영혼을 파멸시켰습니다.
> 참된 사도는 탐욕의 영의 의심조차 할 만한 여지가 없어야 합니다.
> 하나님의 나라에 대한 관심에서, 많은 사람들이 그들의 전 재산을 팔아서 사도들의 발 앞에 놓았을 때처럼 그가 거대한 액수의 돈을 다루는 책임을 지게 될 수도 있습니다(행 4:34-37).

그러나 그는 충실한 청지기가 되어야 하고 하나님의 나라 사역을 위해 그리스도 때문에 주어진 돈을 자신을 위해 함부로 낭비해서는 안됩니다. 성경에서 유다의 이야기를 그토록 비중 있게 다룬 것으로 보아, 깊은 중요성을 가지고 있습니다.[4]

사도들을 포함하여 복음의 사역자들은 돈을 어떻게 다룰 것인가와 어떻게 그것을 얻을 것인가 하는 것을 포함하여, 모든 영역에서 반드시 비난받을 만한 여지가 없어야 합니다.

초신자가 아님

사도적 직임과 일반적인 사역을 위한 또 다른 자격요건은 사역자는 반드시 처음 입교한 자novice가 아니어야 한다는 것입니다.
디모데전서 3장 6절에 바울은 처음 입교한 자를 권위의 자리에 두지 말라고 말합니다.
"새로 입교한 자도 말지니 교만하여져서 마귀를 정죄하는 그 정죄에 빠질까 함이요"(딤전 3:6)
새로 입교한 자는 새로운 그리스도인이나 영적인 일들에서 아직 어리거나 진전하지 못한 사람을 말합니다.

---

4) Lindsay, PP.18,19

많은 사람들이 구원받은지 수년이 지났을 수 있지만, 만일 그들이 영적으로 발전되지 않았다면 여전히 새로 입교한 자와 같은 초신자일 수가 있습니다.

가령 사도의 직임과 같은 권위의 자리에 왜 초신자를 두어서는 안 되는 것일까요?

사역자와 그의 사역은 먼저 반드시 증명되어야 하고 그리고 나서야 비로소 하나님으로부터 온전히 쓰임받을 수 있습니다.

집사의 직분에 대해 바울은 이렇게 말합니다. "…먼저 시험하여 보고 그 후에 책망할 것이 없으면 집사의 직분을 맡게 할 것이요" (딤전 3:10).

집사는 돕는 자입니다. 만일 돕는 자가 시험을 받아야 한다면, 더 큰 책임의 자리에 임하는 사도 또한 시험받는 것은 당연한 일입니다.

그것이 바로 "나는 사도입니다"라거나 "나는 선지자입니다"라고 말하면서 돌아다니는 젊은사람들을 보고 내가 웃는 이유입니다.

내가 지난해 만들어진 새집이 아닌 만큼이나 그들도 사도나 선지자가 아닙니다!

하나님께서는 자신의 말씀을 깨뜨리시고 초신자를 영적인 권위와 감독의 직임에 두심으로 스스로 거짓말쟁이가 되지 않으십니다.

내가 텍사스 남부에서 집회를 하고 있을 때 소위 사도라고 불리는 한 사람을 경험했습니다. 나는 그 당시 서른 살 정도 밖에 안 되었지만 사역에 몸을 담아 꽤 오랫동안 설교하고 가르치고 병든 자들에 손을 얹고 기도해오고 있던 때였습니다.

그런데 거기에 이른바 선지자라고 하는 어떤 사람이 그에게 안수를 하여 그를 사도로 만들었기 때문에 스스로를 사도라고 하는 스무 살 정도 되는 한 사람이 있었습니다. 아마도 선지자라고 하는 자가 그 젊은이를 사도적 직임에 밀어 넣었던 것 같습니다.

이 젊은이는 자신은 사도이기 때문에 그리스도의 몸 안에 있는 모든 다른 사역의 은사들에 대한 권위를 가지고 있다고 사람들을 가르쳤습니다.

그래서 그는 내게 와서 말했습니다.

"나는 사도이기 때문에 나는 당신에 대한 권위를 가지고 있습니다. 어디에 가서 집회를 할 것인지, 그리고 어디에서 설교할 것인지 내가 당신에게 말해주겠습니다. 또한 당신의 일정을 내가 계획하여 세워 드리겠습니다."

그 사람은 심지어 설교자도 아니었고 사도는 더더욱 아니었습니다!

그는 설교는 커녕, 돼지조차 부를 수 없었습니다!

나는 그에게 말했습니다. "몇 개의 교회를 개척했습니까?" 이 사도란 자가 대답했습니다. "나는 어떤 교회도 개척하지 않았습니다."

그는 심지어 닭장조차도 세울 수 없는 자였습니다. 그런데 교회를 시작한다는 것은 얼마나 더 불가능하겠습니까?

이러한 소위 사도라고 하는 사람들 가운데 어떤 이들은 누군가 다른 사람의 사역에 끼어들어 와서 그것을 가로채려고 하면서 그들 스스로의 사역을 개척하기 위하여 댓가를 치르려 하지 않는다는 사실을 여러분은 간파하신 적이 있습니까?

그들은 사도가 아닙니다. 그들은 거짓 사도들입니다. 분명히 신약 성경에 나오는 사도들이 아닙니다!

나는 그에게 말했습니다.

"내가 우주인이 아닌 것 이상으로 당신은 사도가 아닙니다!"

그러자 그가 내게 말했습니다.

"당신은 나의 권위 아래 들어오지 않으려고 거역을 하고 있습니다! 내가 그 거역하는 영을 당신에게서 추방하겠습니다."

나에게서 아무 것도 쫓아낼 것이 없습니다. 그런 말을 하는 바로 그 사람으로부터 뭔가 쫓겨나가야 합니다. 쫓아내야 할 것은 바로 무지입니다. 하나님의 말씀에 대한 무지를 쫓아낼 것입니다.

아시겠습니까? 이러한 소위 선지자라는 사람이 이 사람에게 손을 얹어서 사도로 만들었을 때, 그 '사도'는 너무 의기양양해졌으며, 또 영적인 교만 가운데 마음이 높아진 것입니다.

왜냐하면 그는 초신자였으므로 건전한 교리를 분별할 만한 영적인 지혜와 성숙함이 없었던 것입니다. 그래서 그는 마귀의 비난과 덫에 빠져든 것입니다.

웨이마우스Weymouth역 성경은 사역자는 "…새로운 신자가 되어서는 안되는데, 왜냐하면 교만함으로 눈이 어두워져서 마귀와 같은 정죄에 빠질까 해서입니다."라고 말합니다.

대개 스스로를 사도나 선지자라고 떠들면서 돌아다니는 사람들은 교만으로 높아져 있습니다.

그들은 사도가 되기를 원하는데, 왜냐하면 그것이 그들에게 다른

사도적 사역을 위한 자격들

사역의 은사들 위에 있는 권위를 줄 것이라고 생각하기 때문입니다.

그것이 바로 그들이 사역자로서 세워지는 안수를 받기 전에, 어느 정도 나이가 들어야 하고 또 책임감이 있어야 하는 이유입니다.

어떤 사역자는 하룻밤 사이에 생겨난 기관들fly-by-night organization에 관계하는 사람들로부터 성직을 살 수 있습니다. 그러나 그들은 성경적으로 성직에 임명된 것이 아닙니다.

복음 사역자는 위엄이 있을 뿐 아니라 사역자들을 임명하거나 안수하는데 영예롭고 성경적인 사역 기관과 관련을 맺기 원해야 합니다. 그 기관은 안수를 받는데 어떤 자격들을 요구하는 기관이어야 합니다.

좋은 평판

또한 외인에게서도 선한 증거를 얻은 자라야 할지니 비방과 마귀의 올무에 빠질까 염려하라   딤전 3:7

어떤 사역이든 사역의 직임에 임하는 것은 중대한 일입니다. 사역에 임하는 자는 책망할 것이 없는 성품과 행동으로부터 오는 좋은 평판을 반드시 가져야 합니다.

나는 여러분이 야고보서에서 말하는 중요한 것을 간파하길 원합니다. "내 형제들아 너희는 선생된 우리가 더 큰 심판을 받을 줄 알고 선생이 많이 되지 말라"(약 3:1)

여기에서 선생master은 교사teacher로도 번역될 수 있습니다. 확대번역 성경은 이것을 더욱 분명히 보여주고 있습니다.

너희 가운데 많지 않은 자가 선생이 되어야 한다. [자신을 잘 살피고, 다른 이를 책망 하는 사람], 나의 형제들아 너희는 우리(선생들)가 (다른 사람들보다) 더 높은 표준과 더 큰 엄격함으로 심판받을 것을 알고 있느니라   약 3:1(확대번역)

나는 이 말씀이 오직 교사들에게만 해당한다고 생각하지 않습니다. 이 말씀은 사도의 직임을 포함하여 모든 사역의 은사들에 다 해당되는 것입니다. 모든 사역의 은사들은 더 높은 기준으로 심판받게 될 것입니다.

우리는 성품과 행동에서 더 높은 표준을 설정해야 합니다. 모든 사역자는 심지어 구원받지 못한 자들로부터도 좋은 평판을 받아야 합니다.

사도적 직임에 임하거나, 다른 사역의 직임에 임하기 위해 부르심을 받는다는 것은 무서운 책임감을 의미합니다. 우리는 오직 성령의 도우심으로 사역을 수행할 수 있습니다.

부르심과 영적인 준비는 속inward 사람과 관계가 있습니다. 그러나 사역의 자격들은 겉outward사람과 관계가 있음을 우리는 볼 수 있습니다.

하나님께서 속사람에게 무언가를 행하셨습니다. 그분은 사람의 영 안에 부르심을 갖다 놓으심으로 그리고 그 부르심을 이루기 위한 영적인 장비를 그에게 주심으로 자신의 역할을 하셨습니다.

그러나 사역자는 그리스도 예수 안에 있는 높은 부르심에 합당하도록 스스로 자격을 갖추기 위해서 살아있는 제물로서 자기의 몸(겉사람)을 드려야 하는 것입니다.

우리 모두는 많은 것들에 자주 넘어지고 쓰러지며 다른 사람에게 상처를 줍니다. 그리고 만일 사람이 말에서 다른 사람에게 상처를 주지 않는다면 – 결코 잘못된 것들을 말하지 않을 – 그는 온전한 성품을 가졌으며 자신의 온 몸을 제어할 수 있으며 자신의 모든 성품을 억제할 수 있는 완전한 사람입니다.   약 3:2, 확대번역

모팻Moffatt 번역은 이렇게 말합니다.
"많은 일에서 우리 모두는 넘어집니다."
모팻번역 성경의 관주는 "사람의 특성이란 바로 불완전함입니다"라고 표현했습니다.

우리 중 아직 아무도 완전하지 않습니다. 그러나 우리 모두는 그리스도의 장성한 분량을 향해 나아가고 있어야 합니다.

만일 어떤 사역자가 이러한 면에서 뒤떨어져 있다면, 그는 회개하고 하나님께 용서를 구해야 합니다. 그리고 그는 그런 영역들에서 자신을 온전하게 해야 함을 깨달아야 합니다.

모든 사역의 은사는 그리스도인의 행동과 품성에서 안내자가 되고 본이 되어야 합니다.

자신을 준비하는 일에 충실하라

만일 하나님께서 사도가 되도록 당신을 부르신다면, 그분은 당신을 초자연적으로 준비시킬 것입니다.

그러나 당신이 그 직임을 시작하지 않을 것입니다. 하나님은 일을 행하시는 자신의 방식을 가지고 있습니다.

당신은 자신을 준비시켜야 합니다. 그래서 하나님께서 원하시는 대로 당신을 사용하실 수 있게 해드려야 합니다.

성경은 말씀합니다. "너는 진리의 말씀을 옳게 분별하며 부끄러울 것이 없는 일꾼으로 인정된 자로 자신을 하나님 앞에 드리기를 힘쓰라"(딤후 2:15).

비록 당신이 하나님께서 당신을 위해 가지고 계신 사역 안으로 즉시 들어가는 것은 불가능할지라도 당신은 말씀을 연구함으로 자신을 준비시킬 수 있으며 또 자신의 마음을 준비시킬 수 있습니다.

당신은 당신의 할 일을 할 수 있습니다. 준비의 시간은 결코 낭비된 시간이 아닙니다.

만일 당신이 자신을 인정받기 위해 하나님의 말씀을 연구하기 위해 준비하는 시간에 충실하다면, 그분께서 궁극적으로 당신을 위해 가지고 계신 사역 안으로 한 단계 한 단계 밀어 넣으실 것입니다.

당신이 자신을 준비하는데 충실할 때, 그분은 사역의 문을 여시는 데 충실하실 것입니다.

당신은 또한 그리스도의 높으신 부르심을 위해, 하나님의 것들로부터 당신을 떼어놓는 세속적인 것들로부터 구별됨으로서 자신을 준비시켜야 합니다.

때때로 당신은 반드시 죄는 아니지만 귀한 시간을 앗아가는 어떤 것들을 버려야 할 수도 있습니다.

주님은 주님께 쓰임받기 위해 전적으로 자신을 헌신하고 성별하는 사람들을 찾고 계십니다.

우리가 우리의 몸을 산 제물로서 드리고 하나님의 말씀으로 우리 마음을 새롭게 할 때, 하나님은 우리를 온전히 사용하실 수 있습니다.

성경은 말씀합니다. "…너희는 성령을 따라 행하라 그리하면 육체의 욕심을 이루지 아니하리라"(갈 5:16) "자기 육체를 위하여 심는 자는 육체로부터 썩어진 것을 거두고, 성령을 위하여 심는 자는 성령으로부터 영생을 거두리라"(갈 6:8)

만일 당신이 하나님의 말씀을 연구하는데 충실하고 지금 있는 그곳에서 하나님을 섬기는데 신실하다면, 하나님은 당신을 그리스도의 몸 안에 두실 것이며, 그분이 원하시는 대로 당신을 진급시킬 것입니다.

그러나 이것을 기억하십시오. 이름이나 칭호를 취하여 함부로 자신에게 갖다 붙이지 마십시오.

만일 당신이 사도이거나 선지자라는 것을 사람들에게 말해야 한다면, 아마 십중팔구 당신은 사도나 선지자가 아닙니다.

당신이 "남자이다 혹은 여자이다"라고 모든 이들에게 말하면서 돌아다녀야 할 필요는 없습니다. 그렇지 않습니까? 당신은 그런 식으로 태어났으며, 그것은 모든 사람이 분명히 알 수 있는 것입니다.

영적인 영역에서도 동일한 방식이 적용됩니다. 만일 당신이 사역에 소명을 받았다면, 당신이 어떤 사람인지 그리고 당신의 소명이 무엇인지 쉽게 구별되어져야 합니다.

당신은 당신 자신에게 직함이나 상표를 갖다 붙임으로서 당신의 소명이 무엇인지를 사람들에게 말하면서 돌아다니지 말아야 합니다.

사람들은 당신의 영적인 준비와 자질들을 보고 당신이 어떤 사람인지 알게 될 것입니다.

그리고 만일 하나님께서 무엇을 하라고 당신을 불렀는지 모른다면, 지금 있는 그곳에서 그분을 섬기는데만 신실하십시오. 당신이 몸담고 있는 지역교회에 신실하고, 그분의 말씀을 공부하십시오. 그리고 나머지는 하나님께 맡기십시오.

또한 이것을 기억해야 합니다. 하나님은 충실함faithfulness을 보상해 주십니다. 그분은 직임에 보상해 주시지 않습니다. 사도나 선지자는 하나님께서 하라고 시키신 일을 하는데 충성하는 다른 사람들보다 더 많은 상급을 받는 것이 아닙니다.

더 높은 직임이라 해서 더 많은 상급을 받지 않습니다. 거기에는 그 직임에 걸맞는 더 큰 책임감이 요구됩니다.

하나님께서 당신에게 주신 책임들을 수행하는데 당신이 충실하는 것이 중요한 이유는 하나님은 충실함을 보상해 주시는 분이시기 때문입니다.

PART 2

선지자들

05

구약과 신약에서 차이가 나는 선지자의 직임

…그가 위로 올라가실 때에 사로잡혔던 자들을 사로잡으시고 사람들에게 선물을 주셨다…　　　　　　　　　　　　　　　엡 4:8

그가 어떤 사람은 사도로, 어떤 사람은 선지자로, 어떤 사람은 복음 전하는 자로, 어떤 사람은 목사와 교사로 삼으셨으니　　엡 4:11

수년 동안에 걸쳐서, 예수님은 저에게 몇 차례 나타나셨습니다. 그리고 매번 그분은 교회와 관련된 사역에 대해 나를 가르치셨습니다.

이 방문들 중에, 그분이 저에게 설명하신 것은 새 언약 아래 있는 교회를 위한 그분의 계획들은 옛 언약 아래 있던 이스라엘과의 관계와는 다르다는 것이었습니다.

옛 언약 아래서 사람들은 거듭나지 않았습니다. 하나님은 그들을 성령 안에서 다루실 수가 없었는데, 왜냐하면 그들의 영은 새로워지지 않았고 또 거듭나지 않았기 때문입니다.

그러나 새 언약 아래서 우리의 영은 하나님의 형상image and likeness으로 새롭게 창조되었습니다recreated. 그래서 하나님은 우리를 거듭난 하나님의 자녀들로서 성령으로in the Spirit 다루실 수 있게 되었습니다.

그러므로 새 언약 아래서, 그리스도의 몸인 교회를 위한 하나님의 계획은 옛 언약 아래 살던 사람들과는 몇 가지 점에서 다릅니다.

예를 들어보면, 사역에서 교회를 위한 그분의 계획은 새 언약 아래서와 옛 언약 아래서가 서로 다릅니다.

하나님은 사역에 있어서 그리스도의 몸인 교회를 거듭나지 않았던 이스라엘 백성들을 다루셨던 것과는 다르게 다루십니다.

옛 언약 아래서의 선지자

이 장에서 나는 옛 언약 아래서의 선지자 직임과 새 언약 아래서의 선지자 직임의 차이점들에 관해 예수님께서 나에게 말씀해 주신 것들을 여러분과 함께 나누고자 합니다.

예수님께서 나에게 맨 처음으로 선지자 직임에 대해 말씀하신 것은 1959년이었습니다. 그 환상 가운데, 주님은 한 시간 반 동안이나 선지자 사역에 관해 말씀하셨습니다.(이 환상에 대한 더 상세한 설명은 케네스 헤긴 목사님의 「나는 환상을 믿습니다 I Believe in vision」를 참조해 주십시오.)

그리고 나서 예수님은 1987년에 또 저에게 나타나셔서 사도와 선지자의 직임과 지역교회에 관해 말씀해 주셨습니다.

1959년의 환상 가운데서 예수님은 "구약의 선지자와 신약의 선지자는 차이가 있다. 오늘날 많은 사람들이 그것을 이해하지 못하고 있다. 사람들이 신약의 선지자들에게 구약의 선지자들과 같은 지위를 주려고 하고 있다. 그리고 신약의 선지자는 구약의 선지자와 같은 지위가 아니다"라고 말씀하셨습니다.

"첫째로 구약의 선지자들은 영감을 받아서 말하는 것utterance으로써 사람들에게 설교하는 관점에서 사역하는 유일한 사역이었다. 그러나 신약 성경에서는 그렇지 않다. 신약에서 나는 성도들을 온전하게 하기 위해서 교회에 오중사역five-fold ministry을 두었다"(엡 4:11-12).

"그 뿐만이 아니라, 새 언약 아래서는 모든 믿는 자 한 사람 한 사람이 스스로 성령님을 따라야 한다"(롬 8:14).

"옛 언약 아래서는 예배를 위한 희생제물을 드리는 제사제도 sacrificial system가 있었는데, 왜냐하면 하나님은 영적으로 죽은 사람들을 다루고 계셨기 때문이다. 그들은 영과 진리로in spirit and in truth 하나님을 예배할 수 없었기 때문이다."

"그러나 새 언약 아래서 믿는 자들은 하나님을 예배하거나 그분과 교통하기 위해 어떤 종류의 제도를 만들도록 되어 있지 않다. 믿는 자들은 영과 진리로 하나님께 예배드리도록 되어 있으며, 그리고 그들은 그들의 영으로by their spirit인도함을 받도록 되어 있는 것이다."

예수님은 말씀하셨습니다. "옛 언약 아래서는 하나님으로부터 특별히 기름부음을 받은 사람만이 선지자, 제사장 그리고 왕이었다. 왕은 그 직임에 임하도록 성령으로부터 기름부음을 받았다. 그러나 그는 설교하도록 기름부음 받은 것은 아니었다. 제사장은 성령으로부터 기름부음 받았는데, 그 직임에 임하기 위해서였지, 그는 설교자는 아니었던 것이다. 제사장은 사람들에게 율법을 가르쳤고 그래서 그들이 하나님의 계명과 교훈들에 순종하도록 하였다. 그러나 그는 설교자는 아니었다."

예수님은 계속 말씀하셨습니다. "물론 옛 언약 아래서 제사장들은 사역을 가지고 있었다. 그러나 그것은 필수적으로 설교하거나 가르치는 사역은 아니었다. 그들은 사람들에게 주님의 길과 희생제사를 수행하도록 간곡히 타일렀다. 그러나 사실 옛언약 아래서 선지자들이 사람들에게는 유일한 설교자였고 사역자들이었다. 선지자는 성령으로 영감을 받았을 때, 하나님을 위해 말할 수 있는 유일한 사람이었다."

"선지자들이 얼마나 이스라엘 백성들을 하나님께 되돌리려고 시도하면서 계속 설교하였는지를 너는 알고 있을 것이다. 심지어 구약 성경에서조차도 선지자는 설교자였으며, 그는 영감받은 말을 함으로써 설교를 하였다."

예수님은 계속 말씀하셨습니다. "구약 성경에서 평신도laymen라고 부르는 사람들은 성령님이 없었던 것이다. 성령님은 선지자, 제사장,

왕에게 임하셨는데, 그들로 하여금 각각의 직임에 임하도록 하기 위해서였다. 그러나 평신도들에겐 성령님이 임하지 않으셨던 것이다.

다윗이 선지자이며 제사장이었으며, 동시에 왕이었음을 기억하라(행 2:25, 2:30, 삼하 5:12, 24:25). 선지자, 제사장, 왕 외에는 어느 누구에게도, 어떤 분량으로든 성령님은 임하지 않으셨다.

유일하게 그렇지 않은 예외의 경우는 하나님께서 가끔 사람들을 불러 하나님을 위한 특별한 과업이나 직무를 수행하도록 했을 때이다. 그때 하나님은 성령으로 그들에게 기름부으셨는데 오직 그 일만을 성취하기 위함이었다."

"성경을 읽어보면 하나님께서 어떤 사람에게 성령으로 기름부으셨다거나 권능을 임하게 하셨다고 말씀하는 것을 매우 자주 발견하게 된다. 그리고 그것은 하나님을 위한 어떤 특별한 과업을 행하기 위해서였다.

예를 들어 보면, 하나님께서 미디안의 압제로부터 이스라엘을 구원하기 위해서 기드온을 부르셨을 때, 그분은 기도온에게 단지 그 일만을 수행하도록 기름부으셨던 것이다(사사기 6장을 보라).

그러나 기드온은 자신 안에 자기를 인도하는 성령님의 내주하심은 없었던 것이다. 그래서 그는 자연적인 영역에서 오직 하나님만 따를 수 있었던 것이다.

그런 이유로 그는 자신을 다루고 있는 분이 하나님이신지 누구인지 확신할 수 없었던 것이다. 그래서 그는 하나님 앞에 양털을 내놓고 하나님께서 자신을 인도하신다는 것을 분명히 하려고 했던 것이다(삿 6:36-40).

하나님은 기드온의 영 안에 계시지 않았다. 왜냐하면 기드온은 거듭나지 않았기 때문이다. 그래서 하나님은 자연적인 영역에서 육the flesh을 통하여 그를 인도해야 했던 것이다."

예수님은 이 모든 것을 나에게 설명해 주셨습니다. 그리고 나서 환상 중에 예수님이 저에게 말씀하셨습니다. "새 언약 아래서는 하나님께서 육적인 방법을 통하여 사람을 인도하는 경우는 거의 없다. 하나님께서 그렇게 하실 때는 오직 사람들이 영적으로 너무 무디거나 둔감하여 하나님의 인도하심을 다른 어떤 방법으로도 깨닫지 못할 때 뿐이다."

예수님은 신약에서 "무릇 하나님의 영으로 인도함을 받는 사람은 곧 하나님의 아들이라"(롬 8:14)라고 말씀하신 것을 지적해 주셨습니다. 자연적인 영역에서 양털이나 육신으로 인도함을 받는 자들이 하나님의 아들이라고 말하고 있지 않습니다.

옛 언약 아래서 사람들은 영으로by their spirit 인도함을 받을 수 없었습니다. 그리고 그들은 스스로 하나님 앞에 나아갈 수도 없었습니다.

그들은 제사장을 통하여 하나님께 나아가야 했습니다. 그들은 희생제물과 헌물offering을 가져와야 했습니다. 그리고 하나님이 임재해 계시는 닫혀진 지성소에 대제사장 외에는 아무도 들어갈 수 없었습니다.

그리고 대제사장도 아주 조심스럽게 그곳에 들어갔습니다. 만일 누군가가 지성소에 함부로 들어갔다면 그는 즉시 죽음에 처해졌습니다.

예수님은 나에게 말씀하셨습니다. "옛 언약 아래서 선지자는 사람들을 인도했다. 왜냐하면 그들은 성령님을 모시지 않았기 때문이다.

그러므로 사람들은 '주님께서 말씀하시는 것'을 알기 위해 선지자에게 가야 했던 것이다."

새언약 아래서의 선지자

"그러나 새 언약 아래서는"이라고 하시면서 예수님의 말씀이 이어졌습니다.

"내가 그 직임에 선지자를 놓은 것은 믿는 자들을 인도하거나 지도하기 위해서가 아니다. 모든 믿는 자들은 그들을 인도해 주실 성령님을 그들 안에 모시고 있다. 믿는 자 한 사람 한 사람은 스스로를 위해 하나님으로부터 들을 수 있다. 그러므로 새 언약 아래서 선지자를 통해서 인도를 받고자 하는 것은 비성경적이다."

예수님은 또 말씀하셨습니다. "어떤 때, 하나님은 자신의 신적인 주권으로 어떤 사람에게 선지자를 통해 말씀하여 믿는 자가 자신의 영에 이미 가지고 있는 무엇인가를 확증하게 할 수는 있다. 그러나 선지자는 그 직임을 통하여 사람들을 인도하거나 지도하는 것이 아니라 보통은 모든 믿는 자들이 자신의 영을 통하여 성령의 인도를 받는 것이다."

"하나님의 아들들은 하나님의 영으로 인도받을 것을 기대할 수 있다.(롬 8:14) 그러므로 선지자들을 포함하여 성령님께서 모든 그리스도인들을 인도하는 첫 번째 방법은 내적인 증거 inward witness에 의해서이다."

"두 번째로 성령님은 조용하고 작은 음성으로 믿는 자들을 인도하신다. 그리고 세 번째로 믿은 자들은 자신의 영 안에 계시는 권위 있는 성령님의 음성으로 인도함을 받는다."

"그리고 네 번째는"라고 예수님이 말씀하셨습니다.

"매우 드물게, 하나님이 뜻하시는 대로 가끔 성령님은 사람들에게 환상 또는 계시로 인도하신다. 물론 그것은 선지자의 직임으로 부르심 받은 사람들에게 더 자주 일어나게 된다."

새 언약 아래서 우리는 더 나은 약속에 근거해 있는 더 나은 언약을 가지고 있습니다(히 8:6). 그리고 우리는 하나님이 아닌 다른 누군가로부터 우리의 나아갈 삶의 방향성을 제시받고자 할 필요가 없습니다.

예수님이 우리의 대제사장이십니다.

히브리서는 우리에게 예수님께서 우리를 위해 영원한 구속을 얻기 위해 단 한번에 모두를 위해 자신의 피를 가지고 들어가셨다고 말씀합니다(히 9:12). 그리고 믿는 자들은 거듭났기 때문에 그들은 자신의 영 안에 계신 성령으로 인도함을 받을 수 있습니다(롬 8:14).

예수님은 또한 새 언약 아래서 모든 믿는 자들은 하나님 앞에 왕과 제사장이 되었음을 설명해 주셨습니다(벧전 2:9, 계 5:9-10).

다른 말로 하면, 모든 믿는 자들은 스스로를 위해 하나님께 나아갈 수 있다는 것입니다. 그들은 하나님께 나아가기 위해 제사장이나 희생제사 제도를 통하여야 할 필요가 없는 것입니다.

하나님께 나아가기 위해서 또는 하나님의 상담과 인도를 받기 위해서, 어떤 종류의 중간 역할자, 심지어 사역의 직임에 있는 사람

일지라도, 그를 통하여야 할 필요가 없습니다.

물론 목사는 양떼들을 감독해야 합니다(행 20:28). 그러나 믿은 자들은 자신들의 기도를 응답받기 위해서나 하나님과 교통할 수 있게 되기 위해서 자신들의 목사를 통하여야 할 필요가 없습니다.

목사는 지역 교회에서 믿는 자들을 도와주기 위한 영적인 감독자일 뿐입니다. 그리고 그는 성령으로 기름부음을 받아서 그 직임을 수행합니다. 그러나 믿는 자들은 목사를 통하여 하나님께 구해서는 안됩니다.

예수님께서 말씀하셨습니다. "물론 구약과 신약이 선지자들 사역에서 유사성이 있다. 예를 들어 옛 언약 아래서 선지자의 한 가지 특성은 그들은 영적인 영역을 보고 초자연적으로 어떤 것들을 알기 때문에 그들은 선견자seer라고 불려졌던 것이다. 그것은 새 언약 아래 있는 선지자들에게도 역시 마찬가지이다. 그들도 초자연적으로 어떤 것들을 보고 알게 된다. 가령 지식의 말씀이나 지혜의 말씀 같은 계시의 은사들은 종종 영분별의 은사와 함께 역사한다."

지식의 말씀의 은사는 하나님의 마음 안에 있는 어떤 사실들 즉 예를 들어서, 사람들에 관한 사실들, 장소들에 관한 사실들, 또는 과거나 현재의 어떤 것들에 관한 사실들에 관해 하나님의 영에 의해 주어지는 초자연적인 계시입니다.

지혜의 말씀은 장래에 일어나게 될 사건들이나 하나님의 계획이나 목적들에 관한 초자연적인 계시입니다.

영 분별의 은사는 선지자로 하여금 영적인 영역에서 보거나 들도록 해줍니다.

선지자 학교

1959년 환상에서 또한 옛 언약 아래 선지자와 새 언약 아래 선지자의 다른 중요한 차이를 말씀해 주셨습니다.

예수님께서 "구약에서는 선지자들만이 사람에게 사역을 하였으므로 그들이 훈련받을 수 있는 학교가 있는 것은 성경적이었다"고 말씀하셨습니다.

예수님은 계속 설명하셨습니다. "새 언약 아래 사역에서 신약교회를 위한 나의 계획은 옛 언약 아래서와 다르다. 내가 교회에 오중 사역을 둔 것은 바로 그런 이유 때문이다. 모든 사역들은 동일한 기본 훈련이 필요하다."

예수님이 말씀하셨습니다. "신약 아래서 선지자 학교를 가지는 것이 비성경적인 이유 중 하나는 선지자만이 새 언약 아래서 유일한 사역의 은사라는 인상을 주거나, 가장 중요한 사역이라는 인상을 주기 때문이다. 그러나 그렇지 않다. 신약 아래서는 사역자들을 위한 학교를 가지는 것이 성경적인데, 왜냐하면 모든 사역의 은사는 동일한 기본 훈련을 필요로 하기 때문이다.

선지자라고 해서 다른 사역의 은사들과 다른 기본 훈련이 필요한 것이 아니다. 그리고 일단 서로 다른 사역의 은사를 받은 자들이 동일한 기본적 훈련을 받은 후에, 내가 그들을 부른대로 각자의 사역으로 분리할 것이다."(사도행전 13장 2절을 보라.)

예수님은 계속하셨습니다. "선지자들이 배워야 할 것들이 좀 있는데,

마치 사도, 복음 전도자, 목사, 그리고 교사가 배워야 할 것이 있듯이 말이다. 그러나 기본적으로 동일한 원칙들, 동일한 훈련들과 자격들이 선지자들에게 적용되고, 또 모든 사역의 은사자들에게 적용된다. 그것이 사역훈련이다."

주님께서 이것을 나에게 설명하시기 전에 나는 선지자 학교를 세우는 것에 관해 생각하고 있었습니다.

그러나 그때 주님이 이것을 나에게 설명해 주셨던 것입니다. 그리고 그것이 바로 우리가 선지자 학교가 아니라, 레마 성경 훈련소RHEMA Bible Training Center를 시작한 이유입니다.

많은 경우에 우리는 다른 언약 아래 있음에도 사람들은 구약의 실행들을 신약 안으로 옮겨 오려고 시도합니다. 우리는 더 나은 약속 위에 세워진 더 나은 언약 아래 있습니다(히 8:6).

선지자의 등급과 서열

1987년 방문에서 예수님은 각 사역의 은사에 있어서 다른 수준, 등급, 서열에 관해서 설명해 주셨습니다.

그리고 그분은 성경을 근거로 이것을 나에게 설명해 주셨습니다.

예수님께서 말씀하시길 "모든 다른 사역의 직임에서와 마찬가지로 선지자 직임에도 서로 다른 수준, 등급, 그리고 서열들이 있다. 신약성경의 교리를 세운 바울과 같은 토대적 선지자들이 있었지만,

오늘날에는 그 등급이나 서열에 속한 선지자들은 없다."라고 하셨습니다.

많은 사람들이 생각하기를 선지자의 직임은 초대교회의 선지자들과 함께 없어졌다고 생각합니다. 그들은 그 직임이 여전히 유효하게 활동하고 있음을 알지 못합니다.

그렇지만 오늘날의 선지자는 구약의 선지자나 초대교회의 토대적인 선지자들과 다른 수준이나 서열에 있습니다.

오늘날 교회에 존재하고 있는 등급과 서열에 속해 있는 선지자는 성경에다 토대적인 교리를 더하지 않습니다.

사역의 은사로서 선지자는 물론 그리스도의 몸을 세우는 것입니다. 선지자는 오늘날의 시대에 관련 있는 통찰력을 나누면서 그리스도의 몸에 말씀을 조명해 줄 수 있습니다. 그러나 그는 신약성경의 토대에 새로운 교리를 더하지는 못합니다.

초대교회의 토대적인 선지자들은 그리스도의 신비에 대한 계시, 즉 복음을 발표했습니다. 바울은 그런 선지자의 예입니다. 그리고 초대교회에는 토대적인 교리를 놓지 않았던 아가보와 같은 더 낮은 등급이나 서열의 선지자들 역시 있었습니다.

예를 들면, 아가보는 흉년이 다가올 것에 대한 계시를 말했습니다(행 11:28). 성령께서 아가보를 통하여 다가올 것들에 대해 교회에 경고한 것입니다. 그렇지만 그것이 복음의 토대에 더하는 교리에 대한 계시는 아니었습니다.

기름부음의 분량

예수님께서 1987년 방문에게 또 저에게 말씀하신 것이 있는데, 오중 사역의 직임에 있는 사람들에게 임하여 있는 기름부음의 정도나 수준이 다르다는 것입니다.

사역을 하는 사람에게 임해있는 기름부음은 그 사람에게 성령으로 권능을 부여하는 것과 성령으로 준비시키는 것을 말합니다. 그래서 그 사람으로 하여금 사역의 직임에 임할 수 있게 해 주는 것입니다.

예수님께서 사역의 직임에 부르심 받은 사람들이 다른 수준의 기름부으심으로 사역하는 것이 가능하다고 말씀하셨습니다.

어떤 사람들은 주어진 사역의 직임에서 더 큰 기름부으심 가운데 사역하고, 또 어떤 사람들은 더 적은 기름부으심으로 사역합니다.

예를 들어서, 우리 모두는 다른 사람들보다 더욱 기름부으심을 받은 복음 전도자들을 보아 왔으며, 다른 사람들보다 더 많이 기름부으심을 받은 목사들이나 교사들을 보아 왔습니다.

또한 때때로 사역의 직임에 있는 사람들이 처음 시작할 때는 더 적은 수준의 기름부으심으로 시작하지만, 하나님께서 그들을 불러 시키신 일에 신실함이 증명될 때 하나님은 그들을 더 높은 수준의 기름부으심으로 높여주십니다.

예수님께서 말씀하시길 선지자에게도 이것은 동일하다고 하셨습니다. 선지자들에게 서로 다른 서열이 있을 뿐만 아니라 선지자 직임에서 주어진 등급이나 서열 안에서도 서로 다른 양의 기름부으심이 있다고 말씀하셨습니다.

다른 말로 하면, 선지자로 부름받은 사람도 그 직임에 임하기 위해 더 많은 또는 더 적은 기름부음을 받을 수 있다는 것입니다.

성경은 기름부으심의 양에 관해서 말씀합니다.

하나님이 보내신 이는 하나님의 말씀을 하나니 이는 하나님이 성령을 한량없이 주심이 니라   요 3:34

예수님께는 성령이 한량없이 주어졌습니다.

그리스도의 몸 안에 있는 다른 이들은 어떤 분량으로 또는 어떤 분량 안에서만 성령을 가질 수 있습니다(롬 12:3).

예수님은 또한 나에게 히브리서 2장 3절의 말씀을 주시고 "은사들" 즉 "성령의 나누어 주심distributions of the Holy Ghost에 대해 말씀해 주셨습니다.

하나님도 표적들과 기사들과 여러 가지 능력과 및 자기 뜻을 따라 성령이 나누어 주신 것으로써 그들과 함께 증언하셨느니라   히 2:4

오랫동안 나는 이 구절에서 말하는 성령의 나눠주신 것들은 고린도전서 12장에서 언급한 성령의 아홉 가지 은사들과 같은 것이라고 생각했습니다.

> 은사는 여러 가지나 성령은 같고… 각 사람에게 성령을 나타내심은
> 유익하게 하려 하심이라   고전 12:4, 7

그러나 히브리서 2장 4절은 영적 은사들을 의미하는 것이 아닙니다. 하나님은 이미 그들에게 여러 표적과 기사들과 여러 가지 기적들로 증거를, 즉 성령의 은사를 주셨습니다.

그렇지만 히브리서 2장 4절에서 "및"이라는 단어를 유의해 보십시오. 이것은 접속사입니다. 이 말은 성령의 은사들 외에 무언가가 더해진 것을 의미합니다. 다른 말로 하면, 하나님께서 성령의 은사들과 그 외 다른 무언가를 더해서 그들에게 증거하셨다는 것입니다.

내 성경의 여백에는 히브리서 2장 4절의 "은사"gift:우리나라 개역한글판에는 "성령이 나누어 주신 것"으로 번역되어 있다라는 단어의 관주로서 성령의 "분배distributions"라고 언급하고 있습니다.

고린도전서 12장 4절에서 사용된 "은사"와 7절에 사용된 "성령의 나타남"으로 사용된 단어는 영적인 은사를 의미하는 "카리스마"입니다.

히브리서 2장 4절에서 말하는 "성령이 나누어 주신 것"은 에베소서 4장 8-11절에서 말하는 사도, 선지자, 복음 전도자, 목사와 교사의 다섯 가지 사역의 은사를 가리키는 것입니다.

그러므로 우리는 이 구절을 이렇게 읽을 수 있습니다.

"하나님도 표적들과 기사들과 여러 가지 기적들 및 성령이 나누어 주신 것으로써 저희를 증거하시느니라."

성령의 은사gift 또는 분배distribution는 어떤 사람으로 하여금 사역의

직임에 임할 수 있도록 해주는 거룩한 능력의 부여 또는 준비시키심입니다.

하나님은 사역의 은사로서 부르심을 입은 자들에게 성령을 나누어 주십니다. 그래서 그들로 하여금 그리스도의 몸에서 사역을 감당해 나갈 수 있도록 해주며 그들을 준비시키시는 것입니다.

성령의 나누어주심은 평신도들에게는 해당되지 않습니다. 왜냐하면 평신도는 성령의 나누어주심, 즉 오중사역 가운데 어떤 직임에 임하기 위해 성령의 기름부으심이나 성령의 신적인 장비 갖춤을 가지고 있지 않기 때문입니다.

히브리서 2장 4절에서 "성령이 나누어 주실 것"에 주목해 보시기 바랍니다. 이 단어는 복수형태로 되어 있는데, 왜냐하면 이러한 여러 가지 직임 안에서조차 기름부으심의 분량은 여러 가지이기 때문입니다.

그것이 바로 예수님께서 저에게 해주신 말씀입니다.

어떤 특별한 직임에 임하기 위해서 사람에 따라 더 크게 혹은 더 적게 기름부음을 받을 수 있습니다.

기름부으심의 분량이 있다는 것을 더 설명하기 위해 구약으로 가봅시다. 왜냐하면 성경은 "…두 세 증인의 입으로 말마다 확증하게 하라"(마 18:16)고 말하고 있기 때문입니다.

구약에서조차도 더 큰 기름부으심으로 직임을 감당하는 선지자들이 있었습니다. 증가된 기름부으심으로 인해 구약의 어떤 선지자들의 사역은 다른 사람들보다 널리 알려졌으며, 더 많은 사람들에게 영향력을 미쳤습니다.

열왕기하 2장에서 우리는 기름부으심의 분량에 대한 언급을 찾아볼 수 있습니다. 하나님께서 엘리야에게 기름을 부어 자기의 자리 또는 자기 대신에 선지자가 되게 하라고 말씀하셨습니다.

> 건너매 엘리야가 엘리사에게 이르되 나를 네게서 데려감을 당하기 전에 내가 네게 어떻게 할지를 구하라 엘리사가 이르되 당신의 성령이 하시는 역사가 갑절이나 내게 있게 하소서 하는지라   왕하 2:9

엘리사는 선지자 직임에 임하기 위해서 엘리야가 가졌던 것의 갑절의 분량의 기름부으심을 받았습니다. 그리고 여러분이 만일 성경을 연구한다면 엘리사의 사역에서 일어난 표적과 기사들이 엘리야의 사역에서 일어난 것의 갑절이나 되는 것을 발견하게 됩니다.

여러분이 쉽게 볼 수 있는 것은 어떤 사람은 그 직임에 임하기 위해 더 많은 혹은 더 적은 기름부으심을 받을 수 있다는 것입니다.

당신이 만일 전임 사역full time ministry에 부르심을 받았다면, 당신의 직임에서 성령께서 당신에게 주신 분량이나 나누어주심을 따라 사역해야 합니다.

그러나 한 사람의 삶에 임한 기름부으심은 하나님의 말씀과 기도에 신실함과 헌신 그리고 부지런함으로써 증가될 수 있는 것입니다.

06

신약 선지자는 무엇인가?

선지자는 하나님에 의해 교회에 주어진 사역의 은사입니다. 아무도 스스로 선지자가 될 수 없고 또한 선지자가 되도록 부르심 받을 수가 없습니다. 하나님만이 선지자를 불러 교회에 세우실 수 있습니다.

그 사람으로 하여금 그리스도의 몸에 역할을 수행할 수 있도록 그 직임에 해당하는 기름부으심과 성령께서 주시는 영적인 준비가 있습니다.

그러나 어떤 사람들은 교리적으로 빗나가서 오직 선지자의 유일한 기능은 사람들에게 예언하는 것이라고 생각합니다. 그것은 선지자 사역의 작은 한 부분에 지나지 않습니다.

선지자의 최우선적인 목적은 말씀의 선포자preacher 또는 말씀의 교사teacher이다

실제로 선지자의 주된 목적과 주된 사역은 말씀을 선포하는 것 또는 말씀을 가르치는 것 또는 말씀을 가르치며 동시에 선포하는 것입니다.

예언하는 것은 선지자 사역의 주된 요소가 아닙니다.

심지어 구약의 선지자들조차도 우선적으로 선포자였습니다. 그들은 끊임없이 사람들에게 선포했으며, 회개를 촉구했습니다. 왜냐하면 많은 경우에 이스라엘 백성들은 타락하여 하나님의 뜻에서 벗어나 있었기 때문입니다.

그래서 선지자들은 예언적 영감을 받아 하나님을 대신하여 백성들에게 말했었던 것입니다.

물론 신약 아래서 선지자들은 유일한 말씀의 선포자나 교사가 아님을 우리는 알고 있습니다. 어떠한 사역의 직임에서도 선포하거나 말씀을 가르치는 것이 가장 우선적이고 중요한 사역입니다.

우리는 이 사실을 오중사역 모든 직임에 해당되었던 예수님의 사역에서 보게 됩니다.

예수님께서 성령께서 자신에게 임하셨다고 말씀하신 이유에 유의해야 합니다. "주의 성령이 내게 임하셨으니 이는 가난한 자에게 복음을 전하게 하시려고 내게 기름을 부으시고…"(눅 4:18).

예수님이 기름부으심을 받은 이유 가운데 하나는 복음을 전하는 것이었습니다.

> 예수께서 모든 도시와 마을에 두루 다니사 그들의 회당에서 가르치시며 천국복음을 전파하시 며 모든 병과 모든 약한 것을 고치시니라
>
> 마 9:35

선지자로서 예수님의 사역은 첫째 가르치는 것이었고 두 번째 복음을 전파하는 것preaching 그리고 세 번째 치유하는 것이었습니다.

오중사역, 즉 사도, 선지자, 복음 전도자, 목사 또는 교사 중 어느 직임으로든 부르심을 받은 자는 누구든지 우선적으로 복음을 전파하거나 복음을 가르치기 위해 부름받은 것입니다.

"전파"한다는 의미는 선포proclaim하거나 말한다tell는 것입니다.

가르친다는 것의 의미는 해석expound하거나 설명하는 것입니다.

그러므로 사역의 은사들은 설교자들 또는 교사들인데, 왜냐하면 그들은 복음을 선포하거나 설명하기 때문입니다. 그들의 주된 기능은 하나님의 말씀을 가르치거나 선포하는 것입니다. 왜냐하면 그렇게 함으로 성도들을 성숙하게 하고 그들로 하여금 봉사하도록 준비시키기 때문입니다.

선지자는 예언을 합니까? 그렇습니다. 그러나 그것이 선지자의 주된 사역이 아닙니다. 복음서에서 예수님의 예언 사역에 관해 연구해 보십시오. 우리는 물론 그분을 통해서 역사하는 영적인 은사들을 볼 수 있습니다.

예를 들어서, 예수님은 우물가의 여인을 위해 지식의 말씀을 하셨습니다(요 4:18).

예수님은 한 죄인에게 구세주의 필요성을 확신시키기 위해 지식의 말씀을 사용하셨던 것입니다(요 2:3-11). 그리고 우리는 그분의 사역에서 이적의 은사들이 역사하는 것을 볼 수 있으며(요 2:3-11) 또한 치유의 은사가 역사하는 것도 볼 수 있습니다(막 5:25-34).

선지자로서 예수님은 초자연적으로 어떤 것을 보시거나 아실 수 있었습니다(눅 5:22, 요 1:47). 그러나 그분의 예언적 사역에서 그분은 만나는 모든 사람들에게 예언하시면서 다니지 않으셨습니다.

그러나 성경은 우리에게 예수님이 하신 일들을 말해줍니다. 그분은 "…모든 도시와 마을에 두루 다니사 그들의 회당에서 가르치시며 천국 복음을 전파하셨습니다…"(마 9:35).

바울 역시 선지자였습니다. 그의 예언 사역을 연구해 보십시오. 바울은 토대적 선지자였는데, 왜냐하면 그가 신약성경의 많은 부분을 기록했으며, 그리고 그가 기록한 내용들은 성령으로 말미암아 그에게 계시되어졌기 때문입니다(엡 3:3).

그러나 심지어 그런 등급의 선지자로서도 바울은 그가 만나는 사람들마다 예언해주면서 다니지 않았습니다.

바울은 사도요 또한 선지자였음에도 그는 우선적으로 자신을 복음의 선포자로 생각했습니다.

이를 위하여 내가 전파하는 자와 사도로 세움을 입은 것은 참말이요 거짓말이 아니니 믿음과 진리 안에서 내가 이방인의 스승이 되었노라

딤전 2:7

내가 이 복음을 위하여 선포자preacher와 사도와 교사로 세우심을 입었노라   딤후 1:11

바울이 자신의 사역을 언급하는 이러한 경우들에서 그는 자신의 선포사역을 우선시하고 있습니다. 그래서 선지자는 선포자이거나 교사이거나 또는 복음의 선포자이면서 동시에 복음의 교사일 수 있습니다.

어떤 사람들은 선지자로서 선포사역에서만 활동합니다. 다른 사람들은 선지자로서 가르치는 사역에서만 활동합니다. 그리고 어떤 사람들은 선지자로서 선포와 가르치는 사역을 동시에 합니다.

바울은 선지자로서 선포하는 사역과 가르치는 사역을 함께 수행했습니다(딤전 2:7, 딤후 1:11).

반면에 예를 들어보면 선지자였던 세례 요한은 선지자로서 선포하는 사역에서만 활동했습니다(마 3:1).

예수님이 그를 선지자라고 불렀기 때문에 우리는 세례 요한이 선지자임을 압니다.

"…여자가 낳은 자 중에 요한보다 큰 자a greater prophet가 없도다…"(눅 7:28)

선지자로서 세례 요한은 성령의 영감을 받아서 말하면서 회개할 것을 설교했습니다. 그가 갔던 모든 곳에서 그는 사람들에게 회개하고 하나님께로 돌아오라고 하나님의 말씀을 선포했습니다(마 3:2).

회개의 촉구는 사람들을 향한 그의 예언적 메시지였습니다. 선지자는 성령의 영감을 받아 말씀을 선포할 뿐만 아니라 말씀을 가르칠 수도 있습니다.

사람들이 자주 내게 말합니다. "당신이 가르칠 때, 가르치는 기름부음 외에 다른 기름부음이 있는 것 같습니다." 그것은 내가 자주 선지자적 기름부으심으로 영감을 받아서 가르치기 때문입니다.

교사로서만 부르심을 받은 자는 교훈과 본을 보임으로서 사람들에게 설명하고 지시하고 가르치는 기름부으심으로 가르칩니다. 그리고 그것이 오직 자기가 가진 기름부음입니다.

교사가 말씀을 설명하고 가르치고 그리고 해석하기 위해서 논리적인 관점에서 말한다는 점에서 교사와 선지자는 다릅니다. 때때로 선지자는 논리적이지 않습니다. 심지어 어떤 때는 지적인 관점에서조차도 논리적이지 않습니다.

순간적인 영감으로 말할 때, 선지자의 말은 사람들의 영에 호소하는 것입니다. 그리고 때때로 순간적으로 영감 받은 그의 메시지는 자신의 메시지와 일치하지 않게 보일 수도 있습니다.

물론 그 선지자는 자신을 통하여 역사하는 성령의 은사들을 가지고 있으며, 그 은사들은 그로 하여금 그 직임에 임할 수 있도록 준비하게 해줍니다.

그리고 바울의 사역을 통하여 우리가 알 수 있는 것은 어떤 사람이 하나님의 부르심을 받고 하나님에 의해 구비되어질 때, 한 가지 이상의 직임에 임할 수 있다는 사실입니다. 바울은 사도, 선지자, 교사의 직임을 동시에 가지고 있었습니다.

그러나 내가 말하려는 요점은 말씀을 가르치고 선포하는 것이 선지자 사역의 주된 부분이며 개인적인 메시지를 주는 것이 주된 사역이 아니라는 것입니다.

어떤 사람들이 그것을 줄곧 간과해왔다는 것을 우리는 오늘날 쉽게 볼 수 있습니다. 많은 사람들이 신약의 선지자에 관해 이상한 개념을 가지고 있습니다.

그들은 성경적 기초가 아닌, 선지자는 어떠해야 된다고 그들이 생각하는 영적인 공중누각air castle과도 같은 잘못된 생각들을 하고 있습니다.

많은 사람들은 선지자는 반드시 자신의 직임으로 사람들을 인도하고 지도하며, 또 항상 개인적인 메시지를 사람들에게 주면서 여기저기 다녀야 한다고 생각합니다. 또한 많은 이들이 스스로를 선지자라고 부르면서 그렇게 하고 있습니다.

우리는 이따금 그리스도의 몸에 이런 일이 일어나는 것을 봅니다. 이것은 새로운 것이 아닙니다. 예를 들면, 수년 전에 나는 소위 선지자들이라고 하는 사람이 결혼에 관해 그들에게 예언해 주었기 때문에, 결혼했던 많은 부부들을 알고 있었습니다.

그 결혼들 모두가 한결같이 실패했는데, 그들은 내주하시는 성령님의 인도를 받는 대신 소위 그 선지자라는 사람이 그들을 인도해 줄 것으로 기대했기 때문입니다.

소위 선지자라는 사람이 당신에게 예언해 주었다는 이유만으로 누군가와 결혼하지 마십시오.

예를 들어서, 40년 전에 내가 아는 한 사람은 어떤 사람이 그에게 예언했기 때문에 한 여자와 결혼했습니다. 그것은 하나님의 뜻이 아니었습니다.

그리고 그 결혼은 그를 하나님으로부터 멀어지도록 하였습니다.

그는 그 동안 하나님이 그를 위해 주신 사역을 오랫동안 하지 못하다가 최근에서야 사역으로 돌아왔습니다.

그들이 선지자의 직임으로 다른 사람들의 삶을 조종하려고 시도하면서 돌아다닐 때, 많은 사람들이 위험에 처해지게 됩니다.

수년 전 나는 선지자 직임으로 부름받았던 한 사람을 기억합니다. 그러나 그는 잘못에 빠졌는데, 왜냐하면 그는 항상 예언해야 한다고 생각했기 때문입니다. 그는 말씀보다 예언을 우선시했던 것입니다!

그는 실제로 자기가 만나는 모든 사람을 위한 어떤 메시지를 가지고 있었습니다. 그는 심지어 하나님으로부터 오는 말씀을 주기 위해 길거리에서도 사람들을 멈추게 하곤 했습니다.

그는 모든 사람들을 위한 말씀을 하나님으로부터 받지는 못했습니다. 나는 그를 도우려 했고 선지자 직임의 성경적인 역할에 대해 그에게 말해주었지만 그는 들으려 하지 않았습니다.

그가 하나님의 말씀의 빛 가운데 행하고 있을 때, 한번은 하나님께서 그를 강력하게 사용하셨습니다.

내가 섬기는 교회의 이사board member 중 한 사람이 하나님께서 어떻게 이 선지자를 자신의 삶에 사용하셨는지에 대해 나에게 말해 주었습니다.

이 이사는 그 선지자의 집회에 참석했습니다. 이사는 나에게 이렇게 말했습니다. "그 사람은 나에 대해 아무 것도 몰랐습니다. 그러나 그가 설교하던 중 갑자기 멈추고 나에게 손가락으로 가리키면서 말했습니다. '이리 나오십시오.' 그리고 그는 나에게 있던 육체적인 문제를 정확히 말해주고, 내게 손을 얹고 기도해 주었는데, 나는 즉시 치유 받았습니다."

하나님은 이런 방면으로 이 선지자를 강력하게 사용하셨습니다. 그 후에 나는 그를 만날 기회가 있었는데, 그와 내가 짧은 시간 동안 그 이사의 집에 머무르고 있었기 때문입니다. 몇 분마다 이 선지자는 나에게 쉬지 않고 예언을 했습니다. 그는 그 집에 20분 정도 있었는데 그는 나에게 열아홉 차례나 예언을 해주었습니다!

나는 더 이상 그의 예언에 귀 기울이지 않았습니다. 맞는 말이 하나도 없었습니다.

내가 그에게 말했습니다. "당신은 선지자의 직임을 왜곡하고 있습니다. 선지자의 직임은 당신이 생각하는 그런 것이 아닙니다. 선지자는 모든 사람들에게 개인 예언을 해주면서 돌아다니지 않습니다. 선지자에게 가장 중요하고 우선시해야 하는 것은 하나님의 말씀을 선포하거나 가르치는 것입니다."

그러나 그는 내 말을 들으려 하지 않았습니다. 그는 심지어 그가 설교했던 모든 교회의 모든 사람들에게 개인적인 예언 메시지를 주려고 시도했습니다!

그는 심지어 예언을 통하여 성령께서 자신을 나타내지 않으실 때도

신약 선지자는 무엇인가?

그렇게 했습니다. 다른 말로 표현하면 그는 육으로 그걸 행했던 것입니다. 그러자 악령이 그를 사로잡기 시작했으며, 그를 통해 말하기 시작했습니다.

이 사람의 사역이 하나님으로부터 더욱 멀어져 갈수록 그는 사람들의 주머니로부터 돈을 자기 주머니로 끌어들이기 위해 예언을 하기 시작했습니다.

여러분은 항상 돈에 관해 말하는 그런 사역자들을 조심해야 합니다. 소위 예언자라는 사람이 돈에 대해 예언하기 시작할 때, 주의하십시오! 그들은 하나님의 영으로 그것을 하고 있지 않습니다. 그들은 조만간 문제에 직면하는데, 왜냐하면 그것이 성경적이지 않기 때문입니다.

이 사람은 선지자 직임의 참된 기능으로부터 빗나가 있었습니다. 선지자 직임을 잘못 이해하고 오용함으로서 그는 영적으로 파탄에 빠진 것입니다. 그는 결국 젊은 나이에 죽었습니다. 그리스도의 몸에 놀라운 축복이 될 수도 있었음에도 불구하고 너무나 안타까운 일입니다.

예수님께서 환상 가운데 나에게 말씀하셨던 것에 주의를 기울이는 것이 왜 그토록 중요한지를 우리는 알 수 있습니다.

"선지자는 모든 것 보다 우선적으로 선포자이고 교사이다. 선지자의 주된 사역은 하나님의 말씀을 선포하거나 가르치는 것이다. 예언하는 것이 그의 주된 사역이 아니다."

하나님의 말씀을 선포하거나 가르치는 것 대신에 개인적 예언을 자기 사역의 토대로 삼는 선지자는 잘못에 빠지게 될 것이며, 그리스도의 몸에 큰 해악을 초래할 것입니다.

선지자는 순간적인 영감으로 말합니다

선지자 사역의 요소들 가운데 하나는 하나님으로부터 영감 받은 말을 하거나 순간적인 영감으로 성령의 기름부으심과 권능으로 말하는 것입니다. 이것은 신약의 선지자와 구약의 선지자 모두에게 해당됩니다.

실제로 설교가 성령의 영감을 받았다면, 설교는 예언의 요소를 포함할 수 있습니다.

예언은 영감을 받은 바를 알려진 언어로 말하는 것입니다. 설교 역시 영감을 받은 바를 알려진 언어로 말하는 것일 수도 있습니다. 그러나 모든 설교가 예언하는 것은 아닙니다.

선지자는 종종 영감으로 말합니다. 그런 의미에서 그의 설교는 단순한 형태로 덕을 세우며, 권면하며 안위하기 위하여 예언하는 것일 수 있습니다(고전 14:3).

선지자는 자신을 준비하지만, 다른 사역의 은사자들이 스스로를 준비시키는 것과는 전혀 다르게 합니다. 그렇습니다. 그는 하나님 말씀 안에서 자신을 준비합니다. 그러나 그는 더 많은 기도와 하나님을 찾는 것으로 자신을 준비합니다.

실제로 그것은 마음의 준비인데, 왜냐하면 선지자는 자신의 믿음의 분수proportion대로 예언해야 하기 때문입니다(롬 12:6).

그러므로 그의 믿음은 주님과 그리고 그분의 말씀 안에서 많은 시간을 보냄으로서, 지속적으로 강건함을 유지해야 합니다.

그 때 그는 지적으로 이미 알고 있는 어떤 것을 말하는 것보다는 예언적 기름부음 가운데 영감으로 말하게 됩니다.

어떤 복음 전도자들의 설교가 순간적으로 주어진 영감 있는 메시지라면 그들은 어느 정도 선지자 직임으로 사역하는 것입니다.

'예언'한다는 것은 '다른 사람을 위해 말하는 것'을 의미하는데, 복음 전도자들은 성령의 영감으로 매우 빈번하게 하나님을 위해 말합니다.

반면에, 우리가 복음 전도자라고 부르는 많은 사람들은 열심히 권면하는 자들입니다. 권면하는 자들은 사람들이 구원받고 하나님과 동행하도록 권면하는데 은사가 있는 사람들입니다.

로마서 12장 8절은 사역자로서 권고exhorting하는 것을 언급하고 있습니다. 그러나 그것은 사역의 은사가 아닙니다.

신약의 복음 전도자들은 그들의 사역에 치유와 기적이 일어나는 은사를 가지고 있습니다(고전 12:28). 우리는 복음 전도자 빌립의 예에서 신약의 복음 전도자의 유형을 볼 수 있습니다.

기적과 치유가 그의 사역에서 일어났습니다(행 8:5-13). 그러나 복음 전도자가 성령의 영감으로 설교한다면 어느 정도 선지자 직임으로 사역을 행할 수 있을지라도, 그 선지자 사역은 역시 복음 전도자의 사역과는 크게 다릅니다.

우선 예를 든다면, 복음 전도자들은 자신이 무엇에 관해 설교하는지를 알고 있습니다. 그는 그리스도와 그의 십자가에 못박히심을 설교합니다.

복음 전도자들은 구원의 메시지를 선포하고 또한 그 메시지를 벗어나지 않습니다. 교사는 대개 자신이 무엇에 대해 가르칠지 역시 알고 있으며, 그리고 그 메시지를 벗어나지 않습니다.

그러나 선지자는 자신이 말하기 위해 강단에 올라설 때까지 그가 전할 메시지의 주제가 무엇인지 모를 수 있다는 것입니다.

또한 선지자는 사역에서 다른 계시의 은사들이 역사하는데, 복음 전도자와 교사와는 달리, 더욱 지속적으로 역사합니다.

가령 목사나 교사처럼, 다른 사역의 은사들도 순간의 갑작스런 충동으로부터 받은 계시에 의해 말할 수 있습니다.

그러나 전혀 사전 지식이 거의 없거나, 전혀 없는 일에 대해 순간적인 계시로 말하는 것은 더욱 일관적으로 일어나며 또한 훨씬 더 빈번하게 일어납니다. 선지자는 급작스런 순간의 계시로 말합니다.

그러나 그의 주제는 언제나 하나님의 말씀입니다.

물론 평신도조차도 성령의 영감 아래서 말할 수 있습니다. 왜냐하면 바울은 "너희는… 하나씩 하나씩 예언할 수 있느니라"(고전 14:31)라고 말하고 있기 때문입니다.

바울은 분명히 이 구절에서 믿는 자들이 모여서 단순한 예언의 은사로서 시편이나, 찬양이나 영의 노래를 하는 모임에 대해 언급하고 있습니다(엡 5:19, 골 3:16).

평신도는 간단한 예언의 은사로 영감을 받아서 말할 수 있습니다. 그러나 그것은 덕을 세우고 권위하고 안위하기 위해서 영감 받은 말입니다(고전14:3).

신약 선지자는 무엇인가? 133

그러나 단순한 예언의 은사로서 말하는 것이 그 사람을 선지자로 만들 수는 없습니다.

바울은 질문을 제기합니다. "다 선지자겠느냐?"(고전 12:29) 물론 모든 사람이 선지자인 것은 아닙니다.

내가 목회했던 교회의 믿는 자들의 모임에서 신자들이 단순한 예언의 은사로 말했을 때, 놀라운 일들이 일어나는 것을 나는 보았습니다. 이들 가운데 어떤 이들은 교육을 받지 못했으며, 어떤 이들은 능변으로 말하는 것은 고사하고 심지어 읽거나 쓰지도 못했습니다. 그러나 성령님께서 그들에게 임하였을 때, 영감의 말들이 그들의 입에서 그야말로 쏟아져 나왔습니다. 우리는 그들을 통하여 성령께서 하시는 말씀을 들을 때, 거기에 앉아서 흐느끼곤 했습니다. 온 회중에게 큰 은혜가 되는 것이었습니다. 그러나 그들의 영감 받은 말은 단순한 예언의 은사가 역사하는 것이었습니다.

반면에 선지자들은 간단한 예언의 은사로 영감을 띠고 말할 수 있거나, 혹은 성령의 계시의 은사가 그의 영감 받은 말에서 역사할 수도 있습니다.

나는 오순절운동 당시에 영감 받은 말로 하나님의 말씀을 설교하고 또 가르쳤던 사역자들을 알았습니다.

다른 말로 하면, 그들은 자신의 광범위한 기록들로부터가 아니라, 영감 받은 말에 의한 선지자의 직임으로 더 많이 선포하고 가르쳤던 것입니다.

그들은 말씀을 연구했으며, 기도하면서 하나님 앞에 기다렸습니다.

그러나 그들은 거의 준비된 메시지를 가진 것은 아니었습니다. 그들은 하나님의 말씀을 영감으로 널리 전파했으며 또 가르쳤습니다.

때때로 그들은 말하기 위해 강단에 올라섰을 때, 무엇을 말할 것인지 몰랐습니다. 그러나 성령님께서 순간적으로 그들에게 메시지를 주셨던 것입니다.

스미스 위글스워스의 사역은 거룩하게 영감 받아서 말했던 사람의 극적인 한 예가 됩니다.

나는 개인적으로 위글스워스를 알지 못했지만 내가 참석했던 사역자들을 위한 한 모임에서 위글스워스 사역에 대해 도날드 지Donald Gee가 하는 말을 들을 수 있는 기회가 있었습니다.

도날드 지는 말하길 "우리는 매년 우리의 연례 집회에 위글스워스를 강사로 초빙했습니다. 왜냐하면 우리의 젊은 사역자들이 그의 선지자적인 사역이 역사하는 것을 보기를 원했기 때문입니다."

"위글스워스는 정규교육을 받지 못했습니다. 그래서 그가 설교를 시작할 때는 말을 더듬었으므로 종종 알아듣기가 힘들었습니다. 그러나 하나님의 영이 그에게 임하면, 그는 전혀 다른 사람이 되었습니다. 그는 예언적으로 설교하기 시작했는데, 영감 받은 말이 그의 입에서 넘쳐흐르듯이 쏟아져 나왔습니다."

하나님의 성회The Assemblies of God 교단은 그들의 젊은 설교자들이 그런 예언 사역이 역사하는 것을 보기를 원했던 것입니다.

위글스워스가 자신을 선지자나 사도라고 결코 부르지 않았다는 사실이 흥미롭습니다. 그러나 그 두 가지 직임의 특징들이 그의 사역에 명백히 있었기 때문에, 그 두 가지 직임 모두에서 사역했음이 의심의 여지가 없습니다.

나는 침례교 목사로서 설교를 시작했습니다. 그리고 나는 항상 미리 기록하여 설교했습니다. 내가 오순절 설교자들 가운데로 건너왔을 때, 그들 가운데 매우 소수의 사람들만이 미리 기록한 것으로 설교를 했습니다.

그들 가운데 많은 이들이 더욱 영적인 선포자들이었습니다. 성령의 영감으로 그들이 선포할 때, 하나님이 그들을 사용한 방법은 매우 놀랍습니다. 이 오순절 설교자들은 영감 받아 설교를 할 때, 어느 정도는 선지자 직임에서 사역하고 있는 것이었습니다.

물론 그들은 미리 준비했습니다. 그들은 말씀을 연구했고 또 기도하면서 하나님 앞에서 기다렸습니다. 그럼에도 불구하고 그들은 때때로 말하려고 강단에 설 때까지 그들의 메시지가 무엇인지 알지 못했습니다.

하나님은 그들에게 성령의 영감에 의해 순간적으로 메시지를 주셨습니다.

수년 전, 주님께서 이러한 계통을 따라 나에게 말씀하셨는데, 특별히 밤 집회에 관해 말씀하셨습니다.

그 당시의 예배에서, 나는 항상 가르쳤습니다. 가르치는 것은 더욱 논리적이고 어떤 양식을 따릅니다. 그것은 훨씬 더 차근차근하며, 교훈적입니다.

그러나 주님께서 나에게 말씀하시길 "밤 예배를 위해서 설교를 준비하지 말아라. 다만 기도하고 내 앞에서 기다리고 또 말씀으로 묵상하면서 너의 시간을 사용하여라. 그러면 내가 너의 영으로부터 회중들이 필요한 것은 무엇이든 나오도록 할 것이다. 네가 사전에 전해야 할 메시지를 가지고 있지 않은 것에 대해 염려하지 말아라. 네가 말하려고 강단에 설 때 내가 너에게 할 말을 줄 것이다."라고 하셨습니다.

그래서 나는 그렇게 하기 시작했습니다.

메시지를 전하려고 강단에 설 때, 나는 영감으로 설교하거나 가르치곤 했습니다.

때때로 나는 말하려고 강단에 서는 순간까지 전해야 할 나의 메시지가 무엇인지 몰랐습니다. 그것이 바로 사도적 직임에서 일어나는 일입니다. 예를 들어보면, 때때로 나는 성령께서 내가 나아가기를 원하시는 방향이 내 영에서 분명해질 때까지 나는 노래하는 사람들로 하여금 다소 길게 계속 찬양하게 하였습니다.

물론 이런 것을 받아들이고 길의 한쪽 도랑에 빠지는 자들(극단에 치우치는 자들)도 있습니다. 그들은 "너희들은 준비할 필요가 없다. 하나님이 너희에게 메시지를 주실 것이다"라고 생각합니다.

나는 전혀 그런 식으로 말하는 것이 아닙니다. 만일 하나님 앞에서 준비를 위해서 많은 시간을 보내지 않았다면 선지자는 일어서서 영감 있게 가르치거나 설교할 수 없습니다.

만일 선지자가 자신의 영 안에 하나님의 말씀을 넣는데 시간을 들이지 않았다면, 하나님은 그의 영으로부터 말씀을 꺼내실 수 없습니다.

선포하고 가르치는 것에서, 선지자적 사역은 나타납니다

내가 말했듯이 많은 사람들이 선지자 직임에 대해서 잘못 이해해 왔습니다. 왜냐하면 그들은 선지자는 사람들에게 항상 예언하고 있을 것으로 기대하기 때문입니다. 그것은 선지자의 직임에서 아주 작은 부분일 뿐입니다.

실제로 선지자의 사역은 빈번히 일어나고 있었음에도 불구하고 많은 이들이 그것을 인정하지 않습니다.

이것은 주로 그가 사람들이 필요한 메시지를 예언적으로 가르치고 선포할 때 일어나는 것입니다.

성령은 그에게 무엇을 말할 것인지 지시하시고 그리고 그것들은 정확히 사람들이 들어야 할 필요가 있는 것들입니다.

예를 들면, 나는 때때로 설교를 하면서 내가 무엇을 말하려고 했는 지도 모르게, 무의식적으로 어떤 것을 말합니다. 그러나 나는 나의 메시지로 사람들에게 예언적으로 사역하고 있는 것입니다.

선지자의 사역은 역사하고 있지만 사람들은 그것을 놓치고 맙니다. 그들은 뭔가 극적인 것을 기다리고 있기 때문에 초자연적인 것을 놓치는 것입니다.

선지자는 자신의 메시지로 사람들의 필요에 대해 예언적으로 사역할 수 있습니다. 왜냐하면 선지자는 영적인 것들과 회중들의 영적인 필요에 대해 더욱 민감하기 때문입니다.

이런 식으로 그는 바로 그 순간 사람들의 영적 필요에 대해 복음 전도자나 교사들보다 더욱 민감한 것입니다. 그는 성령께서 무엇을 말하고 또 사람들 속에서 무엇을 행하기를 원하시는지 알고 있습니다.

예를 들면, 한 번은 어떤 장소에서 설교를 하고 있었는데, 한참 설교하는 중에 설교하면서 강단 아래로 뛰어 내려갔습니다.

나는 한 부부 앞에 서게 되었는데, 나중에 그들이 목회자들임을 알게 되었습니다.

나는 성령의 영감에 의해 성경이 말하는 결혼관계를 가르치기 시작했습니다.

나는 왜 내가 하던 주제를 벗어나 그 주제에 관해 설교를 해야 하는지 그 이유를 몰랐습니다. 그렇지만 내가 나중에 알게 된 것은 이 설교자의 아내가 자신은 너무 영적이므로 남편과 성관계를 가질 수 없다고 생각하기 시작했다는 것입니다.

나는 이 부부에 대해 아무 것도 알지 못했습니다. 그러나 성령의 영감을 받은 그런 설교는 실제로 선지자 사역이 나타나고 있는 것입니다. 그러나 어떤 사람들은 "해긴 목사님은 선지자라고 생각했습니다. 그러나 그가 하는 모든 것은 선포하고 가르치는 것뿐입니다!"라고 말합니다.

그들은 선지자 사역이 역사하고 있음을 이해하지 못하고 있습니다. 그것은 성령의 영감을 받아서 말씀을 가르치는 중에 역사하는 선지자 사역의 한 가지 예입니다.

선지자는 심지어 성령의 영감으로 어떤 일들에 대해 행동을 할 수도 있습니다.

그것은 그 직임에 있는 그를 통해서 초자연적으로 사람들에게 사역을 하기 위해 하나님이 역사하시는 것입니다.

예를 들어서, 수년 전 텍사스 주의 어떤 교회에서 집회를 하고 있었습니다.

그 교회의 목사가 내게 이렇게 말했습니다. "나는 교회 이사들을 만나서 그들에게 이번 월요일 저녁 헌금은 우리의 비용을 위해 사용될 것이고 다른 날 저녁의 헌금은 해긴 목사님에게 드릴 것이라고 말했고, 이사board들도 거기에 동의했습니다."

이 집회를 하는 중 어느 날 밤, 내가 설교를 하다가 갑자기 강단에서 뛰어 내려가 한 사람 옆에 앉았습니다.

나는 나의 팔을 그의 목에 두르고 말했습니다.

"누군가가 나의 헌금을 훔치려고 하고 있습니다. 한 이사가 다른 이사를 보고 이렇게 말했습니다. '강사가 너무 많은 돈을 가져갑니다. 그것의 반은 우리가 가집시다.' 그런 사람은 도둑입니다. 그는 자기 집으로 가는 길에 주유소에서 도둑질 한 것이나 마찬가지입니다."

그 때 나는 왜 내가 그런 행동을 하고 그런 말을 하고 있었는지 모릅니다. 그것은 선지자 사역이 나타나는 것입니다. 그러나 나는 그 사람의 얼굴이 울그락 불그락 하는 것을 알아차렸습니다.

내가 그렇게 한 후에 나는 강단으로 올라가서 하던 나의 메시지를 계속했습니다.

그 집회 후에, 그 교회 목사는 내게 말했습니다.

"해긴 목사님, 당신이 그런 말을 했던 바로 그 사람이 다른 이사들에게 '해긴 목사님이 돈을 너무 많이 가져갑니다. 반은 우리가 가집시다' 라고 말한 사람입니다."

이제 아시겠습니까? 선지자의 사역이 역사하고 있지만 사람들은 그것을 인식하지 못하고 있습니다. 나는 자연적인 영역에서 전해 듣거나 혹은 그 사람이 이사회에서 어떤 말을 했는지 알 수 있는 지식이 없습니다. 그것은 선지자의 직임에서 지식의 말씀이 역사하는 것이었습니다.

그리고 나는 그런 말을 하고 그런 행동을 할 것인지에 대해 전혀 알지 못했습니다. 그것은 성령의 영감으로 일어난 일입니다.

그것과 유사한 일들이 다른 사역의 은사들에서도 때때로 일어날 수 있습니다. 그러나 그런 일들은 선지자 직임에서 더욱 지속적이고 빈번하게 일어납니다.

선지자 사역에서 음악의 역할

성령의 영감 받은 음악은 종종 예언의 기름부음을 증가시킬 수 있습니다.

구약에서 음악은 선지자 사역에 중요한 역할을 했습니다(왕하 3:15). 악기 다루는 자가 연주했을 때, 주님의 손은 선지자에게 임하여 역사하셨습니다. 주님의 손은 성령을 의미합니다.

음악은 때때로 선지자에게 임하는 기름부으심을 강화해 주어서 예언적으로 사역하도록 합니다. 반면에 만일 선지자가 적절한 음악이 없다면, 그 상황이 선지자를 방해할 수도 있습니다.

어떤 음악은 다른 음악보다 영적으로 더 영감을 줍니다.

많은 경우에 하나님의 영이 나에게 강력하게 운행하실 때, 나에게 영적으로 영감을 줄 음악이 필요하지 않습니다. 나는 단지 일어서서 예언하기를 시작합니다. 즉 영감 받은 말로서 가르치거나 선포하는 것을 시작하는 것입니다.

그러나 때때로 성령님이 강력하게 운행하실 때 그리고 누군가 부적절한 곡을 노래하거나 부적절한 음악을 연주하면 성령의 기름부으심을 약화시키게 됩니다.

그것과는 반대로 만일 음악이 영적으로 영감을 준다면, 그 음악은 기름부음을 증가시키게 됩니다.

예를 들어서, 한 번은 내가 어떤 교회에서 집회를 하고 있었습니다. 헌금하는 시간 동안, 오케스트라가 특별히 기름부음 받은 한 곡을 연주했습니다. 하나님의 영이 나에게 임하셨고, 내가 설교하려고 강단에 섰을 때, 나는 영 안에 있게 되었습니다. 예언적인 기름부으심이 내게 임하여 예언을 하였고, 성령으로 나는 두 시간 동안 사역을 하였습니다.

그러한 농후한 기름부으심 아래서 나는 영의 영역만을 보았습니다. 나는 몇 몇 목사들에게 예언적으로 사역을 하였습니다.

지식의 말씀을 통하여, 나는 청중 가운데 있던 한 목사가 며칠 전에 누군가 다른 사람에게 한 말을 성령 안에서 듣게 되었습니다.

그때 나는 성령의 기름부으심 아래서, 초자연적으로 그 목사에게 사역을 행할 수 있었습니다.

내가 왜 모든 집회에서 그런 식으로 예언적으로 사역하지 않을까요? 왜냐하면, 나는 성령께서 그렇게 하시길 원하실 때 그런 방식으로 사역할 수 있기 때문입니다.

내가 원하는 대로 하는 것이 아닙니다. 나는 교회의 머리가 아닙니다. 그리고 나는 무언가를 꾸며 만들어 내거나 불러일으키려고 하지 않을 것입니다.

만일 성령께서 움직이지 않으신다면 내가 그런 일이 일어나도록 할 수 있는 방법은 아무 것도 없습니다.

그것이 바로 사람들이 신비력occult powers에 빠져드는 방법입니다. 성령의 은사들에 의해서 성령께서 움직이지 않으실 때, 그들은 뭔가를 일어나게 하려고 시도합니다.

모든 집회에서 성령의 은사들을 통하여 초자연적인 성령의 움직이심이 반드시 있어야 하는 것은 아닙니다.

만일 그것이 필요하지 않다면, 성령님은 그런 식으로 자신을 나타내지 않으십니다. 왜냐하면 성령님은 하나님의 권능의 움직임을 편성하는 분이시기 때문입니다.

그러나 선지자가 하나님께서 모든 집회에서 성령의 은사로서 움직이실 것으로 생각함으로 영적으로 잘못된 길로 빠질 수 있습니다.

성령께서 뭔가를 행하실 수도 있고, 행하시지 않을 수도 있습니다. 그것은 그분께 달린 것이며 사람에게 달린 것이 아닙니다.

신약의 선지자는 보는 사람seer:선견자입니다

선지자 사역의 또 다른 요소는 선지자는 선견자seer라는 것입니다. 선견자는 영분별의 은사를 통해 영의 영역 안을 들여다보는 사람입니다.

여러분도 아시겠지만, 환상은 영분별의 은사가 역사할 때 나타나는 것입니다. 영분별의 은사는 지혜의 말씀이나 지식의 말씀이 동반되어 나타날 수도 있습니다.

그러나 환상 그 자체는 영분별의 은사가 역사하는 것입니다. 왜냐하면 영분별의 은사는 선지자로 하여금 영적인 영역에서 보거나 듣도록 해주기 때문입니다.

구약과 신약의 많은 선지자들이 선견자 즉, 보는 자들seer이었습니다. 그들의 사역에서 더욱 지속적으로 나타나는 계시의 은사를 소유하고 있었습니다.

선지자로 하여금 그 직임에 임할 수 있도록 자격을 주는 계시의 은사는, 지식의 말씀, 지혜의 말씀, 그리고 영분별의 은사, 그리고 예언입니다.

예언은 필수적입니다. 왜냐하면 그것은 선지자로 하여금 주님께서 그에게 주신 것을 말해낼 수 있도록 해주는 영감 받은 언어이기 때문입니다.

내가 그것을 생각해 낸 것이 아닙니다.

1959년 예수님께서 나에게 나타나셨을 때 그것을 말씀해주셨고 또 선지자의 직임에 대해 말씀해 주셨습니다(더 연구하길 원하시면 케네스 해긴 목사님의 「사역의 은사와 성령님 그리고 그분의 은사The Ministry Gifts and the Holy Spirit and His Gifts」를 참고하십시오.)

어느 누구든지 자신의 삶에서 가끔은 지식의 말씀이나 지혜의 말씀, 또는 영분별의 은사가 역사할 때가 있을 수 있습니다.

그러나 선지자는 그의 삶에서 더욱 지속적이고 일관되게 계시의 은사가 역사합니다.

선지자의 직임으로 영적인 영역에서 보고 듣고 그리고 초자연적으로 어떤 것을 알게 되는 것에 대한 예를 들어보겠습니다.

나는 어떤 집회에서 설교를 하고 있었습니다. 그리고 갑자기 나는 영적인 영역 안을 보았습니다.

그것은 그 집회에 참석해 있던 어떤 사람에 관한 것이었습니다. 나는 그 사람을 가리키면서 말했습니다. "만일 내가 틀렸다면, 틀렸다고 말해주십시오. 당신은 목사입니다. 나는 당신이 사흘 전에 당신 사무실에서 그림이 있는 창문을 내다보며 서 있는 것을 보았습니다. 세 가지 문제가 당신을 괴롭히고 있었습니다. 그 중 한 가지는 교회의 재정문제였습니다. 또 하나는 당신은 교회를 떠나길 원했습니다. 그리고 세 번째는 가정적인 문제였습니다." 그러자 그가 말했습니다. "정확히 맞습니다."

그리고 나는 성령의 인도하심으로 주님께서 각 문제에 대해 행하고자 하신 것과 하나님께서 각 문제를 어떻게 해결해 주실 것인지를 그에게 말해 주었습니다.

나는 여러분이 여기에서 뭔가를 보기를 원합니다. 그것은 분명히 계시였습니다. 그렇지 않습니까? 그것은 선지자의 직임에서 영분별의 은사와 함께 역사하는 지식의 말씀이 드러난 것입니다. 그러나 그것은 계시였음에도 불구하고 산약성경의 교리적인 토대에 첨가하는 것과는 관계가 없었습니다.

오늘날 선지자들에게 어떤 계시가 주어질 수는 있지만, 그것은 성경적인 교리적인 토대에 더하는 것은 아닙니다. 그것은 이미 놓여진 토대 위에 세우는 일만 하는 것입니다.

그러므로 신약의 선지자는 가장 우선적으로 말씀의 설교자이자 말씀의 교사입니다.

두 번째로 영감 받은 언어utterance로서 설교하거나 가르칩니다.

세 번째로, 그는 계시의 은사를 가지며 거기에 삶과 사역에서 일관적이고 지속적으로 역사하는 예언이 있습니다.

네 번째로, 그는 보는 사람seer입니다.

그는 성령께서 뜻하시는 대로 영적인 영역을 들여다봅니다.

이러한 성경적 자격들이 신약의 선지자 직임을 구성하는 요소들입니다.

07

선지자는 신약 시대의 믿는 자들에게 방향을 안내하거나 지시하는 자

내가 말했듯이 1959년 환상에서 예수님은 새 언약 아래서 선지자의 역할을 강조하면서 설명해 주셨습니다.

"새 언약 아래서 나는 사람들의 삶을 인도하고 안내하거나 지시하려고 교회에 선지자들을 둔 것이 아니다."

믿는 자들이 지시받거나 안내받기 위해 선지자를 찾아감으로 그들의 삶이 얼마나 황폐하게 될 수 있는지 여러분은 볼 수 있습니다. 왜냐하면 우리는 선지자의 인도가 아니라 하나님의 영으로 인도받아야 하기 때문입니다(롬 8:14).

다른 사람의 삶의 방향을 지시하는 것은 점치는 것과 마찬가지

　나는 성공하고 있던 사람들이 소위 선지자들의 충고를 따랐기 때문에 파산한 것을 알고 있습니다. 이들 가운데 어떤 이들은 아주 성공적이었으며, 수백만 달러와 아름답고 궁전같은 집들을 가지고 있었습니다. 그러나 그들은 소위 선지자들의 지도를 따르려다가 모든 것을 잃어버렸습니다.

　예를 들면, 나는 어떤 주에서 설교를 하고 있었습니다. 그런데 한 부유한 사업가가 나의 집회에 참석했습니다. 나는 전에 그를 한 번 만난 적이 있었습니다. 그래서 나는 그가 부유하다는 사실을 알고 있었지만, 그에 대해서 다른 것은 아무 것도 알지 못했습니다.

　그러나 그가 나의 집회장에 들어온 순간, 주님께서 그에 대해 나에게 말씀해 주셨습니다. 주님의 지시하심에 따라, 나는 나중에 주님께서 내게 해주신 말씀을 그에게 해주었습니다.

　이 사람은 궁전같이 화려한 집과 몇 대의 매우 비싼 자동차들을 소유하고 있었으며, 또 사업에서도 매우 성공적이었습니다. 그는 큰 부자였습니다. 그는 하인들이 있었고, 개인 비행기도 있었습니다. 그리고 그의 자녀들도 값비싼 새 자동차를 운전했습니다.

　그러나 그는 어떤 사업상의 거래를 체결하기 전에 지도받고 상담받기 위해 소위 어떤 여선지자에게 다니기 시작했습니다.

　주님께서 나에게, 만일 그가 그 여자의 말을 그대로 믿는다면, 그는 가진 재산을 모두 잃게 된다고 말씀하셨습니다.

사실 선지자의 직임을 통하여 다른 사람들의 삶을 지시하려고 하는 사람들은 점쟁이들과 마찬가지입니다.

많은 사람들이 그런 것을 알만 한 지각이 없습니다. 이 여자는 자신이 생각하는 "영적인 은사"를 통하여 이 사람의 사업을 지도하려고 했습니다.

그러나 그녀를 통해서 역사하는 것은 성령님이 아니었습니다. 그녀는 점쟁이 이었을 뿐 그 이상 아무 것도 아니었습니다.

데살로니가전서 5장 20-21절은 "예언을 멸시하지 말고 범사에 헤아려 좋은 것을 취하고"라고 말합니다. 우리는 예언을 멸시하지 말아야 합니다. 그러나 또 한편으로 우리는 모든 사람이 우리에게 예언하는 모든 것을 믿어야 하는 것도 또한 아닙니다. 성경은 우리에게 그것들이 하나님으로부터 왔는지를 알아보고 검증하라고 말합니다.

이 여자의 상담은 명백히 하나님으로부터 온 것이 아니었습니다.

자신들의 삶에서 하나님의 인도와 지시하심을 선지자를 통하여 구하려고 시도하는 사람은 매우 위험한 상황에 있는 것입니다.

이 사업가는 이 여선지자의 충고 때문에 그의 모든 사업이 실패했을 때, 그녀의 충고는 좋지 않다는 것을 알만한 상식이 있었어야 했습니다!

뿐만 아니라, 사업가는 어느 정도 사업적인 상식이 있어야 합니다!

만일 그가 사업에서 방향 제시가 필요하다면 먼저 하나님의 권고를 구해야 합니다. 그리고 그가 필요하다면 그는 사업에 전문적인 지식을 가진 다른 사람들로부터 조언을 받을 수 있었습니다.

나는 주님께서 그에게 말하라고 내게 말씀하신 것을 이 사업가에게 말했습니다.

그것은 스스로 여선지자라고 주장하는 그 여자의 말을 듣는 것을 멈추지 않으면, 그는 모든 것을 잃어버리게 될 거라는 것이었습니다.

그러나 어떤 사람들은 오직 자기가 듣고 싶은 것만 듣습니다.

그는 어떤 사람에게 내가 자기가 하고 있는 일에 동의했다고 말했습니다.

그리고 그는 가지고 있던 모든 것을 잃어버리고 파산할 때까지 소위 그 여선지자라는 사람을 통하여 계속 물었습니다.

이 사업가는 단단히 속고 있었고, 그는 이 여자에게 전화를 걸어 물어보기 전에는 사업에서 한 발자국도 움직이려고 하지 않았습니다.

이러한 거짓 선지자들과 거짓 여선지자들 중 일부는 사람들의 돈을 취하려고 그들을 덫에 빠뜨립니다. 내가 우주인이 아닌 것 이상으로 그들은 선지자나 여선지자가 아닙니다.

그렇지만 어떤 사람들이 이렇게 잘못에 빠진다고 해서, 그것이 정당한 선지자 사역을 폐지하지는 못합니다.

진정한 선지자는 그 직임을 통하여 사람들의 삶을 흔들려고 하지 않습니다. 선지자는 개인적인 예언 영역에서 매우 주의해야 합니다.

그것이 바로 내가 선지자 직임을 통하여 사람들에게 사역할 때 "이것이 당신에게 무언가를 의미합니까? 이 말이 이미 당신 안에 있는 것을 확증해줍니까? 만일 당신 자신의 마음에 증거가 되지 않는다면 신경 쓰지 마십시오."라고 종종 사람들에게 말하는 이유입니다.

친숙한 영들Familiar Spirits에게 자신을 열어주는 선지자들

(역자 주 : 친숙한 영은 특정인에게 역사하던 귀신으로서 오랫동안 그 사람이나 가정의 습관이나 지난 일들에 친숙해져서 잘 아는 악한 영을 일컫는 말입니다.)

선지자들은 사람들의 삶을 인도하거나 지도하기 위해 교회에 존재하는 것이 아니기 때문에, 만일 그들이 그렇게 하려고 시도하면 그들은 영적으로 잘못되게 됩니다.

그들은 신비력occult powers이나 친숙한 영들에게 스스로를 열어주게 됩니다.

예를 들면, 나는 어떤 도시에서 집회를 하고 있었고 내가 사역하고 있는 교회의 멤버인 한 부유한 사업가의 집에 머무르고 있었습니다.

이 사람은 쇼핑몰을 소유하고 있었고 사업에서 크게 성공한 사람이었습니다.

이 사업가가 나에게 물었습니다.

"해긴 목사님, 이러 이러한 것을 알고 계십니까?" 그리고는 한 목사의 이름을 언급했습니다.

나는 그 사람을 개인적으로 알지 못했지만, 그에 대해서는 알고 있었습니다.

나는 그 목사가 하나님의 부르심을 받아서 한 동안은 사역에서 하나님 앞에 올바로 행한 사람임을 확신했습니다.

그러나 그는 잘못된 영들에게 굴복하기 시작했습니다.

이 사업가가 나에게 말했습니다. "우리 교회에서 그 목사님이 우리

도시에서 집회하는 것을 후원했습니다. 거의 매일 그는 나의 사무실로 와서 우리는 대화를 하거나 점심을 먹으러 나가곤 했습니다."

"나에게는 가보heirloom:재산가 하나 있었는데, 그것은 7캐럿짜리 다이아몬드 반지로, 나의 아버지로부터 물려받았고 거의 끼지는 않았습니다. 나는 그것을 손수건에 싸서 침실에 있는 장롱 오른쪽 서랍 뒤에 두었습니다."

"하루는 이 목사가 나의 사무실에 왔을 때, 그는 나에게 돌아서서 말했습니다. '당신은 아버지로부터 받은 7캐럿짜리 다이아몬드 반지를 가지고 있습니다. 이것을 손수건에 싸서 당신의 장롱 세 번째 서랍 오른쪽 가장자리에 두었습니다. 하나님께서 당신에게 말씀하시길 그것을 가져다가 나에게 주라고 하십니다.'"

그것은 초자연적인 지식입니다. 그렇지 않습니까? 그것은 초자연적인 지식일 뿐만 아니라, 굉장한 지식입니다.

그러나 기억하십시오. 마귀도 역시 초자연적인 영역에서 역사하고 있다는 사실을 말입니다. 당신은 당신 손가락에서 반지를 빼고, 당신의 주머니로부터 돈을 빼내어 자기 주머니도 가져가려고 예언하는 사람들을 주의하는 것이 좋을 것입니다.

그런 사람들과는 어떤 관계도 가지지 말아야 합니다.

그 사업가가 나에게 말했습니다. "그 목사가 어떻게 그 반지를 알게 되었을까요? 나는 그 사실을 아무에게도 말하지 않았습니다. 나와 내 아내 외에는 그 가보heirloom에 대해 아는 사람은 아무도 없었습니다. 나는 당연하게 틀림없는 하나님의 음성이라고 생각했습니다. 그래서 나는 집에 가서 그것을 가져다 그에게 주었습니다."

한 주 정도 지난 후, 그 목사는 내 사무실에 왔습니다. 그런데 누군 가가 그를 반대해서 그를 화나게 했습니다. 그러자 그는 저주하기 시작했 습니다.

그 목사는 집회를 마치고 그곳을 떠났습니다. 그가 떠나고 조금 지난 후, 두 청년이 나에게 와서 말했습니다. "그 사람이 여기에 있는 동안, 그는 우리를 동성애에 빠지게 했습니다."

이 사업가는 나에게 말했습니다. "나는 혼자서 생각하기를 '사랑 하는 주님. 나는 하나님을 잘못 이해했습니다!' 그 사람은 심지어 하나님과 동행하지도 않습니다. 그는 죄에 빠졌습니다! 그리고 그는 나의 다이아몬드 반지를 가져갔습니다."

그 사건이 지나고 얼마 있다가, 나는 한 목사를 위해 집회를 인도 하고 있었습니다. 그리고 바로 그 목사가 내가 집회하고 있던 목사의 교회를 방문했습니다.

이 목사는 영적인 은사로 사용 받았었고, 한 때는 놀라운 치유사역 을 하였습니다. 의사들도 그 초자연적인 치유를 증언하였고 그러한 치유들에 놀라워했습니다.

그러나 보십시오. 만일 어떤 사역자가 조심하지 않으면, 그는 하나 님께서 자신을 사용할 때, 교만 가운데 마음이 높아질 수 있습니다. 그리고 그는 하나님으로부터 멀어지고 죄에 빠질 수 있습니다.

혹은 그는 돈만 생각하게 되어 자신의 기름부음을 잃어버릴 수도 있습니다.

어쨌든 집회를 주최한 목사는 회중들에게 몇 마디 하게 하려고 그 목사를 강단 위로 불러 올라오게 했습니다.

그 목사가 회중들에게 말할 때 나는 강단 위에서 그 목사 뒤에 앉아 있었습니다. 나는 마치 누가 내 뒤에서 말하는 것처럼, 성령님이 말씀하시는 것을 들었습니다.

"마귀의 능력occult powers이다. 친숙한 영familiar spirit들이다."

그 영들이 바로 그를 통해 역사하고 있었던 것입니다. 그래서 그는 그 사업가의 가보인 다이아몬드 반지에 대해서 알았던 것입니다!

그 때, 나의 친구인 그 교회 목사가 나를 불러서 이렇게 말했습니다. "저 목사가 이 도시에서 집회를 하고 있습니다. 그는 모든 이들에게 자기가 선지자라고 말하고 있습니다."

집회 후 내가 그를 대면하여 물어보았습니다.

"당신이 영의 영역에서 무엇을 들을 때, 그것이 옳은 것인지 어떻게 아십니까?"

그러자 그가 대답했습니다. "글쎄요. 나는 내가 옳은 소리를 듣는지 아닌지는 알지 못합니다. 나에게 말하는 그 음성이 하나님이라고 나는 단지 믿을 뿐입니다."

이것은 단지 영적으로 미성숙한 것 뿐 아니라 위험한 일입니다!

선지자는 하나님의 음성을 잘 알아야 합니다.

그때 내 친구 목사가 그에게 물었습니다.

"그 음성은 얼마나 정확합니까?"

"항상 정확합니까?"

그는 이렇게 대답했습니다. "80퍼센트 정도는 정확합니다."

이와 같은 사람들은 교회를 가지고 장난을 치는 것입니다! 그들은 거룩한 것으로 장난치듯 놀고 있는 것입니다. 오늘날 우리 가운데 그런 일들이 많이 행해지고 있습니다.

만일 우리가 스스로 올바르게 처신한다면 우리 모두는 소망이 있습니다. 그러나 이 사람은 결국 영적인 쓰레기더미 위에 올라앉게 되었습니다.

하나님께서 그의 사역을 버리셨습니다. 왜냐하면, 그는 자신을 고치려고 하지 않았기 때문입니다.

이제 이해하시겠습니까? 성령께서 영적인 은사들 가운데 운행하지 않으실 때, 이 목사는 스스로 다른 사람의 삶을 지도하기 위해 영적인 은사들을 역사하게 하려고 했던 것입니다. 그리고 그것은 비성경적이므로, 그는 마귀에게 자신을 열어놓는 셈이 되었고 친숙한 영들로부터 듣기 시작했던 것입니다.

친숙한 영들familiar spirit은 사람들에 대해 잘 알고 있는 악령들입니다. 그 영들은 믿는 자들을 포함해서 사람들에 대한 사실, 정보 등을 알고 있습니다.

그리고 그들이 알고 있는 정보나 사실들은 아주 정확합니다.

그들은 사람들의 이름과 주소, 그리고 그들에 관한 여러 가지 것들을 알고 있으며, 그리고 그들은 자기에게 굴복하는 자들에게 그들이 아는 것을 말해 줄 수 있습니다.

물론 친숙한 영들이 모든 것을 아는 것은 아닙니다. 즉, 모든 지식을 가지고 있지는 않다는 뜻입니다. 그러므로 그들은 사람들에 관한 모든 것을 알지는 못합니다.

오직 하나님만이 모든 것을 아십니다. 그러나 친숙한 영들은 사람들에 관해 어떤 것들은 알고 있습니다. 예를 들어서, 그 영들은 어떤 사람이 지갑에 얼마를 가지고 있으며 혹은 주머니에 무엇이 있는지를 알 수 있습니다.

성령님도 역시 그런 것들을 아십니다. 만일 그분이 원하신다면 그분도 성령의 은사를 통해서 그런 것을 드러내실 수 있습니다.

그렇지만 성령님께서 왜 그런 걸 하시길 원하시겠습니까? 무슨 목적으로 어떤 사람의 주머니에 있는 것을 알도록 해 주실까요?

그것이 하나님께 영광이 될 수 있을까요? 아닙니다. 그런 것은 대개 친숙한 영들입니다.

성령님은 하나님께 영광 돌리는 것을 계시해 주십니다. 예를 들어 보겠습니다. 그분은 어떤 사람이 가지고 있는 질병을 드러내시고 그 질병을 치유하실 수 있습니다. 그것은 하나님께 영광이 되는 일입니다.

그러나 이 목사는 군중들 속에서 몇 몇 사람들을 불러내어 그들의 이름과 주소를 말합니다. 그리고 그는 말합니다. "내가 당신의 주머니 속에 있는 것을 정확하게 말하겠습니다. 당신의 주머니 안에 펜 한 자루와 담배 한 갑이 있습니다." 그리고 나서 그는 회중들에게 무슨 담배인지를 말해줍니다.

그러나 그것은 하나님의 영이 역사하시는 것이 아닙니다. 그는 그 사람에게 사역을 행한 것도 아니고 성령의 권능으로 그 사람을 담배 피우는 것으로부터 자유하게 해준 것도 아니었습니다. 그는 초자연적인 지식을 드러냄으로써 사람들의 주의를 단지 자기에게 끌기만 원했던 것입니다.

하나님도 역시 그런 모든 것을 알고 계십니다. 그리고 그분은 선지자를 통하여 그렇게 역사하실 수도 있습니다.

그러나 그분은 그것이 누군가를 돕기 위한 분명한 목적이 있거나 하나님께 영광을 돌리는 것이 아니라면, 자신을 그런 식으로 자주 드러내시지 않습니다.

그러나 친숙한 영들이 사람들을 통해 역사할 때, 많은 사람들이 "이것은 초자연적인 것이다"라고 생각합니다. 그리고 어떤 사람들은 하나님을 믿기 시작했기 때문에 치유 받습니다.

나는 어떤 사역자들이 「치유의 목소리The Voice of Healing」 시절 친숙한 영들을 통하여 사역하는 것을 보았습니다.

그들은 사람들의 주머니에 무엇이 들어 있는지와 사람들의 이름, 주소 등 여러 가지를 말할 수 있었습니다.

그러나 그것은 하나님으로부터 영감 받은 계시가 아니었습니다. 대부분의 경우에 그런 것을 행하는 사람들은 친숙한 영들에 의해 사역하고 있는 것이었습니다.

한 번은 한 목사가 나에게 전화를 걸어서 「치유의 목소리」 운동 당시에 그도 알고 나도 알던 어떤 목사에 대해서 물었습니다. 그는 나에게 그 목사를 추천해 줄 것인지를 물었습니다.

나는 그에게 직접 대답하는 것을 피하면서 그에게 물었습니다. "왜 내가 그 목사를 추천할 것인지 묻습니까?"

그는 대답하기를 "나는 잘 모르겠습니다만, 그가 인도하는 집회에 한 번 참석한 적이 있습니다. 그리고 나는 반드시 잘못됐다고 할 만한 것을 보지 못했습니다. 그러나 뭔가 옳지 않아 보이는 것이 있었습니다. 그는 자신이 선지자라고 말했습니다. 그는 나에게 전화를 해서 그가 여는 어떤 집회를 위해 나의 교회가 후원해 주기를 원했습니다.

그러나 내 마음 속에서 뭔가 내키지 않는 것이 있었고, 그것이 좋게 느껴지지 않았습니다. 그러나 왜 그런지 나는 모르겠습니다."

그 사역자에 관해서 어떤 부정적인 말도 하지 않으면서 나는 말했습니다. "당신의 영을 따르십시오. 당신의 영이 당신을 올바르게 인도하고 있습니다."

나는 그에게 경계하도록 뭔가를 말해줄 필요가 있었습니다. 왜냐하면 나는 그 사역자가 다른 교회들에게 문제를 일으켰으며, 그의 교회도 역시 영적으로 어지럽혀 놓게 될 것을 알았기 때문입니다.

그러나 나는 그 사역자에 대해 어떤 비판적인 말도 하기를 원치 않았습니다. 그래서 나는 이 목사의 영 안에 있는 것을 단지 확증해 주었던 것입니다.

이 소위 선지자라는 자는 때때로 성령으로 사역했습니다. 그러나 그는 친숙한 영들에게 굴복하였고, 신비력occult powers으로 사역하기 시작했던 것입니다.

그리고 당신이 그것을 알기도 전에, 사람들의 주머니로부터 그것을 빼앗기 위해 예언을 하곤 했던 것입니다.

그런 일 때문에 그는 자신이 설교한 모든 곳에서 나쁜 기록을 남겼고, 이미 전에 그가 사역했던 어느 교회에도 다시 가서 사역할 수는 없었습니다.

다른 사람으로 하여금 자신의 집회를 후원하도록 시도했던 바로 그 사실만으로도 이 사람의 사역은 의심스러운 것입니다.

나의 사역에서 나는 아무에게도 전화를 걸어서 후원을 부탁한 적이 없습니다. 만일 당신이 설교하는 곳마다 좋은 소문을 남긴다면, 사람들은 당신에게 집회를 인도해 달라고 다시 전화할 것입니다. 그리고 당신은 사람들에게 당신의 집회를 후원해 달라고 하면서 돌아다니지 않을 것입니다.

만일 어떤 사람의 사역이 말씀 위에 세워져 있다면 그것은 결국 번성하게 될 것입니다.

만일 어떤 사역자가 하나님의 말씀으로 사람들을 먹인다면, 그의 사역은 길이 열릴 것입니다. 그러나 만일 그가 성령께서 그런 식으로 움직이지 않으실 때에도 어떤 구경거리가 될 만한 현상을 통하여 사역하려고 시도한다면 그는 영적으로 낭패에 빠지게 될 것입니다. 그리고 결국 그의 사역은 실패하게 될 것입니다.

때때로 진정한 영성과 광신주의 사이에, 그리고 성령의 은사들의 진정한 나타남과 거짓 현상 사이에는 아주 가는 선 하나가 있을 뿐입니다.

많은 사람들은 그 차이점을 구별할 수 없습니다. 그러나 그리스도인은 구별할 수 있는 능력이 필요합니다.

성령님은 언제나 사람들의 주의를 하나님께로 이끕니다. 그리고 말씀과 주 예수 그리스도를 높이고 사람을 높이지 않습니다.

최근에 나는 아내와 함께 어떤 단체의 사람들에게 설교하러 갔습니다. 그리고 나의 메시지가 끝난 후, 나는 목사에게 돌아서서 말했습니다. "나도 사람이기 때문에 잘못될 수 있습니다. 나는 때때로 실수할 때가 있습니다. 그리고 때로는 성령으로 어떤 것들을 구별하기가 어려울 때도 있습니다. 그러나 당신은 지난해에 아주 심한 육체적 싸움이나 아니면 엄청난 영적 전쟁을 치렀습니다. 만일 내가 틀렸다면 틀렸다고 말만 해주십시오."

그 목사는 울기 시작했습니다. 그리고 말했습니다. "해긴 목사님, 저는 엄청난 육체적 싸움을 치러오고 있는 중입니다."

내가 말했습니다. "자, 내 영 안에 있는 것을 말씀드리겠습니다. 나는 주님께서 이 말을 당신에게 하라고 하신다고 믿습니다. 이것이 끝입니다. 싸움은 이제 끝난 것입니다!"

목사는 나와 회중들에게 이렇게 말했습니다.

"나는 여러분들 가운데 아무에게도 이 말을 하지 않았습니다. 그러나 15년 전에 나는 심각한 육체적 문제를 가지게 되었습니다. 나는 미국에서 가장 뛰어난 의사들 가운데 몇 사람에게 갔습니다. 그들은 나를 진찰하고 어떤 희귀한 질병의 이름을 말해주었습니다.

의사들은 나에게 말했습니다. 당신을 위해 할 수 있는 것이 아무 것도 없습니다. 당신은 계속 더 나빠져서 결국은 죽게 됩니다.

그러나 나는 치유를 위해 하나님을 믿음으로서 최고의 상황을 유지했습니다. 그리고 14년 동안이나 괜찮았습니다. 그러나 지난해에 모든 증상들이 되돌아 왔습니다. 나는 엄청난 통증 가운데 있었습니다. 그러나 해긴 목사님, 당신이 주님께서 하신 말씀을 따라 전쟁은 끝났다고 선포하셨을 때, 모든 통증은 떠났습니다!"

나는 한 달이 지난 후 한 집회에서 그를 보았습니다. 그는 여전히 완전히 나은 상태였고 자유하게 되었습니다.

그것이 바로 하나님의 말씀과 일치하는 성령의 은사들이 놀랍게 나타난 현상의 한 종류입니다.

성령께서 나타나실 때, 사람들은 치유를 받고 자유하게 됩니다. 그리고 하나님이 높임을 받으시는 것이지 선지자가 높임을 받는 것이 아닙니다.

한계를 벗어난 예언

사람들에게 손을 얹을 때마다 예언할 수 있다고 가르치는 소위 선지자라고 하는 사람들이 오늘날 있습니다. 그것은 정말 말도 안 되는 것입니다!

그들은 선지자가 믿음으로 사람들에게 예언적으로 사역할 수 있다고 가르칩니다.

그것은 불가능합니다. 그것은 비성경적입니다. 선지자 직임은 그분이 뜻하시는 대로 하나님의 영의 기름부으심만으로 나타나는 것입니다.

왜 예수님께서 30년 전에 저에게 나타나셔서 그분은 교회를 인도하거나 사람들의 삶을 지시하기 위해서 교회에 선지자들을 두신 것이 아니라는 것을 말씀하셨겠습니까? 왜냐하면 우리는 지금처럼 그때도 같은 문제를 가지고 있었기 때문입니다.

이러한 문제들은 새로운 세대마다 다시 떠오르게 됩니다.

30년이 지난 지금, 다른 세대가 영적으로 왔습니다. 그리고 우리는 그때 경험했던 것과 동일한 문제가 생겨나는 것에 직면하고 있습니다.

사람들은 예언을 받고 있으며, 또 한계를 벗어난 선지자의 직임을 수용하고 있습니다.

가령 예를 들면, 항상 사람들은 나에게 편지를 써서 그들에게 예언해 달라고 요청합니다. 심지어 그들이 어느 교회에 다녀야 하는지조차 물어옵니다!

때때로 나는 거의 이런 식으로 답장을 써야 한다고 느낍니다. "당신이 어느 교회로 가야 할지조차 모른다면 당신은 가련한 영적 상태에 처해 있습니다!"

사람들은 자신이 어느 교회를 다녀야 하는지에 대해 누군가의 예언을 받을 필요가 없습니다. 그것이 바로 어떻게 사람들이 선지자의 직임의 성경적 한계를 벗어나서 극단으로 가게 하는 가를 보여주는 것입니다.

성경 말씀은 사람들이 하나님의 영으로 인도함을 받아야 한다고 말합니다. 사람들은 그런 문제들에 있어서 자신의 영을 따르는 법을 알아야 합니다.

세미나 후에 한 사람이 나에게 찾아와서 자신을 위해 기도해 줄 것을 요청했습니다. 그는 지난 7년 동안 한 교회를 출석해오고 있는 중이었습니다. 그런데 하나님께서 그로 하여금 지금 다니는 교회를 그만 두고 전에 출석하던 교회에 돌아가길 원하시는 것 같다고 그는 느꼈습니다.

그는 나에게 말했습니다. "주님께서 나를 어느 교회로 가도록 인도하시는지 목사님께서 기도해주시길 원합니다." 나는 그와 뜻을 같이 하여 기도하기 시작했습니다. 그러나 내 안에 계신 성령님께서 말씀하셨습니다. "그의 심령 가운데 무엇이 있는지 그에게 물어보아라." 그래서 나는 기도하던 것을 멈추고 그에게 물어 보았습니다.

"당신 영이 당신에게 무엇이라고 말합니까? 당신의 심령 안에 무엇이 있습니까?"

그는 웃기 시작하며, 말했습니다. "먼저 다니던 교회로 돌아가야 하겠습니다." 그는 이미 알고 있었던 것입니다.

하나님께서 그를 계속해서 인도하고 계셨던 것입니다.

이것이 바로 우리가 영으로 인도받는 방법입니다. 선지자들에 의해서가 아니라 우리 안에 있는 영으로 인도받습니다!

과도함 때문에, 우리는 한쪽으로 너무 치우쳐서 선지자의 직임과 예언으로부터 등을 돌리는 것처럼 보이기도 합니다. 혹은 우리는 반대편으로 치우쳐서 광신주의나 극단적인 상태에 빠집니다.

그러나 기억하십시오. 하나님은 다른 일에서도 그래야 하듯이 우리가 말씀에 견고하게 기초한 선지자의 직임과 선지자를 가지기를 원합니다.

데살로니가 교회는 너무 많은 예언이 있었기 때문에 사람들은 거의 예언을 경멸하는 정도였다고 전해지고 있습니다. 그것이 바로 바울이 그 교회에 편지를 써서 그들을 교훈해야 했던 이유입니다.

"성령을 소멸하지 말고 예언을 멸시하지 말고 범사에 헤아려 좋은 것을 취하고"(살전 5:19-21)

하나님은 우리가 영적으로 길의 중간으로 가기를 원하시며 선지자 직임의 성경적인 사역과 성경적인 예언은사를 기쁘게 수용하기를 원하십니다.

선지자로부터가 아니라 내적인 증거로써 인도함을 받으십시오

1959년 예수님께서 나에게 나타나셨을 때 믿는 자들은 선지자의 직임에 의해서가 아니라 내적인 증거로써 인도함을 받아야 된다는 것을 강조하셨습니다. 예수님이 나에게 나타나시기 조금 전에 나는 어떤 목사로부터 집회를 인도해달라는 초청을 받았습니다. 나는 그 교회에 갈 것이란 확인 답장을 쓰려고 할 때마다 아무런 생각 없이 그 편지를 버려버리곤 했습니다. 나는 그 교회에 가서 설교하는 것에 대해 내 영 안에서 좋지 않은 느낌이 있었습니다. 그러나 우리가 주의하지 않으면 우리는 자연적으로 돌아가서 논리적으로 어떤 것들을 생각하고 내적인 증거를 무시할 수 있습니다. 내가 바로 그랬습니다.

나는 혼적인 영역으로 가서 생각했습니다.

"그 교회에 가는 것이 나쁘지 않을 거야, 어차피 나는 그 지역에 가 있게 될 것인데, 굳이 다른 도시로 설교하러 갈 필요가 없잖아?"

그러나 하나님께서 내가 어디에서 설교하기를 원하시는지에 대해 인도받기 위해 계속 기도하고 있었을 때, 어떤 목사가 내 영에 계속 떠올랐습니다. 그는 조그마한 교회에서 목회하고 있었고 언제든지 내가 가능할 때 와서 집회를 열어달라고 내게 부탁했었습니다.

처음에 나는 이 성령의 내적인 움직임에 주의를 기울이지 않았습니다. 그러나 몇 주간에 걸쳐서 이 목사가 계속 내 영 안에 떠올라 왔습니다.

결국 나는 주님께 말씀드렸습니다.

"확실히 주님은 내가 그의 교회에 가서 사역하기를 원하지 않으시지요?"

그러나 그것에 관해 더욱 생각하면 할수록, 나는 내 영 안에 그것에 관해 더 좋은 느낌이 있었습니다. 나는 녹색 신호를 받았던 것입니다.

말하자면 내 영 안에서 계속 진행하라는 신호였습니다.

이 일이 있고 얼마 지나지 않아서 1959년에 주님께서 나에게 나타나셨고 그 때 주님은 성령의 초자연적인 인도하심에 대해 가르쳐 주셨습니다.

주님은 이렇게 말씀하셨습니다. "너의 내면에, 너의 영 안에서,

너는 처음 교회에 가는 것에 대해 좋은 느낌이 없었기 때문에 너는 거기에 갈 수 없었던 것이다. 그것은 멈추라는 신호 즉, 붉은 빛 신호이다. 또는 너의 영을 점검해 보라는 것이다.

그것은 내적인 증거이다. 그것은 실제의 음성이 아니고 너에게 그것을 하지 말라고 네 안에 있는 어떤 것이 말하는 것이다. 그 내적인 증거를 따르는 것을 배워야 한다."

예수님은 계속 말씀하셨습니다. "지금 너는 내가 여기에 앉아 있는 것을 본다. 그리고 너는 내가 너에게 말하는 것을 듣는다. 나는 너에게 말하고 있다. 그 교회에 가지 마라. 그 목사는 네가 사역하는 방식을 받아들이지 않을 것이다. 나는 항상 너를 이런 식으로 인도할 것이다. 나는 다른 모든 믿는 자들을 인도하는 것과 마찬가지로 내적인 증거로 너를 인도할 것이다."

예수님은 설명해주셨습니다. "네 속에 너는 다른 교회에 가야 한다는 내적인 직관intuition이 있었다. 너는 그것을 무시하려고 했다. 그러나 그 생각은 계속해서 너에게로 되돌아왔다. 너도 알다시피 그것은 네가 다른 교회로 가야 한다는 네 영의 녹색신호이다. 그것이 성령의 인도하심이다. 다른 교회에 가는 것을 너로 하여금 왠지 망설이게 하는 것이 바로 네 영의 멈추라는 신호이다."

예수님은 그 환상 가운데 나에게 말씀하셨습니다.

"네가 만일 내적인 증거를 따르는 것을 배운다면 내가 너를 부요하게 해 줄 것이다. 나는 나의 자녀들이 부요하게 되는 것을 반대하지 않는다. 나는 나의 자녀들이 탐욕스럽게 되는 것을 반대한다."

예수님은 하나님의 자녀들 모두가 백만장자가 될 것이라고 말씀하시지 않습니다. 부요하게 된다는 것은 모든 필요가 채워짐을 의미합니다. 만일 우리가 선지자의 직임이나 예언이 아니라, 내적인 증거를 따르는 것을 배운다면 예수님은 하나님의 자녀들 모두에게 풍성하게 채워주시겠다고 말씀하셨습니다.

수년전, 많은 사람들이 천막집회를 하던 당시에 거듭 거듭 사람들은 하나님은 내가 천막을 갖기를 원하신다고 나에게 예언하였습니다.

그러나 하나님은 나에게 천막을 가지라고 말씀한 적이 없었습니다. 사실 하나님은 교회들을 순회하면서, 설교하며 가르치라고 말씀하셨습니다.

그래서 이 사람들이 나에게 예언한 것은 내 영 안에서 역사하던 하나님의 인도하심과는 일치하지 않았습니다. 성경은 우리 영안에 거하시는 성령의 인도하심을 받아야 한다고 말씀합니다. 우리에게 예언해주는 사람의 인도를 받아야 한다고 말씀하지 않습니다.

그래서 나는 그냥 웃으면서 그들에게 말했습니다.

"그래요. 하나님께서 나에게 말씀하실 때 그렇게 할 것입니다." 나는 내 영 안에서 하나님께서 내가 무엇을 하기를 원하시는지 알고 있었습니다.

여러분도 아시다시피 나는 선지자 직임이나 예언하는 것을 통하여 다른 사람들의 삶에 관여하려고 하지 않을 것입니다.

또한 나는 사람들이 예언을 통하여 내 삶에 관여하도록 허용하지 않을 것입니다.

여러분은 이 두 가지를 모두 허용하지 말아야 합니다. 나는 스스로 하나님의 말씀 안으로 들어가서 하나님을 붙잡을 것입니다. 나는 하나님과 접촉하고 있고 당신이 믿는 자라면 당신도 역시 하나님을 접촉하고 있습니다.

이 말은 하나님의 말씀과 일치하는 건전하고 지혜로운 충고에 대해 우리가 마음을 닫아야 함을 의미하는 것은 아니지만, 우리의 삶이 우리에게 예언해 주는 다른 사람들에 의해 지시받아야 됨을 의미하는 것도 아닙니다.

극적인 것만 찾다가 초자연적인 것을 놓쳐버림

믿는 자들은 자신의 영으로 인도함을 받도록 되어 있음에도 불구하고 너무나 많은 믿는 자들이 누군가 다른 사람이 와서 그들에게 예언해 주고 또 무엇을 해야 하는지에 대해 그들에게 말해주기를 원하고 있습니다.

한 번은 성령께서 나에게 말씀하셨습니다. "내 백성들이 극적인 것만 기다리고 있다가 초자연적인 것을 놓치고 있다." 하나님은 성령의 극적인 초자연적인 역사로써 자기 백성을 자주 인도하시지 않습니다. 그러나 내적인 증거는 초자연적인 것입니다. 왜냐하면 그것이 바로 성령님의 인도하심이기 때문입니다. 그리고 그것이 하나님께서 자기 백성을 인도하시는 첫 번째 방법입니다.

하나님은 우리의 개인적인 일들을 인도하기 위해 선지자들과 예언의 은사를 교회 안에 두신 것이 아닙니다. 사람들이 선지자로부터 인도받으려고 할 때 비극은 매우 빈번하게 일어납니다. 그들은 스스로의 삶을 엉망으로 만들어버립니다.

소위 여선지자라는 사람의 말을 들었기 때문에 자기가 가졌던 모든 것을 잃어버렸던 부유한 사업가에 대해 여러분에게 말했습니다.

자, 지금은 내적인 증거, 즉 자신의 영으로부터 어떻게 듣는가 하는 것을 배움으로 한 푼도 잃어버리지 않았던 한 사업가에 대해서 말해 드리겠습니다.

그는 선지자나 선지자의 직임으로부터 인도받지 않았습니다. 그는 자기의 영 안에 계신 성령님으로부터 인도하심을 받았습니다.

나는 오래전부터 이 사람을 알았습니다. 그는 한 저택에서 살았고 값비싼 새 자동차를 몰았습니다. 이것은 대공황 당시의 이야기입니다.

거리에는 실업자들이 넘쳐났지만 일자리는 없었습니다. 나는 해가 뜰 때부터 해가 질 때까지 1달러를 받고 일했으며, 그 일을 할 수 있었던 것을 매우 감사하게 생각했습니다.

이 사람은 그 당시 돈이 지금보다 훨씬 가치가 있었을 때에 일천만 원을 가지고 10억원을 만들었습니다.

그는 어떤 선지자로부터 들음으로서 그렇게 한 것이 아닙니다!

그 당시의 백만장자는 지금의 억만장자와 같습니다.

이 사람은 이렇게 말했습니다. "나는 내가 투자한 것에서 한 푼도 잃지 않았습니다. 사람들은 내가 투자하는 것을 압니다. 그래서 그들은 거래 건수Business deals를 가지고 나에게 옵니다. 나는 그들의 계획에 대해 듣고 나면 나의 머리는 매우 자주 이렇게 말합니다. '그것은 아주 좋은 거래이다. 너는 거기에 투자해야 한다.'

혹은 다른 어떤 사람이 거래 건을 가지고 옵니다. 그리고 나의 머리는 말합니다. '거기에 투자하지 않는 게 낫겠다. 너는 모두 다 잃게 될 거야.'

그러나 나는 투자 건을 가지고 오는 모든 사람들에게 나의 머리가 무엇이라고 말하든지 상관없이 언제나 같은 말을 합니다.

'내게 기도할 2~3일의 여유를 주십시오.'

내게는 기도의 골방이라고 부르는 곳이 있습니다. 그곳은 나의 안방 침실 옆에 있는 골방입니다. 나는 하나님께서 꼭 골방으로 가서만 기도하라고 하시지 않는다는 것을 알지만, 나는 골방에 가서 기도합니다. 나는 성경을 가지고 거기에 들어갑니다. 그리고 나는 하루 한 끼만 먹을 수도 있고 전혀 먹지 않을 수도 있습니다.

그러나 나는 그 투자 건에 대해 기도합니다. 나는 주님께 묻습니다. '이 사업에 투자해야 합니까 혹은 투자하지 말아야 합니까?'

그는 이렇게 말했습니다. "나는 나의 영 안에 긍정이나 부정의 응답을 얻기까지 기도하고 주님을 구합니다. 나는 나의 마음을 하나님 앞에 잠잠하게 하고 대부분의 시간을 하나님을 구하면서 보냅니다. 때때로 나는 응답을 얻기 위해 내 마음을 잠잠하게 해야 합니다.

그리고 어떤 때는 내 마음을 닫는데 시간이 걸립니다.

내가 그런 일을 어떻게 하는지를 배우는데 많은 시간이 걸렸습니다. 그러나 나는 언제나 삼일 만에 응답받고 때로는 삼일 되기 전에 응답을 받습니다."

"어떤 때는 나의 머리가 절대로 투자하지 말라고 하는 사업에 나의 영도 그렇게 말합니다. 혹은 나의 머리가 '그런 일을 하지 않는 게 좋아. 만일 그런 일에 손대면 너는 모든 것을 잃어버리게 돼'라고 말하는 사업에 나의 영은 이렇게 말합니다. '그것을 하여라!' 그러면 나는 그것을 합니다."

그는 말했습니다. "나는 그 동안 한 푼도 잃어버린 적이 없습니다."

이 사람은 어떤 선지자의 상담도 받지 않았습니다. 그는 단지 내적인 증거를 따랐을 뿐입니다.

나는 어떤 장소에서 내적인 증거나 성령으로 인도함을 받는다는 것이 무엇을 의미하는지에 대해 가르치고 있었습니다.

그런데 예배가 끝난 후 한 사람이 나에게 왔습니다. 그는 말했습니다. "목사님 만일 내가 2년 전에 목사님의 말을 들었더라면 나는 수만 달러를 건질 수 있었을 것입니다." 그리고 그는 그 일에 대해 계속 설명했습니다.

그는 2년 전에 한 도시의 같은 블록 안에 있는 모든 빌딩들을 소유하고 있었습니다. 그리고 그 안에는 4~5개의 점포들이 포함되어 있었습니다. 그리고 도시 맞은편에는 물건들이 가득 차 있는 다른 가게도 소유하고 있었습니다. 가게 안에 있는 모든 물건들은 모두 값이 지불되었고 거기에는 많은 가구들, 건축 설비용품들, 기계들이 있었습니다.

그는 이렇게 말했습니다. "나는 자금회전이 좋았고 사업은 재정적으로 좋은 상태였습니다. 그때 어떤 사람이 한 가지 사업 건을 가지고 내게 와서 투자하라고 했습니다. 그는 3일 안에 나의 대답이 필요하며, 그 후에는 너무 늦는다고 말했습니다."

"나는 사람들이 양털을 내어놓는 시험을 하는 것에 대해 이야기하는 것을 들었습니다."

"그래서 나는 양털을 내어 놓았습니다. 양털 시험을 보니 내가 그 사람의 사업에 투자해야 될 것처럼 보였습니다. 그래서 나는 은행에 가서 내가 가진 모든 것을 담보로 하여 돈을 대출받았습니다. 나는 나의 모든 돈을 그 기업에 투자하였고 결국 돈을 모두 잃어버리고 말았습니다! 지난 2년 동안 나는 내가 빌린 돈의 이자만 갚아 왔습니다. 그리고 나는 아직도 수만 달러의 빚을 지고 있습니다."

그는 계속 말했습니다. "내가 만일 내적인 증거를 따르는 것에 관한 이 가르침을 들었더라면 나는 나의 돈을 다 잃지는 않았을 것입니다. 내 속에 있는 무언가가 그 사람의 사업에 투자하지 말라고 계속해서 말했지만, 양털 시험은 그것을 하라는 것으로 나왔습니다."

신약 성경 어디에도 "양털로 인도받는 자는 하나님의 아들이다"라고 말하는 데는 없습니다.

어느 해인가, 레마 성경 훈련소에서 한 학생이 선지자라는 어떤 사람에 대해 나에게 물었습니다. 우선 먼저, 어떤 사람이 자기가 선지자라고 모든 사람에게 광고해야 한다면 나는 그의 부르심에 대해 의심할 것입니다.

둘째로 사람들이 소위 선지자라는 사람들에게 귀를 기울이면서 돌아다니는 것은 잘못된 것입니다.

성경은 "은사가 사람의 기회를 만들어 준다"(잠 18:16)고 말합니다. 만일 어떤 사람이 선지자 직임으로 부르심을 받았다면 그는 그것을 스스로 떠벌리지 말아야 합니다. 사람들은 그 직임에 걸맞는 영적인 장비로서 조만간 그것을 알게 됩니다.

어쨌든 이 학생은 말했습니다. "이 선지자는 나를 사람들 속에서 불러내어서 하나님이 나를 아프리카로 부르셨다고 예언했습니다. 그는 수십 개월 후에 내가 아프리카에 가게 될 것이라고 말했습니다."

그 학생은 또 말했습니다. "그러나 내 마음에 그런 생각이 단 한 번도 있었던 적이 없습니다. 그리고 내 영 안에 내가 아프리카로 갈 것이라는 것도 없었습니다."

내가 그 학생에게 물었습니다. "당신의 영 안에서 하나님이 당신이 무엇을 하길 원하신다고 느낍니까?"

그는 이렇게 대답했습니다.

"나는 하나님께서 내가 무엇을 하길 원하시는지 정확히 압니다. 나는 기도하고 하나님 앞에서 기다리는 것을 통하여 모든 것이 정리되어 있습니다."

내가 말했습니다. "그것이 아프리카와 어떤 상관이 있습니까?"

그는 대답하기를 "아니요"라고 했습니다.

"그렇다면 그 사람이 당신에게 했던 말을 잊어버리십시오"라고 내가 말했습니다.

"그렇게 하겠습니다. 그러나 그 사람은 자기가 선지자라고 말했는데요."

내가 말했습니다. "자기가 선지자라고 말했다고 해서 그가 선지자가 되는 것은 아닙니다. 그가 말한 것에 전혀 신경 쓰지 마십시오. 당신은 당신 마음속에서 하나님이 당신에게 하라고 하는 것을 해야 합니다."

당신이 말씀을 기초로 잘 서있을 때, 당신은 이른바 선지자라고 하는 사람들이나, 그들이 말하는 예언들에 의해 움직이지 않게 될 것입니다.

만일 당신이 그들에 의해 움직인다면, 당신은 여전히 교훈의 풍조에 밀려 요동하는 영적인 아이일 뿐입니다(엡 4:14).

당신은 당신의 영 안에 거하시는 성령의 내적인 증거로 인도함을 받는 것을 배워야 합니다.

08

육으로 연기하는 것과 성령으로 사역하는 것

우리는 이른바 선지자라는 사람들이 그 직임을 통하여 사람들의 삶을 지시하려고 할 때 일어날 수 있는 문제들에 대해 이야기하였습니다.

사역자들은 기름부음이 없을 때 연기를 하려고 하거나 무엇을 하는 체 하려고 할 때 역시 문제에 직면하게 됩니다.

사역자들이 이러한 잘못에 빠질 때 그 원인은 대개 사람들에게 보여 지기를 원하고 또 자기가 영광을 받고자 하기 때문입니다.

「치유의 목소리」 운동 당시에 이런 종류의 문제에 빠진 사역자들이 많이 있었습니다. 그 당시에 선지자 직임에 있던 한 젊은이가 있었는데, 지식의 말씀의 은사로 성령의 도구로 크게 쓰임을 받았습니다. 나는 그가 수천 명의 군중들 가운데서 한 사람 한 사람 지적하여 그들에게 무엇이 잘못되었는지를 개인적으로 정확하게 말해주던 것을 직접 본 적이 있습니다.

사람들은 즉각적으로 치유를 받았습니다. 그는 성령의 기름부음으로 그 사역을 행하였던 것입니다.

그러나 그 후에 나는 또한 그가 신비력occult powers으로 사역하는 것을 보았습니다.

성령께서 성령의 은사를 통해 역사하지 않을 때 그는 기름부음도 없이 초자연적으로 사역하려고 시도하곤 했습니다.

그는 육으로in the flesh 그리고 사탄이 신인(고후 4:4) 자연적인 영역에서 사역하고 있었기 때문에 그는 신비술의 영들이 자신 안에 자리 잡도록 문을 열어 주었던 것입니다.

한 목사는 이 선지자가 자기의 교회에서도 사역했다고 말했습니다. 그 목사는 이렇게 말했습니다. "우리 교회에 심각하게 병을 앓는 한 여자가 있었습니다. 그러나 의사들은 무슨 병인지 알아내지 못하고 있었습니다. 결국 그녀는 뉴욕의 한 전문의에게 갔습니다.

그 전문의는 그녀에게 아주 희귀한 병을 가졌다는 것과 그 병의 이름이 무엇인지 말해 주었습니다.

그 전문의는 그녀에게 말했습니다. "지금까지 북미 대륙에서 오직 세 사람만이 이 병을 앓았으며, 치료법이 없습니다. 당신은 38세가 되면 죽게 될 것입니다." 그 여자는 그 당시 36세였습니다.

그 목사는 계속 말했습니다. "이 선지자는 나의 교회에서 집회를 하려고 왔습니다. 그리고 성령의 은사로 사역할 수 있도록 하나님의 기름부으심이 그에게 임하여 있었습니다. 그는 집회에서 이 여인을 지적하여 말했습니다. '당신은 아주 희귀하고 치유할 수 없는 병을 가졌다고 의사들은 당신에게 말했습니다. 북미 대륙에서 오직 세 사람만이 이 병에 걸렸다고 말했습니다.' 그리고 나서 그는 그 질병의 이름을 말한 다음, '주님께서 당신을 치유하셨습니다.' 라고 말했습니다."

그 목사는 나에게 말했습니다. "이 여인은 즉각 치유받았습니다. 그녀는 그 병을 진단했던 의사들에게 되돌아갔습니다. 그리고 의사들은 그녀의 몸에서 병의 흔적을 발견할 수 없었습니다."

그 목사는 계속해서 말했습니다. "그러나 그 다음날 저녁 그 선지자가 사역하려고 강단에 섰을 때 영적 은사들로 사역할 수 있는 기름부음이 없었습니다. 그래서 그는 자기 힘으로 뭔가를 일어나게 하려고 시도했습니다. 그는 우리 교회의 한 집사님의 아내를 지적하여 '주님이 나에게 보여주시는데, 당신은 만성 맹장염이 있군요' 라고 말했습니다."

그 목사는 나에게 말했습니다. "우리 교회 모든 사람들은 그녀의 삶에서 한 번도 만성 맹장염을 앓은 적이 없는 것을 알고 있었습니다. 그것이 사람들을 혼란하게 했습니다.

나는 그가 많은 좋은 일을 하였기 때문에 집회를 위해 그를 다시 오게 하고 싶습니다. 그러나 나는 우리 교회의 교인들 때문에 그렇게 할 수 없습니다. 그들은 그가 어떻게 한 번은 옳고, 다른 때는 틀릴 수 있는지에 대해 이해하지 못했습니다."

말씀 - 확실한 기초

나중에 주님께서 나에게 이 선지자에게 가서 그가 선지자 사역의 범위를 벗어나고 있다는 것을 경고하라고 지시하셨습니다.

주님은 나에게 이렇게 말씀하셨습니다.

"너는 가서 그에게 '만일 성령의 은사를 통하여 사람들에게 사역할 만한 기름부으심이 있으면, 그들에게 사역을 행하고 만일 기름부음이 없다면, 그 때는 말씀을 선포하여라. 그리고 성령의 은사들 위에 자신의 사역을 세우지 말고 하나님의 말씀 위에 세워라' 내가 그의 설교 사역을 발전시키라고 말했다고 그에게 말하여라"

그 사람은 교사는 아니었습니다. 그러나 그는 선포자였습니다.

주님께서 말씀하셨습니다. "그가 만일 설교하는 사역을 발전시키지 않고 영적인 은사들을 계속 우선시한다면 그는 영적인 쓰레기더미 위에 있게 될 것이다."

무엇이 쓰레기더미입니까? 쓰레기더미는 버려진 물건들, 즉 쓰레기만 있는 장소입니다.

그러므로 영적인 쓰레기더미란 만일 그가 변하지 않는다면, 그것이 그리스도의 몸에 상처를 주고 혼란을 야기시키기 때문에 그의 사역은 폐기되어져야 한다는 것을 의미합니다.

아시겠습니까? 영적인 은사들 위에 사역을 세울 수는 없습니다. 선지자의 직임을 포함하여 사역의 직임 위에 사역을 세울 수가 없습니다. 그리고 기름부으심 위에도 역시 사역을 세울 수 없습니다.

사실 하나님의 말씀 외에 어떤 것 위에도 사역을 세울 수가 없는 것입니다. 사역자들이 그들의 사역을 말씀 위에 세울 때 그 때 성령께서 운행하실 수 있으며, 영적인 은사들을 통하여 원하시는 대로 자신을 드러내실 수 있는 것입니다.

「치유의 목소리 운동」 당시에 120명 정도의 사역자들이 있었습니다. 그들 중 많은 이들이 그들의 삶과 사역에서 엄청난 성령의 은사가 역사했습니다.

그러나 그들은 말씀의 굳건한 토대를 가지지 못하였습니다.

한 번은 그들 가운데 몇 몇 사역자들에게 이렇게 말했습니다. "여러분 모두가 사라졌을 때, 나는 여전히 거기에 있을 것입니다."

그들은 놀라서 나를 쳐다봤습니다. 그리고 물었습니다. "왜 그렇지요?" 내가 말했습니다. "여러분은 성령의 은사들 위에 여러분의 사역을 세우고 있지만, 나는 하나님의 말씀 위에 나의 사역을 세우고 있기 때문입니다."

그들 가운데 거의 모든 사람들은 사라지고 없지만 나는 지금도 여전히 거기서 하나님의 말씀을 설교하고 있습니다.

여러분의 삶과 사역을 말씀 위에 세우십시오.

성령의 나타남을 두 번째로 하십시오. 말씀을 선포하고 말씀을 가르치십시오. 그러면 표적이 말씀을 따르게 될 것입니다(막 16:17).

나는 이 선지자와 한 시간 반 동안 이야기했습니다. 그리고 주님께서 그에게 말하라고 말씀하신 것을 그대로 말했습니다.

나는 공개적으로 그에게 사역하지 않았습니다. 때때로 선지자들은 그들이 영으로 보고 듣는 모든 것을 일어나서 공개적으로 말함으로 인해 실수를 하게 됩니다.

성령님은 사람들을 당황하게 하거나 수치스럽게 하지 않습니다.

이 사람은 내가 말한 것을 받아들였습니다. 그러나 그는 나에게 이렇게 말했습니다.

"그러나 해긴 목사님, 사람들은 나의 집회에 옵니다. 그리고 그들은 내가 연기하기를 기대합니다."

설교자는 연기자가 아닙니다

나는 그가 그 말을 하는 순간 그는 영적으로 잘못되어 있다는 것을 알았습니다.

나는 이렇게 말했습니다. "당신은 연기자가 아닙니다. 당신은 설교자입니다."

만일 누군가가 정도에서 조금 벗어났을 때, 자신을 바로잡지 않으면 그는 결국 완전히 정도에서 벗어나버리고 맙니다.

사역에 부름받은 자들은 연기자가 아닙니다! 만일 어떤 사역자가 연기를 하고 있다면 그는 사역에서 물러나야 합니다.

이 선지자와 이야기를 한 후 그는 자신의 설교 사역을 더욱 발전시키기 시작하였습니다. 그러나 오래되지 않아 그는 같은 실수를 하기 시작했습니다. 그는 영적인 은사들을 우선순위에 두고 기름부음이 없을 때 육으로 사역하기 시작했습니다.

사탄이 육신의 영역에서 역사하기 때문에 이 영역에는 정말 위험한 것이 있습니다. 그래서 사람들이 육으로 영적 은사들을 역사하도록 시도할 때, 그들은 마귀에게 자신을 열어놓게 되는 것입니다.

성령의 은사들이 역사하지 않을 때, 영적인 은사들을 조작해내려고 시도하는 사역자는 누구든지 사람들을 잘못 이끌게 되고 결국은 실수 때문에 실패하고 마는 것입니다.

그 다음 해에 나는 「치유의 목소리」 연례 집회에 갔습니다. 그리고 이 사역자도 거기에 와 있었습니다. 주님께서 나에게 다시 말했습니다. "너는 그에게 가서 말하라" 그래서 나는 그에게 가서 개인적으로 그에게 말했습니다.

나는 그에게 이렇게 말했습니다. "하나님의 영이 역사하지 않을 때, 당신이 사람들을 위해 무언가를 가장하거나 연기하려는 것을 멈추지 않는다면 당신은 영적인 쓰레기더미 위에서 끝나게 될 것입니다. 만일 당신이 성령 안에 있지 않다면 성령의 은사를 움직이려고 시도하지 마십시오."

나는 주님께서 그에게 말하라고 내게 말씀하신 것을 그에게 말했습니다. 그러나 나는 그것이 그에게 잘 이해되었는지 아닌지는 알 수 없었습니다.

그 일이 있고 조금 지나서 나는 스위프트A. A. Swift 목사와 이야기를 나눌 기회가 있었습니다. 그는 중국 선교사였으며 뛰어난 성경교사였습니다.

우리는 영적인 것들에 대해 이야기를 나누고 있었습니다. 그리고 나는 주님께서 나에게 그 선지자에게 말하라고 하신 것을 그에게 말했습니다.

스위프트 목사님은 이렇게 말했습니다. "해긴 목사님, 목사님이 그에게 말했다니 나는 정말 기쁩니다. 그는 매년 여기에 와서 집회를 합니다. 하루 저녁 그의 집회에 가면 성령님이 그를 통하여 성령의 은사들로 역사합니다. 그러나 그 다음 날 저녁에 그 집회에 가보면 그를 통하여 신비술occult powers이 역사합니다."

스위프트 목사님은 계속 말했습니다.

"내가 중국에서 선교사로 섬길 때, 나는 신비력을 알게 되었습니다. 그래서 나는 친숙한 영들이 역사하는 것과 참된 성령의 움직이심 사이의 다른 점을 압니다. 그러나 어떤 사역자들은 그 차이점을 알지 못합니다."

어떤 사람이 한 번은 성령님께 자신을 양도해 드렸다가 그 다음에는 악한 영들에게 자신을 내주는 것이 가능합니까?

가능합니다. 절대적으로 가능합니다! 우리는 그것을 성경에서 볼 수 있습니다.

베드로가 예수님께 "…주는 그리스도시요 살아계신 하나님의 아들이시니이다"(마 16:16)라고 말할 때에는 그가 성령님께 자신을 내어드린 것입니다.

예수님은 그에게 말씀하셨습니다. "…이를 네게 알게 한 이는 혈육이 아니요 하늘에 계신 내 아버지시니라"(마 16:17)

혈육이 그것을 베드로에게 계시해 준 것이 아니라 성령님께서 그것을 그에게 계시해 주셨습니다.

마태복음 16장을 계속 읽어 가면 예수님은 십자가에 가서 죽는 것에 대해 말씀하십니다. "…주여 그리 마옵소서 이 일이 결코 주께 미치지 아니하리이다"(마 16:22)

예수님은 그를 꾸짖으며 말씀하십니다. "…사탄아 내 뒤로 물러가라 너는 나를 넘어지게 하는 자로다"(마 16:23).

예수님은 베드로를 "사단"이라고 부르지 않았습니다. 예수님은 단지 베드로가 사단에게 굴복하고 있으며 하나님이 말씀하시는 것이 아니라 사단이 말하는 것을 말하고 있다고 말씀하시는 것입니다.

이와 같이 베드로는 한 번은 성령님께 순종하였지만 그는 또한 악한 영에게도 굴복하였습니다. 그러므로 우리는 성경을 통하여 한 번은 성령님께 순종하고 또 다른 때는 악한 영에게 굴복하는 것이 가능하다는 것을 알 수 있습니다.

아시겠습니까? 기름부음 없이 성령의 은사를 스스로 조작하려고 할 때, 점치는 영들이 그 사람 안에 자리잡고 그에게 어떤 것을 말해 줄 수 있습니다.

바울은 그것을 이런 식으로 말했습니다.

"이같이 세상에 소리의 종류가 많으나 뜻 없는 소리는 없나니"(고전 14:10).

기름부으심 없이 육으로 조작함으로써 여러분은 수많은 영들이 있고 또한 수많은 소리가 있는 그 영역 안으로 들어가게 됩니다.

「치유의 소리 운동」 당시의 예를 들어본다면, 수많은 사역자들이 그 점을 간과했습니다. 왜냐하면 그들은 하나님 말씀을 듣는 대신에 그들이 '영' 이라고 불렸던 것에 귀를 기울이려 하면서, 잘못된 길로 빠져들었기 때문입니다.

주님의 음성을 구별하는 것

선지자는 주님의 음성을 잘 알아야 합니다!
젊은 목사들이 그들이 듣는 모든 음성이 하나님으로부터 온 것이 아니라는 것을 이해하는 것은 때로는 어려운 일입니다.
영적인 영역에서 그들에게 말하는 모든 음성이 성령님으로부터 온 것은 아닙니다.
나는 사람들을 두렵게 하려고 이 말을 하는 것이 아닙니다. 그러나 다른 한편으로는 나중에 후회하기 보다는 주의하여 안전한 것이 더 나은 것입니다.
만일 어떤 선지자나 혹은 믿는 자 누구든지 주님의 음성을 알지 못한다면, 알게 될 때까지 자신이 듣는 것을 따라 행동해서는 안 됩니다. 어떤 사람이 주님이라고 생각한 것에 근거하여 성급하게 행동하기 보다는 아무 것도 안 하는 것이 더 나은 것입니다.
때로는 성장하고 은혜 받는 것만이 믿는 자들로 하여금 이런 것들을 알게 해줍니다. 사역자들은 두려워하지 말아야 합니다.

그러나 그들은 신중해야 합니다.

그리고 그들이 영적인 영역에서 듣는 모든 음성에 대해 "주님이 이렇게 말씀하신다"고 떠들면서 돌아다니지 말아야 합니다.

나의 사역 초기 시절에 나는 주님께 말했습니다. "주님. 나는 성령의 음성과 악한 영들의 음성의 차이점을 알 때까지 내가 듣는 어떤 음성에 근거해서도 행동하지 않겠습니다"라고 말입니다.

물론 주님은 우리가 하나님의 말씀을 연구하고 묵상할 때 성령으로 우리를 훈련시키십니다.

하나님의 말씀이 우리 안에 거하면서 우리는 영의 영역에서 다른 음성들을 어떻게 구별하는지 배우기 시작합니다. 성령의 음성은 언제나 하나님의 말씀과 일치합니다(요 16:13, 15:1, 요일 5:8).

내가 사역에 들어왔을 때, 나는 성령님께서 나에게 말씀하셨다고 나는 확신했습니다. 그러나 그분이 말씀하신 것에 근거하여 행동을 취하였을 때, 아무 것도 일어나지 않았습니다. 아무런 결과도 없었던 것입니다.

예를 들어보면, 집회에서 때때로 성령께서 누군가를 위하여 지식의 말씀을 나에게 주셨을 때, 그것을 회중들에게 선포했는데도 아무도 반응하지 않았습니다.

그런 상황은 나로 하여금 성령님께서 정말로 나에게 말씀하신 것인지 또 아닌지를 의심하게 했습니다.

혹은 때때로 사람들을 강단 앞으로 불러내거나, 특별한 치유를 선포하도록 성령님은 저를 인도하셨습니다.

그런데도 아무도 반응하지 않았습니다.

성령님의 음성은 마치 어떤 사람이 바로 내 곁에서 말하고 있는 것처럼 나에게 실제와 같았습니다. 그러나 회중들 가운데 어느 누구도 반응하지 않았습니다.

또 다른 때는 성령께서 저에게 말씀하신 것을 내가 선포했습니다. 집회에 참석하고 있던 사람들이 반응을 했습니다. 그러자 성령님의 촉구하심에 순종한 결과로서 놀라운 일들이 일어났습니다.

주님께서 이것에 대해 나에게 설명해 주셨습니다.

"이런 일이 일어날 때 관계되는 것이 두 가지가 있다. 첫 번째, 집회에 참석해 있는 사람들이 그것과 관계가 있다. 그들도 역시 성령님께 반응해야 할 책임이 있다. 많은 경우 사람들은 성령님의 음성을 올바르게 들었지만, 그들 역시 그들이 해야 하는 역할이 있다.

그들은 사역자인 너를 통하여 성령님이 말씀하신 것에 반응을 해야 했던 것이다.

사역자는 하나님의 음성을 올바르게 들을 수 있지만, 그럼에도 불구하고 사람들은 여전히 자유의지를 가지고 있다. 그래서 그들은 하나님께 반응을 하든지 하지 않든지 선택할 수 있는 것이다."

"그리고 두 번째로"라고 하시면서 예수님은 계속해서

"성령님의 음성과 유사한 악한 영의 음성도 있다. 그 음성은 하나님을 높이는 것이 아니라 사람을 높이는 것만 제외하고 예언의 음성과 매우 비슷하다"라고 설명해 주셨습니다.

물론 참된 예언의 영은 성령의 음성입니다(계 19:10). 영적인 영역에는 많은 영들과 많은 음성이 있습니다(고전 14:10). 예수님이 말씀하셨습니다.

"거의 모든 사역자들, 그리고 거의 모든 믿는 자들은 영적으로 성숙하여 가는 도중에, 때때로 그런 다른 음성을 부지중에 듣는다. 그들은 아직 성령과 다른 영들을 구별하는 것을 배우지 않았다. 그것이 바로 그들이 사역할 때 아무 것도 일어나지 않거나 잘못된 일들이 일어나는 또 다른 이유이다."

이것은 믿는 자들이 잘못된 음성을 들을 때, 그가 귀신들린 상태라는 것을 의미합니까? 아닙니다. 물론 그렇지 않습니다.

베드로가 사단에게 굴복하여 사단이 말한 것을 그대로 이야기했을 때(마 16:21-23) 그가 귀신들린 것은 아니었습니다.

야고보와 요한 역시 잘못된 영적 영향력에 굴복했습니다(눅 9:54-56). 그래서 예수님의 책망을 받았습니다.

아시겠습니까. 영적인 것들, 즉 하나님의 말씀과 영들의 음성들은 모두 올바르게 구별되어져야 합니다. 사람들은 성경을 잘못 해석하거나 잘못 쪼개는 것과 같이 잘못된 음성을 들을 수도 있습니다.

믿는 자들은 하나님의 말씀에 거하고 있는 한 잘못된 음성을 듣게 될까봐 두려워 할 필요가 없습니다.

그러나 성령과 말씀은 하나이기 때문에 그들이 듣는 모든 것이 말씀과 일치되어야 하는 것입니다.

또한 성경은 우리에게 성령께서 우리를 모든 진리로 인도하실 것이라고 약속하고 있습니다(요 16:13).

예수님도 친히 이렇게 말씀하셨습니다. "…앞서가면 양들이 그의 음성을 아는 고로 따라오되, 타인의 음성은 알지 못하는 고로 타인을 따르지 아니하고 도리어 도망하느니라"(요 10:4-5)

그러므로 여러분이 만일 영적인 영역에서 하나님의 말씀과 반대되는 어떤 것을 듣는다면, 그것을 따라서는 안 된다는 것을 알 것입니다.

모든 사역자와 모든 믿는 자들이 영적으로 성장함에 따라 그들은 이 두 가지 음성을 분별하는 것을 배워야 합니다.

예수님께서 저에게 말씀하셨듯이 때로는 은혜와 성장, 즉 성령과 말씀 안에서 시간을 보내고 경험하는 것만이 사람들로 하여금 이런 것을 알게 해줍니다.

때때로 사람들은 하나님께 너무 쓰임받기를 원합니다. 그래서 그들은 영적 영역에 뛰어들어 세상 신이 지배하는 자연적 영역에서(고후 4:4) 스스로의 힘으로 무언가를 일어나게 하려고 시도합니다.

그러면 이러한 영들이 그 사이에 들어와서 역사하게 됩니다.

이런 식으로 행하는 자들은 잘못에 빠지게 됩니다. 왜냐하면 그들은 하나님께 영광을 돌려드리는 대신 스스로 주목받고자 하기 때문입니다.

기다려서 성령께서 당신에게 말씀하시는 것이 확실한지를 아는 것이 더 좋습니다.

만일 당신이 확실하지 않다면, 당신이 영으로 들은 내용에 근거하여 행동으로 옮기지 마십시오.

나는 나의 사역 중에 성령께서 역사하실 때, 하나님께서 내가 무엇을 하기 원하시는지 내가 잘 모르면 나는 다만 하나님께서 나에게 지시하실 때까지 기다립니다.

하나님께서 내가 무엇을 하기 원하시는지 내 영 안에서 분명하지 않으면 나는 계속 조용하게 하나님의 말씀을 선포합니다.

말씀은 기름부음이 있기 때문에 언제나 역사합니다.

올바른 길에서 벗어나서 성령의 음성 외에 다른 소리를 듣지 않으려면 어떻게 해야 할까요? 하나님을 가까이 하고 말씀 안에 머무르십시오. 자기를 높이려 하지 말고 하나님과 그분의 말씀을 높이기를 갈망하십시오.

수년 전에 나는 영적으로 정도에서 벗어난 어떤 사람들을 보았습니다. 하나님께서 그들을 부르셨고 한 때는 선지자적인 사역에서 쓰임받았었다는 사실에 의심의 여지가 없었던 자들이었습니다.

나는 그들이 집회시간 전에 말씀을 연구하고 기도하거나 하나님을 구하는데 시간을 사용하지 않는다는 사실을 알게 되었습니다. 그들은 농담을 지껄이고 사람들과 이야기하면서 하루 종일 돌아다녔습니다.

그러나 그들이 나중에 집회에서 사역을 시작할 때에는 그들을 통하여 은사는 여전히 역사한다는 사실이 언제나 나를 놀라게 했습니다.

나중에 나는 그들은 성령의 은사로 역사하는 것이 아니라, 친숙한 영들familiar spirit이 역사하고 있음을 알게 되었습니다.

내가 경험을 통하여 알게 된 것은 내가 집회를 인도할 때, 하루 종일 돌아다니기만 하다가 집회에서 기름부으심으로 역사할 것을 기대할 수 없다는 것입니다.

성령님은 항상 내가 집회를 할 때 "사람들과 멀리 떨어져 있어라. 기도와 말씀으로 내 앞에서 기다려라"고 강조하셨습니다.

나는 수년 동안 그것을 실천해 왔습니다. 내가 충실하게 그렇게 할 때, 나의 사역에서 영적인 은사들이 더 큰 분량으로 역사합니다.

그러나 당신이 하루 종일 돌아다니고 말씀과 기도에 태만하면서도 강단에 서기만 하면 자동으로 "성령으로" 역사한다면 무언가 잘못된 것입니다!

성령 은사의 올바른 역사

선지자가 자신의 삶과 사역에서 성령의 은사가 역사함에 있어서 성경적인 범위 안에 머무는 것을 확실히 하는 것이 대단히 중요합니다. 실제로 말로 하는 성령의 은사들을 제외한 다른 성령의 은사들이 어떻게 역사하는가에 대해 주어진 지시가 없습니다.

그러나 말로 하는 성령의 은사들 즉, 방언, 방언통변, 그리고 예언을 적절히 사용하는 것에 대해 성경이 우리에게 가르침과 경고를 주는 이유가 있습니다. 믿는 자들은 이러한 성령의 은사들이 나타나는 것에 해야 할 일들이 있습니다.

우리는 성령께서 말utterance을 주실 때 우리는 말을 합니다. 우리는 성령의 재촉하심에 순종하고 하나님이 우리에게 주신 것을 믿음으로 말해내야 합니다.

비록 말하는 은사utterance gift는 완전할지라도 믿는 자들을 통하여 나타나는 것은 항상 완전한 것은 아닙니다.

생각해 보십시오. 믿는 자들은 심지어 성령의 촉구하심을 받지 않을지라도 예언할 수 있으며, 방언을 말할 수 있으며, 그리고 마음대로 통역할 수 있습니다. 그들은 성령을 모방하여 전적으로 육으로 그런 것들을 할 수 있습니다.

그것이 바로 말로 하는 성령의 은사들을 관리하는 성경적인 지침이 반드시 있어야 하는 이유입니다. 믿는 자들에게는 성령과 협력하여 해야 할 부분이 있습니다.

성경이 계시의 은사들과 능력의 은사들이 어떻게 역사하는가에 대해서는 아무것도 언급하지 않는 것에 주목해 보십시오. 즉 지식의 말씀, 지혜의 말씀, 영분별, 치유의 은사, 믿음의 은사 또는 기적을 행하는 은사들 말입니다.

그렇습니다. 믿는 자들은 여전히 성령님과 협조해야 되고 성령님께 순종해야 합니다. 그리고 이러한 은사들이 작동하는 것에서 그분의 촉구하심prompting에 순종해야 합니다.

그러나 다른 한편으로 보면, 믿는 자들이 스스로 기적과 환상을 만들어 내거나 누군가를 고칠 수 있는 것은 아닙니다. 그런 의미에서 믿는 자들은 그런 은사들이 역사하는 것에 스스로 힘으로 할 수 있는 것이 없습니다. 성령께서 기적을 일으키시기도 하고 또한 일으키지 않으시기도 합니다.

여러분 스스로 기적을 일어나게 할 수는 없습니다.

당신은 성령의 진정한 계시를 가졌든지 혹은 가지지 않았든지 둘 중 하나입니다.

당신이 무언가를 꿈꾸고서는 하나님께서 그것을 당신에게 말씀하셨다고 상상할 수는 있지만 그것은 일어나지 않습니다. 그런 의미에서 계시와 능력의 은사들이 역사함에 있어서 믿는 자가 할 수 있는 것이 없습니다.

그러나 말로 하는 은사에서는 믿는 자가 성령과 협조하여 역사하는 것입니다. 그런 이유 때문에 성경은 믿는 자들을 의존함으로서 그들이 행하는 역사, 즉 말로 하는 은사들은 판단을 받아야 한다(고전 14:29)고 말하고 있습니다.

어떤 예언들은 판단하기 쉽습니다. 예를 들어서 언젠가 한 여인이 교회에서 했던 예언은 판단하기 쉽습니다.

"나의 자녀들아. 너희가 나의 자녀들이라면 두려워하지 말아라. 그러나 너희가 두려움을 느낀다면 나는 너희를 비난하지 않는다. 때로는 나도 두렵기 때문이다."

나는 말씀에서 하나님이 임하셨을 때마다 매번 그 상황에서 그분은 "두려워 말라"고 말씀하셨음을 알게 되었습니다.

그래서 그 예언은 판단하기 쉬웠는데, 왜냐하면 그것은 하나님의 말씀과 일치하지 않았기 때문입니다.

한편으로 우리는 예언적 발언prophetic utterance의 영역 안에 있는 모든 사람들과 모든 예언적 발언에 대해 공격적이고 의심하는 것을 원치 않습니다.

그러나 또 다른 한편으로 항상 입을 벌리고 무엇이든지 입에 넣어 주는 것은 다 받아먹는 어린 새처럼 되기를 역시 원하지 않습니다.

믿는 자들은 성령의 은사와 성령님은 완전하시지만, 인간은 불완전하다는 것을 깨달아야 합니다.

성령님은 불완전한 그릇들을 통하여 자신을 드러내십니다. 그래서 사람을 통한 드러남은 언제나 불완전합니다.

이것이 바로 선지자들은 특별히 그들이 사역하는데 있어서 성경적인 지침 안에 머무르는 것을 확실히 해야 하는 이유입니다. 왜냐하면 선지자들은 다른 사역의 은사들보다 더욱 말로 표현하는 성령의 은사로서 지속적으로 사역하기 때문입니다.

말씀과 성령의 균형

모든 선지자는 말씀에 견고하게 뿌리내려져 있어야 합니다. 그렇지 않으면 그는 성령을 따르려고 시도하다가 정도에서 벗어나고 말씀을 떠나는 것이 너무나 쉽습니다.

실제로 모든 믿는 자들과 오중 사역에 부르심을 받은 자들은 영적인 삶에서 말씀과 성령 사이의 균형이 필요합니다.

예를 들어서, 나의 사역에서 나는 선지자적인 은사 외에 가르치는 은사가 있습니다. 그것이 나의 사역에서 균형을 가져 왔습니다. 만일 선지자가 말씀에 착념하지 않으면, 그는 너무 많이 성령을 따르려는 경향에 빠질 수 있고, 그래서 그는 모든 것들을 망쳐놓게 될 수도 있습니다. 그러나 그가 만일 말씀 안에서 견고하다면, 말씀이 그를 붙들어 주어 견고히 될 것입니다.

나는 다른 사역들에서도 역시 균형과 조화를 보아 왔습니다.

예를 들어, 나는 남편과 아내가 한 팀이 되어 사역하는 것을 보았습니다. 한 사람은 선지자였고 또 한 사람은 견고한 교사의 사역을 가지고 있었습니다. 한 사람이 다른 사람을 영적으로 균형 잡아 주곤 했습니다.

두 가지 사역의 은사가 합하여 역사함으로 확실한 영적인 균형과 좋은 사역의 조합을 만드는 것이었습니다.

특별히 한 부부는 사역에서 잘 균형 잡혀 있었습니다.

아내는 의심의 여지도 없이 여선지자였습니다. 그리고 그녀의 남편은 목사이며, 교사였습니다.

놀라운 성령의 은사들이 부인의 선지자적 사역을 통하여 교회 안에 나타났습니다. 그러나 그녀의 남편의 견고한 가르침의 사역은 그녀를 붙들어 주었고 또 그녀의 사역에 균형을 가져다주었습니다.

이러한 사역들의 조화는 사역에서 위대한 자산이 될 수 있으며, 또 하나님께 강력하게 쓰임 받을 수 있습니다.

또한 누군가가 한 가지 직임 이상에 부르심을 받았다면 그는 어느 사역이 더 우선되는 것인지 이해해야 합니다. 예를 들어보면, 내가 어느 정도 선지자 사역을 떠나 나의 가르치는 사역을 우선순위에 두었을 때 나는 주님과 사이에 문제가 생겨났습니다.

그 당시 스스로를 선지자라고 부르는 사람들이 그리스도의 몸에 여러 가지 문제를 일으키는 것을 보고 그들과 동일하게 여김 받는 것이 싫어서 어느 정도는 선지자 사역에서 떠났던 것입니다.

내가 그렇게 했을 때, 나는 문제에 빠졌습니다. 그리고 주님께서는 나를 교정하셔야 했습니다.

「치유의 소리 운동」 당시에 특별한 한 사역자가 엄청난 혼란을 야기 시켰는데, 특히 축사 사역에서 그랬습니다.

한 때 그는 영적인 은사로서 하나님으로부터 놀랍게 쓰임받았습니다.

나는 하나님께서 이 사람의 사역을 통해 내가 평생 동안 보았던 가장 위대한 기적들 가운데 몇 가지를 행하시는 것을 보았습니다.

그러나 그는 극단에 빠졌습니다. 그리고 그런 극단은 그의 사역을 망쳤고 결국은 자기의 생명까지 잃게 되었습니다.

만일 선지자이든 어떤 사역자이든 말씀의 빛 가운데서 걸어가지 않으면 그는 결국 기름부음을 상실하게 됩니다.

자연적인 영역에서도 기차가 전속력으로 달리다가 연료가 떨어져도 한 동안은 여전히 달려갑니다. 이것과 마찬가지로 어떤 선지자들은 성령의 기름부으심과 권능이 이미 고갈되었습니다. 왜냐하면 그들의 사역이 그들에게 영적인 연료를 제공해주는 말씀에 견고하게 기초해 있지 않기 때문입니다. 그럼에도 불구하고 한 동안 그들은 계속 나아갈 수 있습니다.

많은 사람들이 사역자가 기름부음 없이 설교하는 것에 대해 잘 알지 못합니다. 그러나 선지자가 설교를 한다는 이유만으로, 그가 기름부으심 아래서 설교하는 것은 아닙니다.

많은 사람들이 영감과 애쓰고 노력하는 것perspiration의 차이를 알지 못합니다. 사역자가 단지 말이 빠른 사람이라고 해서 반드시 그가 성령의 영감을 받았음을 의미하는 것은 아닙니다.

하나님의 은사를 악용하지 마십시오

배울 수 있는 자세를 유지하고 말씀에 머무르는 것이 사역자가 영적으로 벗어나지 않도록 도와 줄 것입니다.

여러분은 어떨지 모르겠지만 나는 항상 말씀에 대한 지혜와 지식을 가진 다른 사람들로부터 듣는 것을 계속 실천해 왔습니다.

내가 사역에 갓 들어왔을 때에도, 나는 나보다 먼저 영적인 길을 걸어갔던 연세가 많은 하나님의 사람들에게 귀를 기울여 들었습니다. 이 사람들은 오랜 세월에 걸친 사역의 경험이 많았고 하나님의 영을 알았습니다.

그들이 나와 함께 나눈 것들은 여러 영역에서 측량할 수 없을 만큼 나에게 도움이 되었습니다.

그리스도의 몸이 경험 있는 사역자들로부터 지혜를 받아야 할 필요가 있는 한 가지 영역은 사역에 몸담고 있는 종교적 사기꾼이 있다는 것을 이해하는 일입니다.

이들 종교 사기꾼들 가운데 일부는 스스로를 선지자라고 부릅니다.

예를 들어서 계시의 은사, 특별히 지식의 말씀으로 한 때 하나님께 쓰임받았던 어떤 사역자들은 이 은사들을 악용해 왔습니다.

그들은 언제나 지식의 말씀을 소유하고 있는 것처럼 보이는데, 그 지식의 말씀이란 항상 돈에 대한 것입니다.

예를 들어보면, 나는 소위 선지자라는 사람이 이렇게 말하는 것을 들은 적이 있습니다. "일만 달러를 가진 여인이 있습니다. 만일 그녀가 그것을 나에게 보내면 하나님은 그녀의 남편을 구원해 주실 것입니다."

그러면 구원받지 못한 남편을 가진 한 여인은 그 돈을 그에게 보낼 것입니다.

그러나 자신의 사역에 돈이 들어오게 할 목적으로 예언하는데 영적인 은사를 사용하는 자는 누구든지 거짓 선지자입니다!

그런 사람은 성령 안에 있지 않습니다. 그는 단지 사람들에게 책략을 써서 움직이고 조종하는 법을 배웠던 것입니다. 그는 돈만 생각했고, 결국 그는 성령의 기름부으심을 잃어버렸습니다.

영적인 은사를 악용했던 많은 사람들이 한 때는 의심의 여지도 없이 하나님께 쓰임을 받았습니다. 그러나 그들이 돈에 집착하여 개인적 이득을 취하고자 하나님의 은사를 악용했을 때, 그들의 사역 위에 임해 있던 기름부으심은 거두어지고 말았습니다.

그리고 어떤 사역자가 더 이상 가르침을 받으려 하지 않고, 다른 사람으로부터 교정받는 것에 마음을 열지 않는다면, 그는 영적으로 나쁜 상태에 있는 것입니다.

「치유의 소리 운동」 당시에 하나님께서 크게 사용하셨던 한 사람이 있었습니다.

한 번은 내가 집회에서 그 사람이 어떤 사람을 지적하여 "하나님께서 당신이 탈장이 있다는 것을 나에게 보여주십니다"라고 말하는 것을 보았습니다.

또 그는 그 사람이 몇 년 동안이나 탈장을 앓았는지도 말해주었습니다. 그리고는 그 사람을 위해 기도했습니다. 그러자 그 탈장은 즉시 사라졌습니다.

치유받은 사람은 성공적인 사업가였습니다. 그는 너무 고통받아 왔기 때문에 치유받은 사실에 대해 매우 감동했습니다.

치유받은지 수년이 지난 후에, 그 사업가는 나에게 물었습니다.

"그 선지자가 영적으로 바르다고 생각합니까?" 그래서 내가 "왜 그런 질문을 하십니까?"라고 되물었습니다.

그는 말하길 "나는 치유받았습니다. 그러나 그 후에 그 사역자가 나를 볼 때마다 그는 내게서 예언으로 돈을 빼앗아 갔습니다."

결국 이 사업가도 2~3년이 지난 후 알아차리게 된 것입니다.

그는 처음부터 그걸 알았어야 합니다. 누구든지 예언으로 당신의 주머니의 돈을 꺼내서 자신들의 주머니로 가져가는 자는 잘못된 자들입니다.

언제나 사람들로부터 예언으로 돈을 빼앗아 가는 사람의 사역을 결코 받아들이지 마십시오! 선지자는 개인적 이익을 위해 영적인 은사를 사용해서는 절대 안됩니다.

어떤 사역자들은 당신의 치유를 위한 믿음의 씨앗으로서 그들의 사역에 당신의 돈을 심으라고 말합니다. 그러나 그들은 매우 위험한 일을 행하고 있는 것입니다. 당신이 돈이 전혀 없을지라도 치유는 당신에게 속해 있습니다. 사역자들은 조심해야 합니다. 특히 돈이 관련된 것에 더욱 조심해야 합니다.

어떤 사역자들은 여러분의 재정적인 후원만 원합니다. 그래서 그들은 의심스러운 수단으로 돈을 얻어내려 합니다. 그들은 먼저 그리고 최우선적으로 사람들을 섬기는 것과 그들에게 축복이 되는 것에 관심을 가진 것이 아닙니다.

복음의 사역자들은 개인적인 이득을 얻기 위해서가 아니라 사람들을 돕고 축복하기 위해서 사역에 몸담고 있어야 하는 것입니다.

그러나 선지자를 포함하여 어떤 사역자이든 그의 사역에서 열매를 맺는다는 한 가지 이유 때문에, 그의 삶이나 사역이 하나님 앞에 100퍼센트 옳다는 것을 의미하는 것은 아닙니다.

그리스도인들은 복음사역자들을 의심해서는 안 됩니다. 반면에, 사역에는 하나님의 은사를 악용해 온 영적인 사기꾼들이 있습니다.

그들은 개인적인 이익을 따라 움직입니다. 그래서 그리스도인들은 어떤 사람의 사역이 영적으로 올바른지 알기 위하여 그 사역자가 공적으로 맺는 열매만 보아서는 안 된다는 것입니다.

그가 하나님 앞에서 올바로 행하고 있는가? 그의 삶은 사역의 높은 부르심에 대한 중요성을 반영해 주고 있는가?

영적인 은사들은 성경적 지침에 따라 사용되고 있습니까?

이러한 질문들은 그리스도의 몸이 사역의 협잡꾼으로부터 속임 당하지 않도록 그리스도의 몸을 도와주는 것들입니다.

계시 은사의 참된 현상들

때때로 성령님께서 사람들에 관한 어떤 사실들을 선지자에게 보여주실 것입니다. 그러나 그것은 대개 다른 사람들에게 말해져서는 안 되는 것입니다.

선지자는 자신의 영으로 알고 있는 것들로서 사람들의 주의를 자기에게 끌지 않고, 또 사람들을 공개적으로 부끄럽게 하지 않도록 대단히 주의하여야 합니다.

예를 들어보면, 수년전 한 번은 친교모임 집회에 들어갔습니다. 그리고 나는 전에 보지 못했던 한 사람을 보았습니다. 나는 혼자서 속으로 "저 사람이 누구지?"라고 생각했습니다. 내 안에서 성령님께서 "그 사람은 아무개인데, 하나님의 성회 제일교회first assembly에 다니고 있으며, 아무개 장소에서 살고 있다"고 말씀하셨습니다.

나는 성령님께서 나에게 가르쳐 준 모든 것을 아무에게도 말하지 않았습니다. 나는 사람들의 관심을 나에게 끌고 싶지 않았습니다. 성령께서 그것을 나에게 보여주신 것은 어떤 이유가 있기 때문입니다. 그러나 그것은 내가 사람들에게 모두 말을 해서 내가 얼마나 영적인가 하는 것을 보여주기 위한 것은 아닙니다.

그래서 어쩌다가 선지자가 지식의 말씀을 통하여 어떤 사람에 관한 어떤 사실들을 알게 되어도 그것은 대개 그것에 관하여 누군가 다른 사람들에게 말하기 위한 것이 아닙니다.

선지자가 지식의 말씀을 사람들로부터 돈을 뜯어내기 위해 사용하지 않고 올바르게 사용할 수도 있습니다.

지식의 말씀은 종종 사람들의 믿음을 자극하여 그들로 하여금 스스로 하나님을 믿도록 도와줍니다.

선지자 사역에 참된 계시 은사들의 나타남이 있습니다. 그러나 때때로 하나님의 부르심을 받고 장비를 잘 갖춘 선지자들은 "나는 뭔가를 행해야 한다"고 생각합니다.

성령께서 나타나지 않을 때, 그들은 영적인 은사들을 움직여서 작동하게 하려고 시도합니다. 그러나 그들은 육으로 행하는 것이고 그것은 매우 위험한 상황입니다.

자신의 삶과 사역에서 정도에 머물기 위해서 선지자는 영적 은사가 아니라 말씀 위에 자신의 사역이 기초해 있다는 것을 언제나 분명히 해야 합니다.

선지자, 그리고 모든 오중사역에 있는 자들에게 하나님의 말씀만이 유일하고 확실한 토대입니다.

09
예언과 권면

앞 장에서 구약의 선지자들과 신약의 선지자들의 차이점 가운데 하나가 신약의 선지자들은 믿는 자들을 인도하거나 지시하지 않는다는 것임을 보았습니다.

1959년 예수님의 방문에서 구약과 신약의 선지자들의 또 하나의 차이점에 대해 저에게 말씀해 주셨습니다.

예수님은 이렇게 말씀하셨습니다. "구약에서 선지자의 직임은 말씀에 대해 말하는 예언foretelling으로 더 많이 구성되어 있었다. 그러나 이것과는 반대로 신약의 선지자 직임은 권면forthtelling으로 더 구성되어 있다. 그러나 하나님은 또한 때때로 신약의 선지자를 사용하여 지혜의 말씀으로 장래의 사건들을 예언하시기도 한다."

구약에서 선지자 사역의 대부분은 말씀에 대해 말하는 예언과 관계가 있습니다. 구약의 선지자들은 아주 빈번하게 사람들에게 선포하고 그 다음에 오실 메시야에 대해 미리 말해주는 예언을 하기 시작했습니다.

그리고 그들은 하나님을 따르는 것에 대해 이스라엘 백성들에게 영감으로 설교하면서 그들이 하나님을 떠났던 곳으로 돌아오도록 하곤 했습니다.

어떤 사람들은 새 언약에서 선지자 사역의 대부분이 역시 장래 사건들을 예언하는 것이라고 생각합니다.

비록 예언이 때로 하나님의 성령께서 뜻하시는 대로 나타날 때도 있지만 그것은 그들의 주된 사역이 아닙니다.

기름부으심의 다양성

각 사역의 은사마다 여러 가지 기름부음이 있다는 사실을 이해하는 것은 중요합니다. 예를 들어보면, 내가 말했듯이 어떤 선지자들은 설교하는 기름부으심으로 더 많이 사역합니다.

다른 선지자들은 가르치는 기름부으심으로 더 많이 사역합니다.

일부 신약의 선지자들 역시 지혜의 말씀으로는 전혀 쓰임받지 않았습니다.

다른 말로 하면, 그들은 아무 것도 앞날에 대해 말하는 예언은 하지 않았다는 것입니다. 그들은 세례 요한처럼 선포를 더 많이 하는 선지자들이었습니다.

요한의 선지자적인 사역은 회개를 전파하고 사람들에게 침례를 주는 것으로 구성되어 있습니다.

우리는 성경에서 "…나보다 능력 많으신 이가 내 뒤에 오시나니 나는 굽혀 그의 신발끈을 풀기도 감당하지 못하겠노라"(막 1:7)라고 말한 것 외에 그가 어떤 장래의 사건들에 대해서도 예언한 기록을 볼 수 없습니다.

성경은 또한 유다와 실라가 선지자였다고 말합니다. 그러나 우리는 그들의 사역에서도 역시 앞날에 대해 예언하는 것을 볼 수 없습니다. 그들이 누군가에게 개인적인 메시지를 주었다고 하는 것 또한 성경에는 기록되어 있지 않습니다.

성경은 유다와 실라가 "…여러 말로 형제들을 권면하여 굳게 하고"(행 15:32)라고 말하고 있습니다.

다른 말로 하면, 유다와 실라가 사람들에게 말씀을 설교했고 주님의 방법으로 그들을 격려했다는 것입니다.

또 한편으로는, 어떤 선지자들은 지혜의 말씀으로 쓰임 받았는데, 아가보와 같은 경우입니다.

이것으로 우리는 심지어 선지자의 직임 내에서도 기름부으심의 다양성을 볼 수 있습니다.

물론 지혜의 말씀은 장래에 일어날 일이나 혹은 하나님의 목적 또는 계획에 대한 계시를 주기 때문에 여러분은 선지자 사역에서 역사하는 지혜의 말씀이 장래의 사건들을 예언할 수 있게 해준다는 것을 알 것입니다.

그러나 지혜의 말씀은 오직 성령의 뜻대로 나타납니다. 그리고 비록 선지자의 예언이 성취될지라도 그가 선지자라는 최종적인 증거는 자신이 한 예언이 하나님의 말씀과 일치하는 가에 달려 있습니다(신 13:1-5).

그러나 신약에서 선지자 사역의 주된 강조점은 주로 권면forthtelling인데, 이것은 영감받은 발언utterance으로 하나님의 말씀을 선포하거나 가르치는 것입니다.

구약에서도 선지자들이 항상 미래에 대하여 예언한 것은 아닙니다. 물론 예언도 나타났었지만, 그들은 주로 선포자였는데, 선지자적 선포자prophet preacher였습니다.

실제로 여러분이 구약의 선지자들에 대해서 읽어 본다면 선지자의 공적인 사역은 대부분 선포하는 것으로 이루어져 있는 것을 발견하게 됩니다.

사실 그들의 사역에서 일어나는 많은 초자연적인 현상들은 회중이나 전체 사람들에게 나타난 것이 아니라 개인적인 기준에서 사적으로 나타났습니다.

우리는 선지자 사역이 개인적으로 나타난 예를 엘리야 사역에서 볼 수 있는데, 엘리야가 사렙다 과부에게 사역했을 때입니다(왕상 17:9-16).

기름병과 가루통이 기적적으로 기름과 가루를 계속해서 쏟아내었습니다(왕상 17:14). 그 기적은 과부의 집에서 사적으로 행하여졌습니다.

나아만이 문둥병으로부터 치유받았을 때, 그것이 사람들이 많이 모인 공적인 장소에서 일어난 것이 아니었습니다.

엘리사는 심지어 나아만을 만나 보러 나가지도 않았습니다. 그는 하나님께서 나아만에게 주시는 말씀을 전하기 위해 단지 그의 종을 보냈을 뿐이었습니다. "…사자를 저에게 보내 이르되 너는 가서 요단강에 몸을 일곱 번 씻으라 네 살이 회복되어 깨끗하리라"(왕하 5:10).

나아만은 치유받았습니다. 그러나 그것은 공개적으로 이루어지지 않았습니다.

나아만은 치유받은 사실에 너무나 감사했습니다. 그는 엘리사에게 금과 은, 그리고 옷들을 선물로 주고 싶어 했습니다. 엘리사는 그 선물들을 받는 것을 거절했습니다.

그는 받을 때와 받지 않아야 할 때를 알 만한 지각이 있었습니다. 그는 돈만 생각하는 사람이 아니었습니다.

그러나 엘리사의 종, 게하시는 그를 따라가서 거짓말을 하고서는 그 선물들을 받았습니다.

나아만은 불치의 병에서 치유받은 사실이 너무나 감격하여 게하시에게 요구한 것보다 두 배나 주었습니다. 그러나 엘리사는 지식의 말씀으로 그 사실을 알게 되었고, 나아만의 문둥병이 게하시에게로 갈 것이라는 주님의 심판을 선포했습니다.

이러한 모든 사건은 공개적이 아닌 개인적으로 일어났습니다(왕하 5:25-27).

엘리사는 자기 집에 있었고, 그는 수많은 회중들 앞에서 그 일을 행한 것이 아니었습니다.

선지자가 모든 것을 아는 것은 아니다

선지자에 관해 여러분이 알았으면 하는 다른 무언가가 이 구절에 있습니다.

선지자가 모든 것을 아는 것은 아닙니다.

그들은 하나님께서 계시해 주신 것만 압니다.

예를 들어보면 게하시는 만일 엘리사가 모든 것을 알고 있다고 생각했다면 나아만을 뒤쫓아 가지 않았을 것입니다.

만일 엘리사가 영적 은사들을 통해 모든 것을 알았다면, 게하시는 나아만으로부터 은과 옷을 취할 만큼 어리석지는 않았을 것입니다.

때때로 사람들은 내가 선지자이므로 그들에 대해 무제한의 지식을 가지고 있을 거라고 생각합니다. 예를 들어서 그들은 내가 원하기만 하면 하나님으로부터 말씀을 받아 언제든지 그들에게 줄 수 있을 것으로 생각했습니다.

사람들은 주님의 말씀을 구하여 밤 낮 가리지 않고 온 종일 나에게 전화를 걸었습니다.

그러나 그들은 선지자가 자신이 원하는 대로 영적인 은사가 역사하도록 켜거나 끌 수 없다는 사실을 알아야 합니다.

선지자 사역에서 개인적으로 역사하는 지식의 말씀

우리는 열왕기하에서 엘리사가 게하시에게 "…한 사람이 수레에서 내려 너를 맞을 때에 내 마음이 함께 가지 아니하였느냐 지금이 어찌 은을 받으며 옷을 받으며 감람원이나 포도원이나 양이나 소나 남종이나 여종을 받을 때이냐"(왕하 5:26)라고 말하는 구절에서 선지자의 사역이 사적으로 역사하는 예를 볼 수 있습니다.

엘리사는 이 지식의 말씀이 임하였을 때, 자기 집에 혼자 있었습니다. 이것은 하나님이 아시는 어떤 사실, 즉 게하시가 나아만으로부터 은과 옷을 취한 사실이 계시되었으므로 지식의 말씀입니다. 그것은 엘리사가 영의 영역에서 이것을 보았기 때문에 영분별의 은사를 통해 온 것입니다.

그것은 엘리사가 "네가 나아만 수레에 다가갔을 때 나의 영이 같이 갔었느니라 그리고 나는 네가 한 일을 보았느니라"고 말했을 때 그가 의미했던 것입니다.

엘리사는 선견자seer였습니다. 그는 자기의 영이 게하시와 함께 갔을 때 영의 영역을 들여다보았습니다. 그러나 심지어 그때에도 이러한 영적 은사들은 개인적으로 역사하고 있었습니다.

또한 엘리사도 게하시와 개인적으로 대면했습니다.

나의 사역에서 나는 몇 번에 걸쳐 엘리사와 유사한 경험들을 해 왔습니다.

영 분별의 은사가 지식의 말씀 은사와 더불어 역사했습니다.

매우 자주 영적인 은사들은 함께 역사합니다.

예를 들어서, 때때로 내가 설교를 하려고 일어섰을 때, 영 안에서 갑자기 나는 다른 곳에 있었습니다. 육체적으로 나는 여전히 그 강단에서 설교를 하고 있었습니다.

그러나 영 안에서 주님은 나를 다른 곳으로 데려가셨는데, 왜냐하면 주님께서 내게 보여주실 무언가가 있으셨기 때문입니다.

예를 들어보면, 한 번은 한참 설교하는 중에 주님이 성령으로 나를 취하셔서 도시의 다른 지역으로 데려가셨습니다.

나는 수마일이나 떨어진 어떤 거리의 모퉁이에 서 있었습니다. 나는 그것이 전날 밤이었음을 알았습니다.

그것은 지식의 말씀이 역사하고 있는 것이었습니다. 과거에 있었던 어떤 일에 관한 하나님의 전지하신 지식의 한 조각이었기 때문입니다.

나는 우리 교회 교인들 중 한 명인 젊은 여인이 길을 내려가는 것을 보았습니다.

그리고 영으로 나는 한 남자가 차를 운전해 올라오는 것을 보았습니다. 이 젊은 여인은 그 차에 탔으며, 그리고 갑자기 영 안에서 마치 내가 그 차의 뒷좌석에 앉아 있는 것 같았습니다.

그 두 사람은 교외로 운전해가서, 간음죄를 범했습니다.

나의 영은 그들과 함께 갔습니다.

마치 엘리사가 "나의 심령이 너와 같이 가지 않았느냐…"(왕하 5:26) 라고 말하였을 때 엘리사의 영이 게하시와 함께 갔던 것처럼 말입니다.

하나님께서 나를 보호하시려고 그것을 나에게 보여주셨던 것입니다.

그 당시 나는 독신이었고 교회의 몇 몇 교인들이 내가 이 젊은 여인과 사귀게 하려고 노력하고 있었던 것입니다.

영분별의 은사와 함께 역사하는 지식의 말씀은 나의 사역에서 한 번 이상 일어났습니다.

많은 경우에 내가 이러한 지식의 말씀이 역사하는 것을 경험했을 때, 그것은 대개 개인적인 상황들이었습니다.

"그것이 성경적인 경험입니까?"라고 여러분은 묻습니다. 여기 열왕기하에서 우리가 보고 있듯이 절대적으로 성경적입니다.

세상 사람들은 그들이 "몸 밖에 있는 경험"이라고 부르는 영적인 경험을 합니다. 그것은 내가 말하고 있는 것과는 전혀 아무런 관계가 없습니다.

그러한 경험은 성령의 은사의 참된 역사를 왜곡한 것입니다.

성령의 은사들, 즉 지식의 말씀과 영분별의 은사는 성령의 권능으로 일어나는 것입니다.

악령이 뭔가를 할 수 있다는 이유만으로 성령의 진정한 역사를 부정할 수는 없습니다.

말씀 안에 머무르십시오. 하나님은 마귀가 하는 어떤 것도 능가하십니다.

대부분의 경우에 구약의 선지자들을 통하여 하나님께서 행하시는 기적들은 개인대 개인의 형태로 일어났습니다.

가끔 하나님은 엘리야가 바알 선지자들과 대결했던 경우에서처럼, 선지자들을 공적으로 사용하기도 하셨습니다(왕상 18:17-40).

이해하시겠습니까? 어떤 면에서 우리는 선지자 직임에 대하여 왜곡된 관점을 가지고 있었습니다. 그리고 어떤 사람들은 선지자 사역에서 성령의 역사가 공개적으로 늘 일어나지 않으면, 성령께서 역사하지 않으신다고 생각합니다.

그러나 많은 경우, 성령의 나타나심은 그의 사역에서 매일 역사하고 있지만, 단지 그가 그것을 공개적으로 말하지 않고 있을 뿐입니다.

우물가의 여인에게 행하신 예수님의 사역을 보십시오. 그것은 개인적인 만남이었습니다.

예수님께서 "네가 남편이 다섯이 있었으나 지금 있는 자는 네 남편이 아니니 네 말이 참되도다"(요 4:18)라고 말씀하셨을 때 그분은 지식의 말씀으로 사적으로 그녀를 대면했던 것입니다.

선지자 사역은 강단에서만 일어나는 것이 아닙니다. 사실 선지자 사역은 아마도 개인적으로 사람들과의 일대 일의 만남에서 더욱 빈번하게 일어날 것입니다.

나의 사역에서 지식의 말씀이 공개적으로 역사한 예를 말씀드리겠습니다.

매우 빈번하게 지식의 말씀이 선지자의 사역에서 사용되어지는데, 마치 예수님께서 우물가의 여인에게 사역하셨을 때처럼 죄인에게 회개를 촉구하기 위해서입니다.

나는 텍사스 주에서 집회를 인도하고 있었습니다. 그리고 내가 사람들을 강단 앞으로 초청하자 하나님의 영이 갑자기 내게 임하였습니다.

교회 뒤편에 키가 큰 사람이 한 명 서 있었는데, 성령은 그에게 예언적으로 사역하라고 내게 말씀하셨습니다.

나는 그에게 통로에 나와서 서라고 말했습니다. 나는 무엇을 해야 할지 또 무슨 말을 해야 할지 알지 못했습니다.

만일 성령의 기름부으심이 바로 그 때 떠났다면, 나는 그만 침몰되고 말았을 것입니다.

나는 그에게 무슨 말을 해야 할지 전혀 몰랐습니다.

그러나 그때, 성령의 영감 가운데 내 자신이 이렇게 말하고 있는 것이었습니다.

"오늘 밤에 내가 그 교회에 갈 것이지만 내가 거기서 설교하는 그 사람을 믿지 않는다는 것을 당신이 알았으면 해. 그는 사람들에게 손을 얹어서 그들을 넘어뜨리는 사기꾼에 불과하지. 그는 사람들에게 최면을 걸고 있는 거야. 그것이 바로 그 사람이 하는 일이야. 나는 단지 당신을 기쁘게 하려고 가는 것뿐이야. 그것이 내가 거기 가는 유일한 이유이지. 나는 그 따위 모든 것을 믿지 않아!"

그리고 나는 그 사람에게 이렇게 말했습니다.

"당신은 오늘 저녁 교회에 나오기 전에 그런 말을 당신 아내에게 하였습니다."

성령의 기름부으심 아래 나는 그가 했던 다른 말들을 인용하기 시작했습니다. 그리고 내가 말하고 있을 때 그 남자는 통로로 뛰어

나와서 강단 앞으로 미끄러지듯이 달려 나왔습니다!

그가 그렇게 통로로 뛰어나오면서 구원받았음이 틀림없습니다. 왜냐하면 그가 강단으로 미끄러지듯 나와 있을 때 그는 방언으로 말하고 있었기 때문입니다!

그러나 나는 여러분이 선지자 직임에서 지식의 말씀을 성경적으로 사용하는 것에 대한 중요한 사실을 알았으면 합니다.

이러한 지식의 말씀은 죄인들을 회개로 이끌어옵니다. 그것은 하나님께 영광을 돌립니다. 그것은 누군가의 주머니 속에 무엇이 들어있다는 것을 맞추는 따위와는 전혀 상관없는 일입니다.

그러나 공적으로 행하는 선지자의 주된 사역은 성령의 영감 가운데 여전히 하나님의 말씀을 사람들에게 선포하거나 가르치는 것입니다. 그것은 구약의 선지자들이나 신약의 선지자들 모두에게 해당되는 것입니다.

선지자 사역에서 지혜의 말씀

신약에 선지자의 사역에서 선지자가 장래의 사건들에 대해 예언했을 때, 지혜의 말씀이 역사하는 것에 대한 두 가지 예가 있습니다.

그 중에 아가보라 하는 한 사람이 일어나 성령으로 말하되 천하에 큰 흉년이 들리라 하더니 글라우디오 때에 그렇게 되니라   행 11:28

사도행전 11장에서 아가보는 앞으로 도래할 가뭄에 대해 예언했습니다.

그의 계시는 장래 일어날 일에 대해 정확하게 예언했습니다. 그러나 그것은 신약의 교회의 교리에 새로운 것을 추가하는 것은 아니었습니다.

아가보는 토대적인 사도들과 같은 서열에 속해 있지 않았습니다. 그리고 아가보가 말한 것들은 믿는 자들이 앞으로 올 일에 대해 준비하는 것 외에는 교회에 어떤 방향을 제시해주거나 인도해주지는 않았습니다.

그는 어떤 교리가 전파되어져야 한다거나 혹은 사람들이 자신의 사역에 순종해야 한다는 것을 예언하지 않았습니다.

사도행전 21장을 보면 아가보가 예언자로서 선지자 직임에 있음을 보여줍니다.

> 여러 날 머물러 있더니 아가보라 하는 한 선지자가 유대로부터 내려와 우리에게 와서 바울의 띠를 가져다가 자기 수족을 잡아 매고 말하기를 성령이 말씀하 시되 예루살렘에서 유대인들이 이같이 이 띠 임자를 결박하여 이방인의 손에 넘겨주 리라 하거늘   행 21:10-11

아가보는 성령으로부터 받은 지혜의 말씀을 선포했습니다. 그는 예루살렘에서 바울에게 무엇이 일어날 것인지에 대해 그에게 말했습니다.

우리는 아가보가 이 지혜의 말씀을 예언이라는 전달 수단을 통하여 순간적으로 바울에게 말했는지에 대해 정확히 알 수는 없습니다. "성령께서 이렇게 말씀하십니다"라는 표현을 사용하여 아가보는 성령께서 이미 전에 그에게 말씀하신 것을 말하고 있었을 수도 있습니다.

선지자의 직임을 통하여 하나님은 때때로 사람들에게 일어나려는 일들에 대해 말씀하시는데, 도래하게 될 것들에 대해서 그들로 하여금 준비하도록 도와주기 위해서입니다.

그러나 아가보가 바울에게 예루살렘에 가야하는지 가지 말아야 하는지에 대해서는 말하지 않았음을 주목해 보시길 바랍니다.

다른 말로 하면, 아가보는 바울이 해야 하는 것에 대해 방향을 제시해 주거나 지시해주지는 않았습니다.

아가보는 만일 바울이 예루살렘에 간다면 거기서 바울을 기다리는 일에 대하여만 말을 하고 있습니다.

바울은 예루살렘에 가는 것에 대해 스스로 결정해야 했습니다.

실제로 성령님은 만일 바울이 예루살렘에 간다면 일어날 것들을 증거하고 확인해 준 것뿐입니다. 사도행전 20장 22-23절을 보면 바울이 개인적으로 성령님으로부터 이것에 대해 이미 알아차리고 있었던 것처럼 보입니다.

나의 선지자적 사역에서 나를 통해서 오는 개인적인 예언은 어느 것이든 반드시 그들 자신의 영에 있는 것에 대한 증거가 되어야 한다는 것을 나는 언제나 사람들에게 말합니다.

지혜의 말씀의 사적인 역사와 공적인 역사

선지자로서 나의 사역에서 하나님은 가끔 지혜의 말씀을 통하여 나를 사용하셔서 어떤 장래에 일어날 사건들을 예언하게 하셨는데, 많은 경우 사적이었으며, 가끔은 공개적이기도 했습니다.

그러나 선지자로서 나의 주된 사역은 하나님의 말씀을 설교하고 가르치는 것입니다.

성령께서 뜻하시는 대로 다른 현상들도 일어났습니다. 그러나 나는 결코 환상을 구하거나 주님으로부터 무엇인가 듣기를 구하지 않습니다.

이러한 초자연적인 현상들은 성령님이 뜻하시는 대로 자발적으로 일어납니다.

사람들에게 개인적으로 경고를 주기 위해 역사하는 계시의 은사들

하나님께서 어떤 선지자에게 일어날 어떤 일들을 계시하며, 선지자가 관계있는 사람들에게 경고할 수 있도록 할 때가 있습니다.

예를 들면, 「치유의 목소리 운동」 당시에 나는 일천석 크기의 천막을 소유하고 있는 한 사역자를 보기 위해 갔습니다.

그 당시에 그토록 많은 군중들이 모인다는 것은 들어보지도 못했습니다.

그 사역자는 자기의 천막을 나에게 보여 주었고 그리고 우리의 이야기가 끝났을 때, 나는 내 차안으로 들어갔습니다. 그때 하나님의 영이 나에게 말씀하셨습니다.

"가서 그에게 말하여라. 만일 그가 세 가지 영역에서 스스로를 심판하지 않는다면 그는 오래 살지 못할 것이다. 첫 번째는 돈 문제이다."

이 사람은 자기의 사역에서 성령의 은사가 나타나는 것을 돈을 걷기 위해 사용했습니다.

그것은 비성경적일 뿐만 아니라 비도덕적이기도 합니다. 선지자를 포함해서 사역에 부름받은 사람들은 돈에 대해서 매우 조심해야 합니다. 사역자들은 돈을 추구해서는 안됩니다. 사역자들이 자신들을 위해 돈을 걷기 위한 수단으로써 사역을 이용할 수 없습니다. 오늘날 어떤 사람들은 이 영역에서 재앙과 장난을 치고 있으며, 바로 그 끝자락에 서 있습니다.

그리고 주님께서 나에게 이렇게 말씀하셨습니다. "두 번째는 사랑에 대해 스스로를 심판해야 한다고 그에게 말하여라. 그는 다른 사역자들을 향하여 사랑으로 행하고 있지 않다."

이 사람은 만일 동료 사역자가 자기를 반대하면 가차 없이 잘라버리곤 했습니다.

그리고 또 예수님께서 말씀하셨습니다.

"세 번째 그에게 식이요법에 대해 자신을 심판하라고 말하여라."

이 사역자는 먹는 습관에서 전혀 자신을 통제하지 않는 것 같아 보였습니다.

이것 역시 선지자 직임에서 사적인 성령의 은사가 역사하는 것이었습니다.

십중팔구 선지자 사역은 사적으로 나타납니다.

때때로 주님은 어떤 선지자에게 주님께서 누군가에 대해 보여주신 것을 그 사람에게 가서 말하라고 지시하실 때도 있습니다. 그리고 때로는 그렇게 하시지 않을 때도 있습니다.

이번에 주님은 나에게 그 사람에게 가서 주님께서 말씀하신 것들을 말하라고 하셨습니다. 나는 그에게 가서 말하려고 차 밖으로 나왔습니다. 그런데 바로 그 때 누군가 다른 사람이 그와 이야기하기 시작했습니다.

나는 다시 자동차 안으로 들어와 앉았습니다. 그러자 나의 인간적 이론이 나를 사로잡았습니다.

나는 생각하기 시작했습니다. '어쨌든 그는 내게 귀를 기울이려 하지 않을거야.' 내가 차 안에 앉아서 이론을 내세우고 있는 중에 내가 말해야 하는 그 사역자는 자기 차를 타고 운전해 가버렸습니다.

그 뒤로 나는 주님께서 내게 보여주신 것을 그에게 말해줄 다른 기회를 전혀 가질 수 없었습니다.

약 3년 반 정도 지난 후에, 나는 「치유의 목소리」 연례회의에 참석해 있었습니다. 이 사역자가 죽어가고 있다는 소식을 들었습니다. 린지Lindsay 목사님은 거기에 참석해 있던 모든 사역자들을 강단 위로 올라와서 이 사람의 치유를 위해 다 같이 기도하자고 초청했습니다.

나도 강단으로 올라가기 시작했습니다. 그러나 하나님의 영이 "거기 올라가지 마라"고 말씀하셨습니다.

나는 깜짝 놀라서 물었습니다. "왜 가지 말라고 하십니까?" 주님이 말씀하셨습니다. "그는 곧 죽을 것이기 때문이다" 그래서 나는 "왜 그가 죽습니까?"라고 물었습니다.

성령님께서 말씀하셨습니다. "왜냐하면 그는 스스로를 심판하지 않았고 동료 사역자들에게 사랑으로 행하려고 하지 않았기 때문에 내가 그를 심판하였다. 육신을 멸하여도 그의 영이 주 예수의 날에 구원을 얻기 위해서이다"(고전 5:5).

그래서 나는 돌아서서 강단의 뒤쪽으로 갔습니다. 나중에 그 목사는 주님께서 그렇게 되리라고 말씀하신 대로 죽었습니다.

사적인 예언의 또 다른 예가 나의 사역에서 일어났는데, 1964년 1월이었습니다.

우리 몇 사람은 어떤 레스토랑에 갔습니다. 우리는 주문할 준비를 하면서 테이블 앞에 앉아 있었는데, 주님의 영이 나에게 임하셨습니다. 나는 거기 같이 있던 한 사람에게 말했습니다. "나는 기도해야 합니다. 나는 지금 기도해야 합니다."

우리는 일어나 나와서 나의 호텔 방으로 가서 기도하기 시작했습니다. 그러자 예언을 통하여 지혜의 말씀이 역사하기 시작했습니다.

나는 두 시간 동안 예언했습니다.

나는 그런 강한 기름부음을 경험한 적이 없었습니다. 내가 거기 앉아서 내 자신의 예언을 들을 때, 마치 내가 둘인 것 같았습니다.

나의 전체 사역기간 동안, 이러한 경험은 두 번 일어났습니다.

이런 일들은 성령께서 뜻하시는 대로 일어나는 것입니다.

호텔 방에서 했던 예언을 통하여 주님은 6년 동안 오게 될 일들에 대해서 말씀하셨습니다.

주님은 우리에게 베트남에서 일어나게 될 것과 우리 정부에 일어나게 될 몇몇 일들에 대해서도 말씀해 주셨습니다.

이 예언에서도 주님은 또한 이렇게 말씀하셨습니다. "1965년 말에는 지금 선지자로서 치유 사역의 선두에 서 있는 사람이 없어지게 될 것이다. 그는 실족할 것이고 사단은 그의 삶을 파멸할 것이다. 그러나 그의 영은 구원받게 될 것이다. 그리고 그의 사역도 끝이 날 것이다. 1966년이 오기 전에 그는 죽게 될 것이다."

나는 그 예언을 린지 목사님에게 가져갔습니다. 왜냐하면 다른 영적인 사람들로 하여금 예언을 판단하여 받는 것은 성경적이기 때문입니다.

나는 그것을 공개하지 않았습니다. 선지자들은 이런 종류의 것들을 공개적으로 방송하는 실수를 하곤 합니다.

1965년 12월 27일, 나의 아내는 미장원에 있었습니다. 그리고 그녀는 집으로 전화를 했는데, 그 당시 선지자들을 인도하던 바로 이 사역자가 교통사고를 당했다는 소식을 전하기 위해서였습니다.

그는 의식이 없었고, 의사는 그가 다시 회복하지 못할 것이라고 말했습니다.

나는 아내에게 말했습니다. "기도해도 소용이 없어요. 그는 이삼일 내로 죽게 될 거야." 나는 수년 전 예언에서 주님께서 말씀하신 것을 기억했기 때문에 그렇게 말했습니다.

그 때 주님께서 나에게 설명했습니다.

"그가 그리스도의 몸 안에 야기시키는 손상들 때문에 나는 그가 죽는 것을 허락해야만 했었다."

이틀 후 린지 목사님이 나에게 전화를 걸어 말했습니다. "해긴 목사님, 당신이 전에 말씀하셨던 그 사람이 죽었습니다. 18개월 전에 당신이 우리에게 준 그 예언을 꺼내서 나는 다시 읽었습니다. 그것은 정말 맞습니다."

린지 목사님은 그 선지자와 가졌던 경험을 이야기해 주었습니다.

"내가 그에게 '당신은 교사가 아닙니다. 그러므로 가르치려 하지 마십시오.' 라고 말했습니다. 그는 훌륭한 말씀 선포자였고 그의 사역에는 놀라운 성령의 나타나심이 있었습니다."

린지 목사님은 계속 말했습니다. "나는 그에게 가르치지 말라고 애원했습니다. 나는 '당신은 성경을 알지 못합니다. 당신은 사람들을 혼란시키고 있습니다. 성경을 가르치는 것은 교사들에게 맡기십시오. 그냥 선포하십시오. 성령님이 뜻하시는 대로 지식의 말씀과 신유의 은사를 사용하십시오. 그리고 그리스도의 몸에 축복이 되십시오' 라고 말했습니다."

이 선지자는 린지 목사님께 "내가 교사가 아니라는 걸 나도 압니다. 그러나 나는 가르치고 싶습니다. 그리고 나는 가르칠 것입니다!"라고 말했습니다.

자기가 부르심을 받지 아니한 어떤 사역의 직임에 달려드는 것은 위험합니다. 구약에서 어떤 직임의 사람들만 들어갈 수 있도록 되어 있는 성소에 만일 누군가가 들어갔다면 그는 즉시 고꾸라져 죽었습니다.

은혜 아래서도 불순종하는 사람들은 잠시 동안은 그 상태를 지속할 수 있지만, 조만간 그들이 부름받지 않는 사역에 관여한 사람들은 곧 심판에 직면하게 될 것입니다.

많은 경우에 사람들은 선지자 직임에 있는 누군가가 사역하는 것을 봅니다. 그리고 그들은 말합니다.

"나도 예언을 한다. 그러므로 나도 선지자 직임에 임할 수 있다" 그러나 그들은 그렇게 할 수 없습니다. 만일 그들이 예언의 은사가 마땅히 있어야 할 영역에 있다면, 즉 덕을 세우고 격려하고 위로해 주는 간단한 예언을 하는 것은 좋은 것입니다. 그러나 그렇지 않으면 그들은 문제에 빠지게 됩니다.

다른 사람의 직임에 억지로 밀고 들어가는 것은 위험한 일입니다. 실제로, 그리스도의 몸에는 사역과 은사, 성령의 나타나심에 대해 우리가 마땅히 가져야 할 만큼의 존경과 경의를 가지고 있지 않습니다.

우리는 하나님의 일들을 너무나 가볍게 다룹니다.

그리고 린지 목사는 그 선지자에게 일어났던 일에 대해 이야기해 주었습니다.

그는 나에게 "지난해 나는 아내와 슈레이더 자매와 함께 사역 일에 관해 기도하고 있었습니다. (슈레이더 자매는 지금은 주님과 함께 있지만 여선지자였습니다.) 우리는 우리의 사역의 어려운 계획들에 대해 기도하고 있었습니다. 한참 기도하는 중에 슈레이더 자매가 갑자기 말했습니다. '가서 이 아무개 목사에게 경고하십시오! (그리고는 그 목사의 이름을 불렀습니다.) 그가 죽게 될 것입니다.'"

린지 목사는 이렇게 말했습니다. "나는 너무 바빠서 내가 그렇게 해야 했었음에도 불구하고 나는 그에게 가서 경고하지 않고 그 일을 지나쳐 버렸습니다. 그런데 그 후에 나의 아내와 나, 그리고 슈레이더 자매가 함께 사역 계획들에 관해 다시 기도하고 있었습니다. 한참 기도하는 중에 또 다시 슈레이더 자매가 갑자기 말했습니다. '가서 그 목사에게 경고하십시오. (그리고는 그 목사의 이름을 불렀습니다.) 그는 도위Dowie의 길을 가고 있습니다. 그는 죽게 될 것입니다.'"

여기 선지자 직임에 관하여 여러분이 알아야 하는 중요한 것이 있습니다. 때때로 선지자가 성령의 기름부으심으로 말할 때, 그것이 비이성적으로 보일 때가 있습니다.

그것은 성령으로부터 순간적으로 오기 때문에 진행되고 있는 것을 방해하는 것처럼 보여 집니다.

다른 말로 하면, 슈레이더 자매가 이 선지자에 대해 갑자기 이렇게 말했을 때, 그것은 그들이 기도하고 있던 것과는 전혀 관계가 없는 것이었습니다. 그것은 그들이 하고 있던 일과는 전혀 다른 것처럼 보였습니다. 그러나 성령님은 그들에게 분명히 알려주고 싶은 무언가가 있었던 것입니다.

린지 목사는 계속해서 말했습니다. "나는 목사가 어디에 있는지 알기 위해 사방으로 전화를 걸었습니다. 그리고 마침내 그가 집회를 하고 있는 장소를 알아냈습니다. 나는 전화를 걸어서 개인적으로 그에게 말했습니다. 나는 그에게 이렇게 말했습니다. "당신에게 말해주어야 할 중요한 것이 있습니다. 나는 비행기로 거기 가서 당신에게 직접 말하고 싶습니다. 기다려 주시겠습니까?"

그 사역자는 "그럼요. 나는 여기서 사흘 동안 있을 겁니다"라고 말하면서 린지 목사님을 안심시켰습니다.

계속해서 린지 목사님은 말했습니다. "나는 거기로 날아갔지요. 그리고 내가 거기 도착했을 때, 그는 가고 없었습니다. 어떤 사람들이 와서 그에게 사냥을 가자고 해서 그들과 함께 산으로 가버린 것입니다. 그래서 그는 그들과 같이 갔고 사흘 동안 돌아오지 않는다고 했습니다. 나는 사흘 동안 거기 앉아서 기다릴 수 없어서 떠나야만 했습니다."

린지 목사는 또 이렇게 말했습니다.

"같은 해, 나중에 나와 내 아내와 슈레이더 자매는 다시 기도하고 있었습니다. 그리고 슈레이더 자매는 갑자기 같은 선지자에 대해서 말하기 시작했습니다. '가서 그 목사에게 경고하십시오! (그리고는 그 목사의 이름을 불렀습니다.) 그는 도위의 길을 가고 있습니다. 그는 죽게 될 것입니다. 지금 즉시 가십시오!' 그래서 나는 여기저기 알아보고는 그가 집회를 하고 있는 장소를 알아냈습니다. 그리고 또 나는 그가 그 곳에 며칠 더 있을 것이라는 사실도 알아내었습니다. 나는 가장 가까운 도시로 비행기를 타고 가서 렌트카를 빌려서 그가 집회하고 있는 마을로 운전해 갔습니다."

린지 목사는 계속했습니다.

"그가 아침 집회를 끝낸 후 나는 주님께서 내게 말씀하신 대로 그에게 말했습니다. 그러나 나는 그가 듣지 않는 것을 알았습니다. 나는 혼자서 말했습니다. '그러면 그는 죽을 텐데.' 그리고 얼마 지나지 않아서 그는 죽었습니다."

그것은 불행한 일입니다. 그리고 그것은 하나님의 최선은 아닙니다. 그러나 이런 일들은 때때로 사역하는 사람들이 자신을 살피지 않고 배우려 하지 않는 태도를 취할 때 일어납니다.

하나님께서 나에게 그 사역자에게 가서 그가 자신을 판단하지 않는다면 곧 죽는다고 말하라고 했을 때, 그는 자신을 판단하여서 변화될 수 있었습니다. 그가 단지 자신의 죄만 판단했다면, 그는 죽을 필요가 없었던 것입니다.

때로는 상황들이 변화될 수 있습니다. 그러나 때로는 불가능합니다. 하나님만 알고 계시지요.

여기 다른 것이 있습니다. 여기에 원칙이 있습니다. 당신이 영적으로 누구를 따르는지를 조심하십시오.

"그는 도위Dowie의 길로 행하고 있다"라는 예언의 말은 무슨 뜻일까요?

슈레이더 자매는 그것이 무엇을 의미하는지조차 알지 못했습니다. 그녀는 도위를 알지 못했습니다.

이 선지자는 자신이 '오리라'고 한 엘리야라고, 그리고 언약을 가져오는 자라고 선포했습니다. 그러나 언약을 가져오실 분은 예수님입니다!

도위도 같은 것을 선포했습니다. 나는 그가 "나는 세 번째 엘리야이다"라고 선포했던 도위의 설교 가운데 하나를 읽어 본 적이 있습니다.

이 죽은 선지자도 자신이 엘리야라고 선포했습니다. 그것이 바로 주님께서 "그가 도위의 길로 행하고 있다"고 말씀하신 이유입니다.

당신이 누구의 책을 읽는가를 조심하십시오. 당신이 영적으로 누구를 따르는가도 조심하십시오.

오직 그리스도를 따르는 복음의 사역자들을 자신이 따르고 있는지 분명히 해야 합니다. 그들이 하나님의 말씀에 뿌리내리고, 기초해 있는 사람인지 분명히 파악하십시오.

나는 또한 너무 깊이 공부함으로서 동일한 교리적 오류에 빠진 사람들의 예를 말해줄 수 있습니다.

그들은 스스로 자신을 어떤 사람들과 같은 사역의 형태인 것처럼 흉내를 내거나 같은 영인 것처럼 행세를 합니다. 말하자면 다른 어떤 사람들처럼 하는 것입니다.

이것은 모방 대상인 사역자가 어떤 영을 의지하는가에 따라서, 즉 성령을 의지하는가 아니면 악령을 의지하는가에 따라 좋을 수도 있고 나쁠 수도 있습니다.

좋은 것이든 나쁜 것이든 당신이 영적으로 따르거나 깊이 공부하는 사람이 누구든지 간에, 그 사람에게 임해 있는 기름부음은 당신의 일부가 되는 것입니다.

그들에게 있는 영이 어떤 영이든, 그 영이 당신에게도 있게 되는 것입니다.

만일 당신이 그들의 가르침으로 열심히 공부한다면, 그리고 그들이 교리적인 오류에 있다면, 당신은 같은 오류와 같은 영에 사로잡힐 수 있습니다.

만일 어떤 사람이 교리적 잘못에 빠져 있다면 그는 성령이 아닌 다른 영으로부터 자극을 받고 있는 것입니다.

하나님, 예수님, 그리고 성령님을 따르십시오.

그리고 스스로 말씀에 뿌리를 내리고 말씀에 기초를 두십시오.

물론 다른 사람들의 책을 읽을 수도 있습니다. 그러나 만일 그들이 하나님의 말씀 안에서 성경적으로 걸어가고 있지 않다면, 그들이 가지고 있는 것과 동일한 영에게 사로잡히지는 마십시오.

선지자 직임에는 누군가에게 사적으로 경고해주기 위해 지혜의 말씀을 통하여 미리 말해주는 예언의 예들이 있습니다. 또한 지혜의 말씀은 때때로 앞으로 올 일에 사람들이 준비할 수 있도록 선지자를 통하여 공개적으로 역사합니다.

그럼에도 불구하고 신약 선지자의 주된 강조점은 하나님의 말씀을 설교하거나 가르치는 권면forthtelling임을 명심해야 합니다.

10

하나님은 권위의 위치에 초신자를 두지 않으신다

때때로 사람들은 질문합니다. "왜 우리는 목사들은 그들의 직함대로 부르면서 다른 네 가지 사역의 은사들에 대해서 그렇게 부르지 않습니까?"

1937년 내가 처음으로 오순절 교단으로 옮겨왔을 때, 우리가 사는 지역에서는 우리는 자주 사역자들을 그들의 직함이나 직임으로 불렀습니다. 예를 들어, 우리는 "선지자 누구"라는 식으로 부르곤 했습니다.

오늘날 우리는 그렇게 하지는 않습니다. 그리고 그것은 그리스도의 몸에 더 이상 이러한 직임의 기능이 없는 듯한 인상을 줍니다.

그러나 오늘날 만일 우리가 이런 면에서 성경적인 가르침 없이 사역의 직함을 사용한다면 어떤 사람들은 반드시 극단으로 치우치게 되고 문제에 직면하게 될 것입니다. 나는 내 자신이 결코 선지자라고 불리는 것을 원치 않습니다. 왜냐하면 나는 거짓 선지자들과 같은 부류로 분류되는 것을 원치 않기 때문입니다.

어떤 사람이 거짓 선지자가 어떤 지에 대해 내게 물었습니다. 우선 거짓 선지자는 그 직임에 부르심을 받지 않았는데, 그 직임에서 일하려고 하는 사람입니다.

설사, 어떤 사람이 진정한 선지자 일지라도, 그 직함을 항상 사용하는 것은 현명하지 못한 처사입니다. 왜냐하면 내가 언급했듯이 대개 사람들은 그것으로 인해 잘못되기 때문입니다. 뿐만 아니라 그 사역은 이름과 직함으로 이루어지는 것이 아닙니다.

사역은 성령의 권능과 나타나심으로 이루어집니다. 사람들이 우리를 뭐라고 부르든 우리는 개의치 말아야 합니다. 우리는 그저 하나님께 순종하기만을 원해야 합니다.

중요한 것은 그들이 부르심을 받은 사역의 직임에 성령의 능력으로 임하는 것이고 또 그들의 사역이 하나님의 말씀에 견고하게 기초하는 것입니다.

우리는 하나님이 그리스도의 몸 안에 두신 모든 사역들을 필요로 합니다. 우리가 그 사역들에 어떤 이름을 갖다 붙이든 말입니다.

오늘날 선지자라는 직함을 사용하는 사람들은 사역에서 초신자여서는 안됩니다. 사람들은 하나님은 초신자를 그 직임에 두지 않으신다는 사실을 이해해야 합니다.

하나님은 어떤 사역에든 사역자를 두시기 전에 먼저 그를 시험하십니다. 그리고 많은 사람들이 하나님 안에서 그들의 진정한 부르심이나 사역의 충만함 안으로 결코 들어가지 조차 못하는데, 왜냐하면 그들이 하나님이 그들에게 하라고 주신 작은 일에서 너무 신실하지 못하기 때문입니다.

예수님께서 한 번은 이런 사실에 대해 말씀하셨습니다. 그리고 그것은 나에게 언제나 더욱 실제적이 되었습니다.

그분이 말씀하셨습니다. "영적 성장은 자연적 성장과 비슷하단다."

예를 들면, 당신은 십대 청소년으로서 어떤 것들을 알았으며, 거기에 따른 책임들이 있었습니다. 그러나 그것은 당신이 성장하여 성인으로서 책임감이 훨씬 더 커졌을 때와는 다른 것입니다.

영적으로도 마찬가지입니다.

하나님께서 사역으로 부르신 사람들은 대개 즉시로 이러한 직임 안으로 들어가는 것이 아닙니다.

믿는 자들은 대개 하나님께서 궁극적으로 그들에게 주시려는 사역으로서 출발하지 않습니다. 거기에는 예외가 있기 하지만, 보통은 그렇습니다.

우리는 성경에서 바울의 사역을 통하여 이 사실에 관한 몇몇 언급을 볼 수 있습니다. 바울은 하나님께서 그를 위해 가지고 계시던 궁극적인 사역인 사도 사역으로 곧바로 시작한 것이 아닙니다.

하나님께서 그를 더 큰 사도적 사역으로 구별시키기 전까지 수년 동안 그는 선지자이며 교사였습니다(행 13:1-2).

만일 당신이 사역에 부르심을 받았다면 당신은 그것에서 예외일 거라고 생각하지 마십시오.

당신도 예외가 아닙니다. 하나님은 당신을 위한 궁극적인 직임을 당신에게 주시기 전에 당신을 검증하실 것입니다.

예를 들어, 만일 하나님이 당신을 교회의 목사로 부르셨다면, 당신은 마침내 궁극적으로 4000명 교회의 목사가 될 수도 있습니다.

그러나 당신은 4000명으로 시작할 수는 없습니다. 당신은 네 명이나 사십 명으로 시작하여 400명으로 성장해야 할지도 모릅니다.

이것은 복음 전도자도 마찬가지입니다.

그는 내가 그랬듯이 몇 사람에게 설교하거나 감옥에서 설교하는 것으로 시작해야 할 수도 있습니다.

교사들은 가정 모임에서 가르치는 것으로 시작해야 할 수도 있습니다.

그리고 그들이 그 이상으로 발전하지 못할 수도 있습니다. 왜냐하면 그것이 하나님께서 그들에게 하라고 부르신 전부이기 때문입니다. 즉 그것이 하나님께서 그들을 위해 부르신 궁극적인 부르심입니다.

그러나 요점은 오중 사역으로 부르심을 받은 각자는 하나님께서 그들을 더 크게 사용하실 수 있기 전에 자기가 지금 있는 위치에서 충실함을 증명해야 합니다. 하나님께서 이미 그를 불러 하라고 하신 일에 그가 신실하지 않다면 하나님은 그에게 기름부으심을 증강시킬 수 없는 것입니다.

사람들은 대개 하나님이 궁극적으로 그를 위해 계획하신 사역으로 시작하지는 않습니다. 왜냐하면 하나님 안에서 훈련받고 시험받는 시간이 있기 때문입니다.

영적인 성장은 자연적인 성장과 비슷하기 때문에, 사람들은 하나님께서 누군가를 사역의 직임에 두시기 전에 그는 자연적으로, 영적으로 성장해야 합니다. 왜냐하면 사역의 직임은 커다란 책임을 동반하기 때문입니다.

하나님은 초신자들 즉, 영적인 일들에 있어서 훈련받지 않고 성숙하지 못한 자들을 권위의 위치에 두지 않습니다(딤전 3:6).

사역의 단계들

예를 들어, 나 자신의 삶에서, 하나님은 나를 즉시 선지자 직임 안으로 들어가게 하지 않으셨습니다. 사실 내가 선지자 직임에 임하기 전에 이미 나는 15년 이상이나 사역에 몸담고 있었습니다.

물론 나는 전 삶을 통하여 설교하라는 소명을 느꼈습니다. 그리고 병상에서 거듭난 후, 나는 주님께 말씀드렸습니다. "주님 저를 여기서 일으켜 주십시오. 그러면 말씀을 선포하겠습니다."

나는 나 자신이 사역으로 부르심 받은 사실을 알고 있었습니다. 나는 그 병상을 떠나 말씀을 선포하였고, 수년 동안이나 말씀 선포를 위한 기름부으심을 받았습니다.

1934년부터 1943년 6월까지 9년 동안이나 나는 엄밀히 말해 말씀 선포자였습니다.

나의 사역 초기에 나는 가르치는 것을 좋아하지 않았습니다. 그러나 목사로서 나는 성인 성경공부 반에서 가르쳐야 했습니다. 그러나 그것이 끝나면 그렇게 기쁠 수가 없었는데, 내가 다시 말씀을 선포할 수 있었기 때문입니다. 내가 나의 양팔을 풍차처럼 또 무명을 뽑아내는 것처럼 흔들지 않고 있으면, 나는 기름부음이 없다고 생각했습니다.

그러나 1943년 6월 어느 날 오후 3시에 주님께서 가르치는 은사를 내 영 안에 부어주셨습니다.

에베소서 4장 7절은 이렇게 말합니다.

"우리 각 사람에게 그리스도의 선물의 분량대로 은혜를 주셨나니."

구약에서 하나님께서 선지자 엘리야에게 엘리사를 기름부어 "자기 자리에" 혹은 "자기 대신에" 선지자가 되게 하라고 말씀하신 것을 기억하실 것입니다(왕상 19:16).

엘리야는 엘리사 옆을 지나가면서 자기의 겉옷을 그에게로 던졌습니다.

이 겉옷은 특정한 직임에 임하기 위해서, 또는 하나님을 위해 특별한 과업이나 기능을 수행하기 위해 어떤 사람 위에 임하는 하나님의 기름부으심을 상징하는 외투입니다.

그 날 오후 내가 마루바닥을 가로질러 갈 때, 그 가르치는 겉옷이 내 위에 떨어졌습니다. 그것은 마치 누군가가 내게 겉옷을 걸쳐주는 것 같았는데, 첫 번째는 밖에, 그리고 나서 나의 안으로 들어와서 나의 영 안에까지 덮어주는 느낌이었습니다.

나는 무슨 일이 나에게 일어났는지 정확하게 알았습니다.

하나님께서 나에게 가르치는 능력을 부여해 주신 것입니다. 나는 큰 소리로 외쳤습니다. "이제 나는 가르칠 수 있습니다."

그러나 나는 "나는 가르침의 은사를 받았다. 나는 교사이다"라고 말하면서 그 경험에 대해 사람들에게 말하면서 돌아다니지 않았습니다.

먼저 하나님께서 당신이 그렇게 되라고 부르신 것이 먼저 되십시오. 그러면 사람들이 당신 위에 있는 기름부으심을 보게 될 것입니다.

당신의 삶에서 역사하는 영적인 장비는 당신이 하도록 부름받은 것을 드러나게 할 것입니다. 그리고 당신은 그것을 광고할 필요가 없습니다. 당신이 어떤 직임에 있는지 모든 사람에게 분명해지게 될 것입니다.

그래서 나는 말씀 선포자였으며, 또한 말씀을 가르치는 교사였습니다. 그리고 거의 12년 동안이나 목회를 했음에도 나는 여전히 선지자의 직임에 서 있지는 않았습니다.

때때로 지혜의 말씀이 나를 통해 나타났습니다. 나는 방언을 통역했지만, 예언하지는 않았습니다.

내가 성령으로 세례를 받았을 때, 지식의 말씀은 지속적으로 역사하기 시작했습니다. 그러나 내가 스스로 역사하게 한 것이 아니고 성령께서 뜻하시는 대로 역사했습니다.

그럼에도 불구하고 여전히 그것이 나를 선지자로 만들어주지는 못했습니다.

지식의 말씀은 목사로서 나에게는 커다란 축복이었습니다.

내가 목회를 하는 동안, 많은 경우에 목사관에 누가 운전해 오기 전에 지식의 말씀으로 누가 문 앞에 올 것이며, 그가 오는 이유가 무엇이고 그리고 그가 필요한 것이 무엇인지에 대해 나의 아내에게 말하곤 했습니다.

몇 분 후에 바로 그 사람이 운전해 와서 주님께서 내게 보여주신 바로 그것에 대해 이야기하기 시작했습니다.

그런 일이 매일 일어난 것은 아니고 때때로 일어났는데, 거의 매주 한 번 정도로 일어났습니다. 그리고 만일 나의 교회 교인 중에 누군가가 문제에 빠지면, 하나님의 영으로 그것을 즉시 알게 되었습니다. 지식의 말씀은 모든 목사의 삶에서 역사해야 합니다.

만일 목사들이 성령님께 민감해지는 방법을 알고 그분께 어떻게 순복하는 가를 알게 된다면, 지식의 말씀은 역사하게 될 것이라고 나는 믿습니다. 그럼에도 불구하고 그것이 그들로 하여금 선지자가 되게 할 수는 없는 것입니다.

어떤 사람들의 삶에서 때때로 지식의 말씀이 역사하려면 그들은 무언가가 일어나도록 하기 위해 지식의 말씀을 자기 뜻대로 역사하게 하려고 시도하는 경우가 종종 일어납니다.

그들이 그렇게 할 때, 그들은 무의식적으로 잘못된 영들에게 자기를 양도해 주기 시작합니다. 그러면 그들은 영적으로 문제에 빠지게 됩니다.

그러나 나의 삶에 지식의 말씀이 일관적으로 일어났음에도 나는 1952년까지 선지자 직임에 발을 들여놓지 않았습니다.

사실 1950년에 예수님이 나에게 나타나셔서 이렇게 말씀하셨습니다. "네가 너의 마지막 교회를 떠났을 때, 바로 그 때 너는 내가 너를 위해 준비한 첫 번째 사역단계에 들어갈 것이다."

내가 대답했습니다. "내가 15년간이나 사역에 몸담아 왔는데, 이제야 겨우 첫 번째 단계로 들어간다는 말씀입니까?"

예수님은 "그렇다"고 대답하셨습니다. "어떤 사역자들은 살다 죽지만, 심지어 내가 그들을 위하여 예비한 사역의 첫 번째 단계 안으로조차 못 들어간단다. 그것이 바로 많은 사람들, 다 그런 경우는 아니지만 그들 가운데 많은 사람들이 젊어서 죽고 이 땅에서 그들의 수명을 온전히 채우지 못하는 이유이다."

예수님께서 설명하시기를 만일 우리가 하나님의 뜻 안에 있지 않다면, 그때 우리는 어느 정도 불순종 가운데 있는 것이라고 하셨습니다.

누군가 불순종 가운데 있을 때, 사탄은 그 사람을 공격할 수 있습니다. 누군가가 불순종 가운데 있을 때, 사탄은 그를 공격할 수 있는 권리를 가지는데, 왜냐하면 그 사람이 사단의 영역에 있기 때문입니다.

나는 하나님의 완전하신 뜻 가운데 있는 것과 그저 하나님의 허용하시는 뜻His permissive will 가운데 있는 것의 차이점을 경험해 왔습니다. 그분의 완전하신 뜻이 훨씬 더 좋은 것입니다.

물론 우리가 이 땅에 거하는 한 여러 가지 시험과 어려움들이 있을 것입니다. 그러나 당신이 하나님의 완전한 뜻 가운데 있다면, 하나님께서 당신이 그 모든 것들을 통과할 수 있도록 지켜주실 것입니다.

당신이 만일 하나님의 온전하신 뜻 가운데 있지 않다면, 당신은 마귀에게 문을 열어주는 셈입니다.

그리고 하나님께서 원하시는 대로 당신을 위하여 역사하시기 전에 당신은 먼저 회개를 해야 하고 또 하나님께 순종해야 합니다.

하나님의 완전하신 뜻 가운데 있는 것이 훨씬 더 좋은 것입니다.

어쨌든, 1952년 예수님께서 환상 가운데 나에게 나타나셔서 말씀하셨습니다. "이 시간부터 성경에서 영분별이라고 알려진 것이 네가 성령 안에 있을 때는 너의 삶과 사역에서 역사하게 될 것이다."

내가 영분별의 은사를 받았을 때, 내가 영 안에 있으면, 영의 영역에서 보고 들을 수 있었습니다. 그래서 두 가지 계시의 은사, 영분별의 은사와 지식의 말씀 은사는 예언의 은사와 더불어 내 삶에서 지속적으로 역사했습니다.

그러한 은사들이 매일 또는 매주일 역사하였냐고요? 아닙니다. 항상 그렇지는 않았습니다. 매 예배 때마다 역사하였냐고요? 그렇지 않습니다. 성령님이 뜻하신 대로 그 은사들이 역사하였습니다(고전 12:11). 그러나 그 은사들이 역사한 건 내가 선지자 직임에 들어가고부터입니다.

그러나 내가 말하고자 하는 요점은 하나님은 친히 전임 사역자로 부르신 자들을 그 직임에 하루 밤 사이에 갖다 두지 않으신다는 것입니다.

1952년 예수님께서 나에게 나타나시고 나의 사역에서 영분별의 은사가 역사하기 시작하고 내가 선지자 직임에 들어갔을 때, 나는 이미 그 때까지 15년 이상 사역에 몸 담아오고 있었던 것입니다.

그 때조차도 나는 공개적으로 선지자 직임을 수행한 것이 아니고 1953년이 되어서야 비로소 공개적으로 그 사역을 하게 되었습니다.

그러나 나는 지금도 여전히 내가 선지자의 직임을 수행한다고 광고하지 않습니다. 그리고 나는 그것에 관한 언급을 거의 하지 않습니다.

자신의 부르심에 대해 많은 광고를 해야 하는 사람은 가진 것이 별로 없는 사람입니다

물론 자기의 집회 광고를 하는 것은 옳은 일입니다. 사람들에게 당신이 왔음을 알려야 합니다. 그러나 당신이 선지자 직임에 부르심 받았다면, 당신은 그것을 온 동네마다 다니면서 광고해야 할 필요가 없습니다. 만일 당신이 참으로 그 직임에 부르심 받았다면, 당신을 통해 나타나는 초자연적인 역사로 인해, 사람들은 곧 알게 될 것입니다.

초신자들이 스스로 나가서 자신이 사역의 직임으로 부르심을 받은 것을 모든 사람들에게 말할 때는 문제에 직면하게 되는 때인데, 그 직임에서 아직 한 번도 일하지 않았거나 혹은 이제 겨우 역사하기 시작한 경우입니다.

"푸딩은 먹어봐야 안다"고 말한 옛 속담과 같습니다. 당신은 먼저 그리고 최우선적으로 말씀의 선포자 또는 말씀의 교사입니까? 당신이 한 예언들은 그대로 성취됩니까? 그 예언들의 내용이 하나님의 말씀과 일치합니까? 당신은 배우려는 자세를 가지고 있으며, 다른 사람의 말에 귀를 기울입니까? 아니면 당신은 어디를 가든지 논쟁과 문제들을 일으키고 당신이 설교하는 모든 교회들로부터 쫓겨납니까?

이런 것들이 당신의 사역에 대한 진정한 시험들입니다.

당신의 사역이 먼저 검증받게 하십시오. 성경은 이렇게 말합니다.

"…각각 자기의 일을 살피라. 그리하면 자랑할 것이 자기에게는 있어도 남에게는 있지 아니하리니"(갈 6:4)

당신을 통하여 성령의 은사들이 때때로 역사한다는 이유만으로 그것이 당신으로 하여금 선지자가 되게 해 주는 것은 아닙니다.

성령 충만한 신자라면 누구든지 필요할 때는 가끔 계시의 은사들이 나타날 수 있습니다. 성령님은 모든 믿는 자들 안에 계십니다. 그리고 그분은 사람들의 필요에 따라서 성령의 은사로서 자신을 나타내실 수 있습니다. 그러나 가끔 계시의 은사가 나타나는 것과 오중 사역의 직임으로 부르심을 입은 자들에게 성령의 은사가 지속적으로 나타나는 것과는 엄청난 차이가 있습니다.

오늘날 어떤 사람들은 그 점에서 실수를 하고 있습니다.

물론 성경은 모든 믿는 자들에게 예언하기를 간절히 사모하라고 격려해주고 있습니다. 고린도전서 14장 31절은 말합니다.

"너희는 다 모든 사람으로 배우게 하고 모든 사람으로 권면을 받게 하기 위하여 하나씩 하나씩 예언할 수 있느니라."

그러나 계시의 은사들인 지식의 말씀, 지혜의 말씀, 영분별의 은사는 단순한 예언의 은사에는 나타나지 않습니다.

예를 들면, 사도행전 21장 9절에서 빌립은 "예언하는 네 딸"이 있었다고 언급합니다. 그러나 그들이 단지 예언했다고 해서, 선지자 직임에서 사역한 것은 아니었습니다.

몇몇 사람들은 성령의 계시의 은사들이 어떤 선지자에게는 더욱 놀랍게 나타나는 것을 보고 자기들도 역시 그렇게 할 수 있다고 생각합니다.

그래서 그들은 계시의 은사들을 사용하면서 예언하려고 시도합니다. 그러므로 그들은 육으로 예언하거나 아니면, 신비력occult powers의 영감을 받게 되든가 둘 중의 한 가지 상황에 처하게 됩니다.

선지자 직임에 부르심 받은 자들은 전임 사역에 부르심을 받은 것입니다.

그들은 하나님의 부르심을 받고 구별되어 사역하는 것입니다.

그들은 스스로 원해서 사역의 직임에 임할 수 없으며, 또한 스스로를 사역에 세울 수 없는 것입니다.

평신도 선지자는 없습니다

그것이 바로 우리가 평신도라고 부르는 사람들 중에는 선지자가 없는 이유입니다.

평신도들은 영적으로 사역을 할 장비가 갖추어지지 않았으며, 또한 사역의 직임에 임할 수 있는 기름부으심도 가지고 있지 않습니다.

평신도인 어떤 사람들은 스스로 선지자라고 주장하지만, 그들은 선지자가 아닙니다. 그들은 선지자가 될 수 없습니다. 왜냐하면 그것은 영적인 은사들과 장비들로 하나님에 의해 초자연적으로 준비를 갖추어야 하는 사역의 직임이기 때문입니다.

오직 하나님만이 영적인 은사들로써 어떤 사람을 준비시킬 수 있으며, 사역의 직임 안에 그를 세울 수 있습니다.

사역의 직임들은 전임full time 사역에 부르심을 받은 자들을 위한 것입니다.

선지자는 그리스도의 몸에 있는 사역의 은사입니다. 물론 사역에 부르심을 받은 사람은, 하나님의 부르심을 받고 성령으로 준비된 대로 한 가지 이상의 직임에서도 활동할 수 있습니다.

그러나 목사들은 대개 몇 가지 이유들로 인해 선지자 직분으로 부르심을 받지 않습니다.

첫 번째 성경에는 목사이면서 동시에 선지자인 사람은 없습니다.

두 번째, 선지자의 사역은 복음 전도자처럼 많이 여행하는 사역입니다. 예를 들어 보면 구약에서 사무엘 선지자는 순회하면서 가르쳤고(삼상 7:16) 이곳저곳으로 여행을 다녔습니다.

세 번째, 목사가 목회적 직임에 부르심을 받았을 때, 그것이 바로 그의 첫 번째 소명이거나 사역입니다. 그러나 필요가 생기는 대로 하나님께서 가끔 목사로 하여금 선지자의 사역을 할 수 있도록 하실 때도 있다는 것을 알아야 합니다. 그럼에도 불구하고 그것은 그의 주된 부르심이 아닙니다. 목회사역이 그의 첫 번째 우선순위입니다.

목사들에게도 때로는 계시의 은사들이 역사할 때가 있습니다. 그러나 그것이 목사들로 하여금 선지자가 되게 하지는 못합니다.

그리고 하나님은 나에게 그렇게 하신 것처럼 마침내 선지자의 직임에 둘 사람을 훈련의 한 부분으로서 목사의 직임에 두실 수는 있습니다.

선지자의 직임은 더욱 지속적인 성령의 계시 은사들이 나타나는 것으로 장비를 갖춘 독특한 직임입니다. 그리고 그것은 마치 목회가 목사의 주된 사역인 것처럼 어떤 사람의 주된 사역입니다.

하나님께서 그리스도의 몸에서 당신이 있어야 할 자리에 당신을 세우시도록 하십시오

만일 하나님께서 당신을 어떤 사역의 직임에 부르셨다고 생각한다면, 심지어 선지자직임 일지라도, 하나님께서 친히 당신을 그 직임에 세우시도록 하십시오. 어쨌든 당신은 그 직임 안으로 즉시 들어갈 수는 없습니다.

당신은 준비가 되어 있지 않으므로, 스스로 그 직임 안에 들어가려고 시도한다면, 당신은 그것을 아주 어지럽게 만들어버리고 말 것입니다.

그렇지만 하나님은 필요하다고 생각하시는 것을 여기서 조금 저기서 조금, 당신의 영적 성숙에 더하실 것입니다.

만일 하나님께서 당신을 선지자 직임에 세우시길 원하신다면 하나님께서 친히 그렇게 하시도록 하십시오.

당신이 하나님께서 주신 일들에 신실하고 영적으로 성숙해감에 따라 마침내 하나님께서 당신을 신뢰할 수 있다고 생각될 때, 하나님은 당신을 그 직임에 세우실 것입니다.

당신이 만일 영적인 일들에 있어서 초신자라면, 하나님께서 오늘 하라고 부르신 일에 충실하십시오. "진리의 말씀을 옳게 분별하며 부끄러울 것이 없는 일꾼으로 인정된 자로 자신을 하나님께 드리기를 힘쓰는"(딤후 2:15) 자가 되십시오.

하나님께서 사도 바울을 통하여 초신자에게 직임을 주지 말라고 말씀하신 데에는 이유가 있습니다. 초신자들은 교만으로 너무 쉽게 높아집니다. 그리고 그것은 마귀에게 문을 열어주게 됩니다. "새로 입교한 자도 말지니 교만하여져서 마귀를 정죄하는 그 정죄에 빠질까 함이요"(딤전 3:6).

많은 초신자들이 스스로 선지자 직임에 들어가려고 시도해 왔습니다.

사탄이 유혹했을 때, 많은 이들이 교만으로 높아졌습니다. 그래서 그들의 삶과 사역은 파멸 당하게 되었습니다.

어떤 이들은 영 안에서 하나님께서 자신들을 선지자로 부르심을 감지했습니다. 그러나 그들은 하나님께서 그들을 그 자리에 두시는 것을 기다리는 대신 그들 스스로 그 직임 안으로 돌진해 들어가려고 시도했습니다.

또한 그리스도의 몸은 선지자의 직임에서 사역하는 것이 엄청난 책임을 수반한다는 사실을 알아야 합니다. 그것이 바로 초신자는 그 직임에 합당하지 않는 한 가지 이유입니다.

어떤 사람들은 "내가 선지자 직임에서 사역할 수 있다면 좋을 텐데"라고 말합니다.

오! 만일 그들이 정말로 그 기회가 주어진다면, 그들은 십중팔구 그것을 원하지 않을 것입니다. 왜냐하면 거기에는 엄청난 책임감이 따르기 때문입니다.

예를 들어서, 회중들을 돌보며 성령이 은사로써 당신이 아는 누군가가 바로 그날 밤에 죽게 될 것을 아는 것은 굉장한 책임감입니다.

때로는, 그들이 왜 죽게 되는지 알고 또 어떤 때는 그들이 왜 죽는지 모릅니다. 그 사실을 아는 지식으로 무엇을 해야 할지 알기 위해 하나님의 지혜와 성령의 인도하심이 필요합니다. 주님으로부터 특별한 지시를 받지 않았다면 알고 있는 어떤 사실을 그 당사자에게 말해서는 안됩니다.

하나님의 영으로 보고 알게 되는 어떤 것들 때문에 선지자의 직임으로 사역하는 것은 때때로 세상에서 제일 어려운 일입니다.

나는 선지자 직임으로 집회를 하는 가운데 회중들을 보고 또 영적인 영역 안을 보아왔습니다. 많은 경우에 나는 사람들에게서 육신적으로 잘못된 것을 정확하게 보아 왔습니다.

그리고 때때로 하나님의 성령께서 뜻하시는 대로, 그들이 아픈 이유를 알 수 있었습니다. 성령의 계시 은사로 쓰임받는 것과 성령의 인도하심을 따라 정확하게 사역하는 것은 두려울 정도의 책임감이 요구됩니다.

여러분, 이것은 초신자들을 위한 것이 아닙니다!

그런 이유로 인해 당신은 하나님으로 하여금 당신과 당신의 사역이 무엇이든지 간에 그것을 발전시키도록 해야 할 것입니다.

하나님께서 당신을 준비시키는 동안 사람들은 당신 안에 있는 하나님의 은사들을 인식하게 될 것입니다.

만일 하나님께서 당신을 선지자 직임에 부르셨다고 생각한다면, 공부하여 당신 자신을 입증해 보여 주십시오. 영적으로 성장하고 성숙하십시오. 그리고 당신이 다른 역량들로 주님을 섬기는데 충실하십시오.

하나님께서 당신을 성숙하게 하실 것이고, 그리고 당신을 더 큰 책임의 위치에 두시기 전에 당신을 검증하실 것입니다.

하나님의 지혜를 신뢰하고 당신의 할 일을 하고 말씀으로 자신을 준비한다면, 하나님께서는 자신의 지혜로 하나님의 일을 하실 것입니다.

하나님이 당신을 인도하시고 지도하실 것입니다. 그리고 당신이 그 직임에 부르심을 받았다면 그분은 당신을 그 직임에 두시기 전에, 당신을 자연적으로도 영적으로도 성숙하게 하실 것입니다.

PART 3

목사들

11

교회의 행정권

…그가 위로 올라가실 때에 사로잡혔던 자들을 사로잡으시고 사람들에게 선물을 주셨다   엡 4:8

그가 어떤 사람은 사도로, 어떤 사람은 선지자로, 어떤 사람은 복음 전도자로 어떤 사람은 목사와 교사로 삼으셨으니   엡 4:11

하나님이 교회 중에 몇을 세우셨으니 첫째는 사도요 둘째는 선지자요, 셋째는 교사요, 그 다음은 능력을 행하는 자요 그 다음은 병 고치는 은사와 서로 돕는 것과 다스리는 것과 각종 방언을 말하는 것이라
                                              고전 12:28

오늘날 어떤 사람들은 교회의 행정권에 대하여 또 올바른 교회의

행정이 무엇으로 구성되어 있는지에 대해 혼동하고 있습니다.

교회의 행정권은 지역교회에서 누가 권위가 있는지, 그리고 지역교회에서 지도자로서 책임있는 자는 누구인지에 대해 언급하는 것입니다.

지역교회가 어떻게 운영되어져야 하는 것일까요?

여러분이 신약을 공부할지라도, 여러분은 교회 행정권에 관한, 어떠한 엄격한 법도 발견하지 못할 것입니다.

신약은 이 주제에서 우리가 원하는 만큼 분명하지 않습니다. 교회가 어떤 행정체제를 가지고 있더라도, 한 사람이 성경에서 한 구절을 빼내서 자신의 교회 행정체제가 옳다고 증거할 수 있는 것입니다.

많은 논쟁들과 종교적인 전쟁들이 이 주제에서 발단하였습니다.

비록 성경에 무엇이 적절한 교회의 행정체제를 구성하는 것인가에 대하여 얼마간의 회색지대들이 있긴 하지만 신약에는 우리를 위해 기본적인 원칙과 지침이 제시되어져 있습니다.

만일 우리가 그러한 지침들 안에 머무른다면, 우리는 문제가 없을 것입니다. 그러나 우리가 만일 이러한 기본적인 원칙들에서 벗어난다면, 우리는 문제에 직면하게 될 것입니다.

이러한 부분에서 얼마간의 혼동이 존재하는 이유는 어떤 사람들이 바울의 사역에 대해 말한 것을 가지고 그것들을 교회행정체제에 적용하려고 했기 때문입니다.

그러나 우리가 이해해야 하는 것은 많은 사역들이 지역교회의 행정체제와 관계없이 존재한다는 사실입니다.

바울은 교회에 주어진, 또는 교회 안에 세워진 오중 사역에 대해 언급합니다. 오중 사역의 직임들에 있는 사람들은 그리스도의 몸에 사역하라고 하나님께서 불러서 교회 안에 두신 사람들입니다.

에베소서 4장 11절과 고린도전서 12장 28절에서 바울은 오중 사역에 대해 언급합니다. 에베소서 4장 11절에서 사역의 은사에 대한 기록은 명백합니다. 사도, 선지자, 복음 전도자, 목사 그리고 교사입니다.

그리고 고린도전서 12장 28절에서 사도, 선지자 그리고 교사의 직임들은 충분할 만큼 명백하게 기록되어 있지만 복음 전도자와 목사의 직임을 쉽사리 볼 수 없습니다.

그러나 복음 전도자의 직임은 기적들과 치유의 은사들이 동반되는 경우가 많기 때문에, 기적과 치유의 은사들로서 이 목록에서 언급되어지고 있습니다.

비록 그러한 기적과 치유의 은사들이 그 직임에서만 나타나는 것이 아닐지라도 말입니다. 그리고 목사의 직임은 교회행정government이란 말에서 발견되어집니다.

바울은 고린도전서 12장 28절에서 목사직임에 관해 언급하는 행정government이란 단어를 사용할 때를 제외하고, 교회행정에 대해서 구체적으로 언급하지 않습니다.

우리는 '행정'이란 이 어휘가 사역의 은사를 말하는 것임을 알 수 있습니다. 왜냐하면 이 구절에서 바울은 사역의 은사들에 대해 기록하고 있으며 이 주제를 벗어나지 않고 있습니다. 그러므로 '행정'은 모든 사역의 은사들을 합한 것이 아니라 별개의 사역은사로서 교회

행정의 어떤 부분을 구성하는 것입니다.

어떤 사람들은 모든 사역의 은사들이 합해져서 교회행정을 이룬다고 바울이 말하고 있는 것이라고 해석하여 왔습니다.

그들은 모든 사역의 은사들은 이 행정 안에서 발견되어진다고 주장합니다. 그러므로 그들은 모든 사역의 은사들이 지역교회를 다스리고 관할하여야 한다고 잘못 말하고 있는 것입니다.

다른 말로 하면, 이러한 잘못된 가르침에 의하면, 올바른 교회행정을 가지기 위해서는 교회가 얼마나 작은가에 관계없이 반드시 모든 교회에 오중 사역이 작동되어야 합니다.

그리고 사도와 선지자는 맨 첫 번째로 기록되었기 때문에, 그것은 목사를 포함한 모든 다른 사역 은사들보다 탁월성을 가진다고 말합니다.

그들은 바울이 사역의 은사들을 교회행정에 관하여 그 직임들의 중요성과 탁월성의 순서로 기록했다고 가정하기 때문에, 목사의 직임은 별로 중요하게 생각하지 않는데, 왜냐하면 에베소서 4장 11절의 순서 기록상 네 번째 있으며, 고린도전서 12장 28절에는 아예 기록조차 없기 때문입니다.

그러므로 이 이론에 따르면, 모든 지역교회는 목사와 회중들을 다스리고 인도하기 위해 목사 위에 있는 권위로서, 사도와 선지자가 있어야 합니다.

그들은 사도가 목사들을 포함하여 양들을 다스리고 선지자는 목사를 포함하여 양들을 인도하고, 그리고 목사는 사도와 선지자의 지도력 아래서 양들을 목양한다고 말합니다.

이것은 비성경적입니다. 첫째로, 그들은 모든 사역의 은사들이 지역 교회의 행정체계를 구성한다는 생각을 도출해내기 위해 바울의 말을 문맥으로부터 빼내었습니다. 두 번째로, 바울은 직임의 중요성의 순서대로 기록하고 있지 않습니다.

만일 바울이 직임의 중요성의 순서대로 기록했다면 사도, 선지자, 그리고 복음 전도자가 목사보다 더 중요하고, 지역 교회에서 그들이 목사 위에 권위를 가지게 됩니다. 그것은 이 주제에 관한 성경의 다른 구절들과 일치하지 않습니다.

세 번째로, 우리가 이미 토론한 바와 같이 사도들은 그리스도의 몸 안에 다른 사역의 은사들을 다스리라고 있는 것이 아닙니다.

그리고 선지자 역시 누군가를 인도하기 위해서 있는 존재가 아닙니다. 여러분은 선지자가 누군가를 인도했다는 것을 신약 어디에서도 찾을 수 없으며, 심지어 초대교회에서도 찾을 수 없습니다.

더구나 왜 선지자가 목사를 인도해야 합니까? 목사는 하나님으로부터 듣기 위하여 어떤 중재인이 필요하거나 중간에 누구를 둘 필요가 없습니다.

목사 역시 성령님을 모시고 있습니다. 그러므로 그는 직접 하나님으로부터 교회를 위한 방향을 제시받을 수 있고, 안내 받을 수 있습니다.

주님께서 목회은사를 교회 안에 두셨을 때, 하나님은 그 지역 교회의 나아갈 방향과 관련하여 사도나 선지자가 아닌, 목사에게 우선적으로 말씀하실 것을 의미하는 것입니다.

나는 사도나 선지자가 목사들을 다스려야 한다거나 각 지역교회가 적절한 신약교회의 행정을 가지기 위해서는 오중 사역의 모든 직임이 활성화되어 있어야 한다는 견해에 동의하지 않습니다.

교회의 행정체계는 따로 기록되어 있어서 다른 사역의 은사와는 다른 직임임을 나타내주고 있습니다.

교회행정은 그 자체로 구별된 직임으로서 목회 직임을 가리킵니다.

사람들이 말씀을 올바르게 분류하지 않는다면 그들은 자신이 원하는 무엇이든지 성경이 그렇게 말하고 있는 것으로 만들어버릴 수 있습니다.

그러나 성경해석의 가장 단순한 원칙들 가운데 하나는 누가 말하고 있으며, 그가 누구에게 말하고 있으며, 그리고 무엇에 대해 말하고 있는지를 결정하는 것입니다. 바울은 믿는 자들에게 사역의 은사들에 대해 말하고 있었습니다.

사람들이 성경 한 구절을 취하거나, 성경의 한 부분을 때내어서 그 위에다 교회를 세우려고 할 때, 그들은 교리적인 잘못에 빠지게 되는 것입니다.

지역 교회의 성장

오늘날 교회에서 사도들과 선지자들이 지역 교회를 다스려야 한다고 가르치고 있는 오류에 대한 성경적인 관점을 가지기 위한 유일한 방법은 사도행전에서 지역교회의 성장을 연구하는 것입니다.

지역교회의 근원은 무엇이며, 교회 행정은 어떻게 발전되어 왔습니까? 아시겠지만 맨 처음 지역교회는 예루살렘 교회뿐이었습니다.

교회가 맨 처음으로 시작되던 당시에 심지어 예루살렘 밖에서 복음을 전파하는 교회에 대한 기록이 전혀 없습니다.

그러나 예수님이 승천하시기 전에, 그분은 제자들에게 예루살렘과 유다와 사마리아와 땅 끝까지 이르러 예수님의 증인이 되어야 한다고 말씀하셨습니다(행 1:8). 다른 말로 하면, 다른 지역들에서도 역시 복음이 전파되어져야 하고 복음 사역이 시작되어져야 한다는 것입니다.

그러나 수년 뒤에도 초대교회는 여전히 그 일을 하지 않고 있었습니다. 그들은 예루살렘에 그대로 머물러 있었습니다. 그래서 얼마 동안은 예루살렘 교회가 존재하는 유일한 교회였던 것입니다.

그러므로 수년 동안 초대교회에서의 설교와 가르침은 어린 양의 사도들에 의해서 행하여 졌습니다. 그리고 초기의 모든 사역은 예루살렘 교회에 제한되어 있었습니다. 그러나 핍박이 일어났을 때, 초대교회는 밖으로 나가 증인이 되었던 것입니다. 교회가 흩어졌을 때, 사도들은 예루살렘에 머물렀지만, 나중에 사도들도 다른 지역들에서 사역을 세우기 시작했습니다.

믿는 자들이 전도하기 위해 예루살렘을 떠난 첫 번째 기록은 사도행전 8장 1절에 있습니다. 그 일은 오순절 후 몇 년 만에 일어났습니다.

그 날에 예루살렘에 있는 교회에 큰 박해가 있어 사도 외에는 다 유대와 사마리아와 모 든 땅으로 흩어지니라   행 8:1

핍박이 있고 나서 믿는 자들이 나가서 증인이 되었고 또 사역들이 다른 지역들에서도 일어나기 시작했던 것입니다. 이 구절(행 8:1)은 교회가 복음을 전파하며 "외국으로 흩어졌다"고 말합니다.

초대교회는 예수님에 관한 복음을 다른 사람들에게 확산시킴으로서 사도행전 1장 8절에서 예수님께서 그들에게 하라고 말씀하신 것을 마침내 순종하였습니다.

새로운 복음 사역들이 예루살렘 밖에서 시작되면서 교리적인 논쟁들이 일어났을 때, 제자들은 이 문제들을 해결하기 위해 예루살렘 교회로 돌아왔습니다.

초대교회에서 교리의 발달

예를 들어서, 사도행전 15장에서 사도들은 교리의 문제를 해결하기 위해 예루살렘 교회로 돌아왔습니다.

어떤 사람들이 유대로부터 내려와서 형제들을 가르치되 **너희가 모세의 법대로 할례를 받지 아니하면 능히 구원을 얻지 못하리라** 하니 바울과 바나바와 저희 사이에 적지 아니한 다툼과 변론이 일어난지라 형제들이 이 문제 에 대하여 바울과 바나바와 및 그 중에 몇 사람을 **예루살렘에 있는 사도와 장로들에게 보내기로 작정하니라** … 예루살렘에 이르러 교회와 **사도와 장로들**에게 영접을 받고 하나님이 자기들과 함께 계셔 행하신 모든 일을 말하매 바리새파 중에 믿는 어떤 사람들이 일어나 말하되 이방인에게 할례를 주고 모세의 율법을 지키라 명하는 것이 마땅하다 하니라 **사도와 장로들**이 이 일을 의논하러 모여

행 15:1-2, 4-6

어떤 사람들은 사도행전 15장을 사용하여, 지역교회를 관할하는 자는 모든 사역의 은사들을 증명하려고 합니다. 그러나 이 구절들은 지역교회의 행정체계와는 아무런 관계도 없습니다.

다른 말로 하면, 그것은 매일 매일의 교회 운영과 지역 교회의 권위는 누구에게 있는가와는 전혀 관계가 없다는 것입니다.

사도행전 15장은 성장의 초기 상태에 있던 신약교회에 대한 설명입니다. 이러한 성장의 초기 상태에서는 우주적 교회universal chruch의 교리를 정하기 위해 모든 은사들이 함께 일했습니다.

예를 들어보면, 할례 문제에 관하여, 사역 직임에 있던 사람들이 구원받기 위하여 모세의 법에 따라 할례를 받아야 하는가 받지 말아야 하는가를 결정했습니다.

비록 모든 사역의 은사들이 이 문제 해결을 도왔다고 하더라도, 모든 사역의 은사들이 지역교회를 관할하지는 않습니다.

여기서 "장로"들은 목사들과 오중 사역에 부르심 받은 사람들을 의미합니다.

어떤 사역자가 안수받을 때, 그는 그리스도 몸에서 온전한 장로로서 안수받는 것입니다.

모든 안수받는ordained 사역자들은 장로입니다.

집사회의deacon board나 교회이사church board에 선출된 실업가 모임은 영적인 주제들을 결정하지 않았던 것에 주목해야 합니다.

> 이에 **사도와 장로와 온 교회**가 그 중에서 사람들을 택하여 바울과 바나바와 함께 안디옥 으로 보내기를 결정하니 곧 형제중에 인도자인 바사바라 하는 유다와 실라더라 그 편에 편지를 부쳐 이르되 **사도와 장로된 형제들**은 안디옥과 수리아와 길리기아에 있는 이방인 형제들에게 문안하노라 들은즉 우리 가운데서 어떤 사람들이 우리의 지시도 없이 나가서 말로 너희를 괴롭 게 하고 마음을 혼란하게 한다 하기로 사람을 택하여 우리 주 예수 그리스도의 이름을 위하여 생명을 아끼지 아니하는 자인 우리가 사랑하는 바나바와 바울과 함께 너희에게 보내기를 **만장일치로 결정하였노라** 그리하여 유다와 실라를 보내니 그들도 이 일을 말로 전하리라 성령과 우리는 이 요긴한 것들 외에는 아무 짐도 너희에게 지우지 아니하는 것이 옳은 줄 알았노니 음행과 우상의 제물과 피와 목매어 죽인 것과 음행을 멀리할지니라 이에 스스로 삼가면 잘 되리라 평안함을 원하노라 하였더라 그들이 작별하고 안디옥에 내려가 무리를 모은 후에 편지를 전하니　　　　행 15:22-30

교회 발전의 초기 단계에서, 오중 사역은 교리적인 문제를 결정하는 것을 도왔을지라도, 성경은 "오중 사역들이 교회를 다스렸다"고 말하지 않습니다.

성경은 단지 다섯 가지의 사역이 교회 안에 세워졌다고 말하고 있습니다(고전 12:28).

다섯 가지 사역들은 모두 전문적인 기능들을 가졌지만 모든 직임이 행정의 기능을 가지지는 않았습니다.

그것은 특별한 기능을 가진 다른 직임이었습니다. 실제로 사도들, 장로들 그리고 예루살렘 교회에 속한 모든 사람들은 어떤 문제들을 결정하는데 있어서 의견들을 가지고 있었습니다(행 15:22-23).

예를 들면 모든 회중들이 이 교회의 교리에 관한 사도와 장로들의 결정에 동의를 했던 것입니다. 그리고 그들 모두는 바울과 바나바를 보내기로 결정했던 것입니다.

물론 예루살렘 교회의 목사 또는 감독자로서 야고보가 회의를 주재했습니다(행 15:13). 그리고 다른 사역의 은사들과 그들의 의견에도 불구하고 목사로서 야고보가 결국 마지막 결정을 했다는 사실을 알아야 합니다(행 15:13, 19-21).

초대교회에서 장로들의 발전

처음에는 초대교회에 목사들이 없었습니다. 초대교회에 인정받는 유일한 사역자는 성경이 어린 양의 사도라고 언급하는 사람들입니다.

사도들이 예루살렘 교회에서 나갔을 때, 그들은 주로 유대인들에게 사역을 했습니다. 그리고 시간이 흘러가면서, 하나님은 바울을 일으켜 세워 이방인들에게로 나아가게 하였습니다.

우리는 바울의 사역을 봄으로써 예루살렘 밖의 다른 지역들의 지역 교회의 발전에 대해 많은 것을 배울 수 있습니다.

바울이 선교여행에서 교회를 세웠을 때 그가 복음을 설교하면서 한 곳에서 가장 오랜 기간동안 머물렀던 것은 3년이었습니다(행 20:31).

그러나 대개 그는 그것보다 더 짧은 기간 동안 머물렀습니다(행 18:11).

바울은 한 곳에 충분히 오래 머무르며 사람들을 믿음으로 세워서 교회를 시작하려고 했던 것처럼 보입니다. 그러나 그가 떠난 모든 교회는 아직도 발전 단계상 유아기 상태에 있던 어린 교회였습니다.

사역들이 세워지고 교회가 영적으로 성장하고 발전하는 데는 시간이 걸립니다.

그래서 바울이나 사도들 가운데 한 사람이 새로운 사역을 시작하였을 때, 그들은 그 사역을 감독하도록 회중들 가운데 나이 많은 한 사람 또는 그 이상의 사람을 선택하려고 했습니다. '장로'라고 번역된 그리스어는 그야말로 '나이 많은 사람'을 의미합니다.

그러나 선택된 이 사람들이 오중 사역으로 부르심을 받지 않았다면 그들은 그 사역의 직임을 감당할 만큼 기름부음이 없었을 것입니다.

그리고 그들이 만약 영적인 일들에서 진보를 이루지 않았다면, 그들은 여전히 초보자에 불과했을 것입니다.

영적으로 성장하고 발전하는 데는 시간이 걸립니다. 그러나 어느 정도 타고난 지혜를 가진 성숙한 사람들은 하나님께서 그 목회 직임에 세울 자격자들을 양육시킬 시간을 가질 수 있을 때까지 그 새로운 사역을 감독할 수 있었습니다.

그래서 시간이 경과해 가면서, 실제로 사역에 부르심을 받았던 이러한 장로들, 또는 나이를 먹은 사람들이 영적으로 발전하고 성숙하게 되었습니다. 그래서 자격을 갖추게 되었고 목회 직임에 충분히 임할 수 있을 만큼 영적으로 준비를 갖추게 된 것입니다.

그러므로 시간이 경과해 가면서 초대교회가 성장하고 영적으로 발전하여 감에 따라 하나님께 부르심을 받고 목사로서 영적으로 준비가 된 사람들이 양떼들을 돌볼 수 있게 된 것입니다.

이제는 더 이상 단순히 나이나 성숙을 근거로 어떤 사람을 선택할 필요가 없어졌습니다.

실제로 부르심을 받고 사역을 위한 준비가 갖추어진 사람들에 대한 인식이 생겨났던 것입니다.

때때로 사람들이 말합니다. "초대교회로 돌아가서 초대교회가 했던 식으로 합시다." 그러나 만일 우리가 그런 식으로 한다면 우리는 유아기 교회로 회귀하는 셈이 됩니다. 그 당시 초대교회는 발전단계상 유아기 상태에 있었습니다.

지금의 상태에서 오늘날의 교회가 물론 그것은 일시적인 상태로 실제로 목사로 부르심을 받고 기름부으심을 받은 사람이 그 직임에 임할 때까지라면 몰라도, 회중 가운데서 무작위로 택하여 교회의 감독직을 주는 것은 비성경적입니다.

물론 교리상으로 우리는 초대교회와 동일합니다. 우리는 동일한 거듭남이 있고 동일한 성령세례가 있으며, 동일한 성만찬이 있습니다. 그러나 우리는 교회의 성장과 발전에 관한 한, 그들이 하였던 것과 같은 방식으로 하지는 않을 것이라는 의미에서 반드시 동일하지는 않을 것입니다.

이해하시겠습니까? 초대교회는 성장의 발전의 첫 단계였으며, 우리는 그렇지 않습니다.

오중 사역은 오늘날 교회 안에 이미 발전되어 있습니다.

지역교회가 어떻게 발전해 왔는지 보기 위해 에베소 교회를 살펴봅시다.

에베소 교회는 오순절 이후, 수년이 지난 뒤에 바울이 에베소에 와서 거기 있는 제자들에게 복음을 전파했을 때 시작되었습니다(행 19:1-7).

에베소 사람들은 그냥 제자들이었습니다. 그들은 장차 오실 예수 그리스도를 믿으라고 말했던 세례 요한으로부터 세례를 받았습니다. 그러나 에베소의 제자들은 예수님이 이미 오셨다는 사실을 알지 못했습니다. 그러므로 그들은 거듭나지 않았던 것입니다.

바울이 그들에게 예수님이 이미 오셨다고 말했을 때, 그들은 예수님을 알고 거듭나게 되었습니다.

그때 바울은 그들에게 안수하여서 그들은 성령으로 충만해지게 되었습니다(행 19:6-7).

그것이 바로 에베소 교회의 시작이었습니다.

그리고 수년이 지난 후, 바울은 에베소 교회의 장로들을 모두 불러서 그들에게 하나님의 양떼들을 먹이는 것에 대해 교훈을 주었습니다.

바울이 밀레도에서 사람을 에베소로 보내어 교회 장로들을 청하니…
여러분은 자기를 위하여 또는 온 양떼를 위하여 삼가라 성령이 그들 가운데 여러분을 **감독자로 삼고** 하나님이 자기 피로 사신 **교회를 보살피게 하셨느니라**
행 20:17, 28

여기에서 바울은 그들을 '장로' 와 '감독자' 라고 불렀습니다.

이때에 교회는 성장하고 발전할 시간을 가졌습니다. 그리고 장로들은 더 이상 단지 나이 많은 사람들이 아니었습니다.

그들은 영적인 의미에서도 진정한 장로들이었습니다.

그들은 감독자들이거나 목사들이었습니다.

이 때를 기준으로 성령님은 말씀을 가르치는 교사들과 말씀을 설교하는 자들을 발전시켜서 그들을 교회에 세웠습니다.

그것이 바로 바울이 이들 장로들에게 "…하나님의 교회를 보살피게 하라"고 말했던 이유입니다.

이들 "장로들"은 지역 교회에서 목회적인 감독을 하였던 진정한 목사들이었으며, 사람들을 영적으로 먹일 수 있는 능력을 소유하고 있던 자들이었습니다.

바울은 여기서 단순히 나이 많은 사람들에 대해 말하고 있는 것이 아닙니다. 왜냐하면 사역을 위한 기름부으심이 없이 단순히 나이만 많은 사람은 하나님의 말씀을 사람들에게 먹일 수 있도록 영적으로 준비가 갖추어져 있지 않았기 때문입니다.

나의 사역 초기 시절에, 하나님께서 목회 사역에 부르심을 받은 한 사람을 일으켜 세울 때까지 나이 많은 한 사람이 어떤 교회를 감독하는 것을 본 적이 있습니다. 이것은 내가 나중에 목회하였던 한 교회에서 일어났던 일입니다.

내가 이 특별한 교회에서 목회하기 전에, 프래굴러Flagler 형제라고 하는 한 평신도가 그 교회에서 장로로 피택되었습니다. 그는 나이가 많은 그리스도인이었고 그 교회의 회중들 가운데 가장 먼저 구원받은 사람들 가운데 한 명이었습니다.

그는 하나님께서 그 교회를 위하여 한 분의 목사를 세울 때까지 그 교회의 운영에 대해 감독을 했습니다.

프래글러 형제는 기꺼이 인정했습니다.

"나는 설교할 수 없습니다. 나는 설교자나 목사로 부름받지 않았습니다. 나는 교회 주일 학교에서 가르치긴 했습니다만 나는 하나님께서 우리에게 목사님을 보내주실 때까지만 교회를 감독할 뿐입니다. 어떤 때, 우리는 거의 일년 동안이나 목사님 없이 지내야 했습니다. 그러나 우리는 계속해서 교회를 유지해 왔습니다. 나는 다른 사역자를 불러서 예배 때 설교하도록 했습니다. 그리고 나는 교회 운영을 관리했습니다. 그러나 나는 가르치거나 설교하는 기름부으심은 없었습니다. 그리고 나는 목사로 부름받지 않았습니다."

시간이 경과한 후, 하나님은 그 교회를 위하여 목사님 한 분을 세우셨습니다. 그러나 그 동안에는 프래글러 형제가 사역의 감독자로서 역할을 해 왔습니다. 그것이 바로 초대교회에서 일어났던 일입니다.

나이가 많은 사람이나, 나이가 많은 신자가 교회의 책임자로 있었는데, 하나님의 양을 보살피는 목자로서, 진정한 의미에서 장로가 되고 감독자가 될 목사직임의 은사를 가진 사람을 하나님께서 발전시킬 시간을 가지실 때까지였습니다.

교회의 행정체계Goverment

초대교회의 발전과정을 연구해 보면 우리는 고린도전서 12장 28절에서 다스리는 것government:행정이란 단어가 목사의 직임을 언급하고 있음을 알 수 있습니다.

자기 자신에게 질문해 보십시오. 누가 지역교회를 다스립니까? 목사가 다스립니다. 성경 어디에서도 우리는 사도, 선지자, 복음 전도자, 또는 교사들에 의해서 다스림을 받은 지역교회의 행정체계를 찾아볼 수 없습니다.

그리고 "행정governments" 또는 "지역교회의 관할"은 분명히 양떼들 가운데서는 발견되지 않습니다. 그것은 있을 수 없는 일입니다. 왜냐하면 "행정"이란 사역의 은사 직임에 관해 언급하는 것이며, 평신도는 사역의 직임을 감당할 수 있을 만큼 영적으로 갖추어져 있지 않기 때문입니다.

평신도들은 오중 사역 직임들에서 사역할 수 있는 기름부으심을 가지고 있지 않습니다. 그러므로 양들은 지역교회를 다스릴 수 없는 것입니다.

우리가 또한 알아야 하는 것은 "행정"의 직임은 사도의 직임 안에서도 찾아볼 수 없는데, 왜냐하면 신약 성경 어디에서도 지역 교회를 다스리는 사도들을 발견할 수 없기 때문입니다.

사실 사도의 직임은 교회의 행정체계에서 한 부분이 될 수 없습니다. 왜냐하면 사도의 직임은 전형적으로 지역교회 안에서만 머무르는 정착된 사역이 아니기 때문입니다.

사도는 물론 지역교회에 소속된 회원이어야 합니다. 그러나 그는 지역교회에만 머무르지는 않습니다. 왜냐하면 사도 직임의 현저한 특성들 가운데 하나가 "보냄받은 자"라는 점 때문입니다.

사도는 메시지를 가지고 보냄을 받았거나, 새로운 사역들과 새로운 교회들을 개척하기 위해, 또는 선교 현장에서 사역하기 위해 보냄을 받았습니다. 사도는 지역 교회를 다스리지 않습니다. 목자shepherd가 지역교회의 양들을 관리합니다!

이스라엘에 가보면, 오늘날에도 자기의 양들과 함께 있는 목자를 볼 수 있습니다. 목자는 양들을 돌보아 주고 그들을 지키며 보호해 줍니다. 그리고 그들을 다스립니다.

만일 당신이 그에게 "이 양떼들에 대해 내가 권위를 가집니다. 그리고 나는 당신의 모든 양들을 팔겠습니다."라고 말한다면, 그 목자는 당신을 쫓아내 버릴 것입니다!

아무도 그 목자의 양떼 위에 권위를 가지고 있지 않습니다.

목자는 하나님으로부터 그 양떼에 대한 감독을 위임받았기 때문에 그 양떼를 다스리는 권위와 책임을 가집니다.

이것은 지역교회에서도 동일하게 적용됩니다. 양떼에 대한 다스림은 그 지역 교회의 목자에 의해서 행해집니다. 왜냐하면 그가 그 지역 교회의 감독자이기 때문입니다.

우리는 지금, 자연적이고 인간적인 다스림이나 행정에 대해 말하는 것이 아닙니다. 우리는 하나님께 속한 영적인 감독에 대해 말하는 것입니다. 그리고 그것은 사랑의 태도로 양들을 위해 영양을 공급해 주는 것입니다

> 여러분은 자기를 위하여 또는 온 양떼를 위하여 삼가라. 성령이 그들 가운데 여러분을 **감독자로 삼고** 하나님이 자기 피로 사신 교회를 보살피게 하셨느니라   행 20:28

"목자"나 "목사"란 단어는 "포이멘"이라는 같은 그리스어 단어에서 왔습니다.

바인 신약사전Vine's Expository Dictionary of New Testament Words은 "포이멘" 또는 "목자"라는 단어의 정의를 이렇게 내립니다.

목자, 짐승의 떼나 양떼를 돌보는 사람(단순히 먹이는 것뿐만이 아니다)은 비유적으로 기독교의 "목사"를 말한다. 목사들은 양을 먹일 뿐만 아니라 그들을 인도한다.

동일한 그리스어 단어가 사도행전 20장 28절에서는 "감독자 overseer"라고 번역이 되었으며, 디모데전서 3장 1절에서는 "감독 bishop"이라고 번역되어 있는데, 이것은 그리스어 "에피스코포스"란

단어입니다. 그리고 이것은 감독, 주교 또는 감독자라고 번역되어 있으며, 이것은 바인의 사전에 의하면 "장로"를 의미하는 다른 말입니다.

그러므로 감독bishop, 감독자overseer, 목자shepherd, 목사pastor, 그리고 장로elder 모두가 목사의 직임을 나타내고 있다고 말할 수 있는 것입니다.

신약의 어떤 곳에서는 "장로"라는 단어가 다른 직임에도 적용되기는 하지만, 성경은 사도행전 20장 28절에서 "여러분은 자기를 위하여 또 온 양떼를 위하여 삼가라 성령이 저들 가운데 너희로 감독자로 삼고 하나님이 자기 피로 사신 교회를 치게 하셨느니라"라고 말할 때, 그것은 목사, 감독자 또는 목자를 말하고 있습니다. 양떼flock란 단어는 양을 말합니다. 양은 반드시 목자가 있어야 합니다.

신약에서 "목사"라는 단어가 오직 한 번만 사용된 것은 사실입니다. 그리고 그것은 에베소서 4장 11절입니다.

"그가 어떤 사람은 사도로, 어떤 사람은 선지자로, 어떤 사람은 복음 전도자로, 어떤 사람은 목사와 교사로 주셨으니."

그럼에도 불구하고 "목사"란 단어는 감독, 장로, 감독자, 혹은 목자 등 여러 가지 다른 형태로 신약 전체를 통하여 자주 사용되고 있습니다.

성경은 양과 목자에 대해 말하는 많은 구절들이 있습니다. 예수님은 "목자"라는 단어를 자신을 위해 여러 번 사용하셨습니다. 예를 들면, 예수님은 "나는 선한 목자라…"(요 10:11,14)고 말씀하셨습니다.

예수님은 목자장이십니다(벧전 5:4). 그리고 목사는 하나님의 양무리를 돌보는 자입니다. 그는 교회의 머리시며, 목자장이신 주 예수 그리스도의 지시 아래, 하나님의 양무리를 돌보고 먹입니다.

사실, 에베소서 4장 11절에 있는 "목사와 교사들"에 대한 원래 그리스어는 목사와 교사의 직임이 함께 기능할 수 있음을 암시해 주는 듯합니다. 다른 말로 하면, 목사가 동시에 교사일 수 있다는 것입니다. 그리고 구체적으로 목사이면서 교사로서 부르심 받은 자들이 있습니다.

신약성경을 읽으면서, 나는 지역교회에서 목사의 직임보다 더 높은 직임을 찾아볼 수 없습니다. 나는 신약을 150번 이상 완독했습니다. 그리고 나는 지역교회에서 목사의 직임보다 더 높은 권위를 결코 본 적이 없습니다.

교회사를 공부해 보면 사도와 선지자가 교회를 관할한다고 하는 거짓된 가르침 위에 세우고자 했던 모든 교회는 결국 실패하였다는 것을 발견하게 됩니다. 왜냐하면 그것은 비성경적이고 하나님은 그것을 축복하실 수 없기 때문입니다.

교리에 관한 모든 무의미한 말들(모든 교훈의 풍조)

이러한 잘못된 가르침들은 교회를 분열시키고 선한 사람들에게 상처를 주어왔습니다.

그가 어떤 사역의 직임에 있든지 진실한 복음 사역자라면 누구든지, 교리문제에 있어서 분쟁을 일으키거나 교회를 분열시키는 방식으로 사역하지 않습니다. 만일 그가 와서 사람들에게 축복이 되지 않는다면, 그는 거짓된 사람입니다. 그는 참된 복음 사역자가 아닌 것입니다.

하나님은 우리가 더 이상 어린 아이이기를 원치 아니하십니다.

그분은 우리가 영적으로 성장하여 누군가가 그리스도의 몸에서 가르치는 교리에 관한 모든 무의미한 말들을 받아들이지 않는 것을 배우길 원하십니다.

> 이는 우리가 **이제부터 어린 아이가 되지 아니하여** 사람의 속임수와 간사한 유혹에 빠져 **온갖 교훈의 풍조**Every Wind of Doctrine에 밀려 요동하지 않게 하려 함이라   엡 4:14

나는 이 성경 구절에서 여러분이 중요한 것을 알게 되길 원합니다.

성경은, 어린아이들은 모든 교훈의 풍조every wind of doctrine에 요동하며 속임당한다고 합니다.

성경은 어린 아이들이 요동하고 모든 잘못된 교리every wrong doctrine에 속임당한다고 말하고 있지 않습니다.

코니베어conybeare번역 성경은 이렇게 말합니다. "…모든 흔들리는 가르침의 풍조every shifting current of teaching에 흔들리며…"

확대번역 성경은 이렇게 말합니다.

"…모든 변화하는 교리의 흔들리는 바람마다 흔들리며 교활하고 약은 파렴치한 자들의 (먹잇감이 되며)…모든 흔들리는 속임수의 모양으로 잘못 인도하기 위해 조작하는 것."

다른 말로 하면, 어떤 사람들은 성경적인 교회를 가지고 그것을 조금 왜곡하여 다른 사람을 속인다는 것입니다.

그들은 성경이 말하고 있는 것에 잘못된 해석을 갖다 붙입니다. 그래서 영적인 어린 아이들을 잘못된 것으로 이끌고 갈 수 있습니다.

여러분은 그 문맥으로부터 성경 구절의 일부를 취하거나, 거기에다 다른 성경을 갖다 붙임으로서 교리를 왜곡할 수 있습니다. 성경은 이런 경우를 "사람의 속임수sleight of men"(엡 4:14)라고 부릅니다.

오류는 사람들이 성경을 비틀거나 왜곡하여, 자신들이 원하는 것을 마치 성경이 그렇게 말하고 있는 것처럼 만들려고 할 때 일어나는 것입니다(벧후 3:16).

내가 이미 언급한 대로 성경이 교회 전체에 관해 언급할 때, 즉 일반적으로 그리스도의 몸을 언급할 때와 지역교회에 대해 언급할 때를 구별하는 것은 중요합니다. 모든 사역의 은사들이 교회 안에서 즉, 전체적인 그리스도의 몸 안에서 말입니다.

그러나 올바른 교회 행정체계를 구성하기 위해서 각 개개의 교회마다 모든 사역의 은사가 기능을 발휘하는 것은 아닙니다.

예를 들면, 레마성경교회는 담임목사인 케네스 해긴 주니어가 있고 두 명의 부목사 및 청년담당 목사, 어린이담당 목사, 그리고 음악 목사를 포함하여 다른 다섯 명이 목사직에 있습니다. 그리고 그 교회의 멤버인 삼십 명 이상의 전임 순회 사역자들로서 교사와 복음 전도자들이 있습니다. 그러나 그들은 교회 안에서는 사역하지 않습니다. 그들은 교회 밖으로 나가서 하나님의 말씀을 설교하고 가르칩니다.

그들은 교회 행정체제의 일부는 아닙니다. 레마성경교회의 행정권은 목사직에 앉은 사람들에 의해 구성됩니다. 그들은 날마다 교회를 감독하고 돌보는 자들입니다.

순회 사역자들은 모두가 레마성경교회의 교인이기 때문에, 그들은 그 지역교회에 속해 있습니다. 그러나 그들은 매일의 교회 운영과는 아무런 관계가 없습니다. 그들은 심지어 설교하도록 요청받지 않으면, 교회 내에서 설교도 하지 않습니다.

그들은 교회 안에 있지만, 그들의 사역은 교회 밖에서 행해지는 것입니다. 그리고 어떤 사람들의 사역은 지역교회 밖으로 나가 일반적인 교회로 나가도록 요구되어지며, 또 다른 사람들은 이것과 대조적으로 그들 자신이 섬기는 지역교회 안에서 사역하도록 부르심을 받았다는 것을 우리는 이해하여야 합니다.

모든 사역자들은 그들의 부르심이 그들 자신의 지역교회에서 머무는 것인지, 아니면 하나님께서 그들을 전체 그리스도의 몸을 향해 나아가는 순회하는 사역으로 부르시는지를 알아야 합니다.

어떤 교사들은 그들이 가르치도록 부름받았기 때문에, 그들은 당연히 그리스도의 몸 전체를 통하여 사역해야 한다는 생각으로 자신의 분명한 소명을 놓쳐버리고 말았습니다.

하나님은 어떤 교사들은 그들이 섬기는 지역교회 안에서, 어떤 다른 역량으로 단지 주일학교 교사 또는 성경교사로서만 사역하도록 부르십니다.

나는 지역교회에서 사역하도록 부르심을 받은 몇 몇 교사들에게 임해 있는 놀라운 기름부으심을 목격한 적이 있습니다. 예를 들면, 우리 텍사스 교회에 있던 한 사람은 놀라운 성경교사였습니다. 그는 성경공부반을 가르쳤고 엄청난 가르침의 기름부음을 가지고 있었습니다.

그가 그토록 기름부으심을 받았기 때문에 사람들은 그에게 이렇게 말하곤 했습니다.

"당신은 이 지역 교회 밖으로 나가 다른 교회들로 가서 그리스도의 몸 전체를 대상으로 가르쳐야 합니다."

그는 항상 이렇게 대답하곤 했습니다.

"아닙니다. 그것은 나의 부르심이 아닙니다. 나의 부르심은 여기 지역교회에서 가르치는 것입니다."

또 다른 교사들이 있는데, 그들은 그리스도의 몸인 전체교회를 대상으로 순회하는 사역으로 부르심을 받은 자들입니다. 그들은 하나님의 말씀을 가르치면서 여기저기 다닙니다. 그것이 바로 그리스도의 몸 안에서 그들의 부르심입니다.

그러나 각 사람이 그리스도의 몸 안에서 자신의 부르심이 무엇인지 하나님께서 어디서 사역하기를 원하시는지 아는 것은 자기 자신에게 달렸습니다. 그리고 나서 하나님께서 그에게 지시하신 대로 충실하게 사역해야 하는 것입니다.

12

목사와 지역교회

하나님께서 승인하신 두 개의 조직 또는 기관이 있습니다. 첫 번째는 가정과 가족입니다. 하나님은 그것을 먼저 세우셨습니다.

두 번째는 교회입니다. 사실, 지역교회는 한 가족과 같습니다. 이것은 교회 가족입니다. 마귀가 다른 어떤 것보다 이 두 가지, 즉 가정과 교회를 더욱 공격한다는 것을 아십니까?

사람들은 항상 묻습니다. "오늘날 하나님은 어떤 일들을 행하시고 계십니까?" 마치 하나님께서 날마다 뭔가 새로운 일을 행하려 하시는 것처럼 말입니다.

오늘날 하나님이 행하시는 중요한 일들 가운데 하나는 지역교회를 강화하는 것입니다. 그러나 그것은 새로운 것이 아닙니다. 하나님은 언제나 자신의 축복, 승인, 그리고 중요성을 지역교회에 두어 왔습니다. 그러나 이런 것들 가운데 일부가 균형을 잃었기 때문에 지역

교회가 가장 우선순위에 있음을 우리가 알도록 하기 위해서, 하나님은 지역 교회를 재강화시키고 있습니다.

실제로, 하나님은 우리가 마땅히 있어야 할 곳으로 되돌아가도록 지시하고 계십니다.

오늘날 하나님께서 그리스도의 몸 안에서 하시길 원하시는 것을 정확히 말씀드리겠습니다.

첫 번째, 그분은 강력한 지역교회들을 세우시길 원하십니다.

두 번째, 지역 교회의 교인들이 성령의 흐름flow in the Spirit을 배우길 원하십니다.

우리는 교회의 머리이신 예수 그리스도가 지역교회를 세우시고 그리스도의 몸 안에서 목사 직임을 두신 분이심을 알아야 합니다.

예수님이 마태복음 9장에서 목사의 직임에 대해서 말씀하신 것을 살펴보겠습니다.

> 예수께서 모든 도시와 마을에 두루 다니사 그들의 회당에서 가르치시며 천국 복음을 전파하 시며 모든 병과 모든 약한 것을 고치시니라 무리를 보시고 불쌍히 여기시니 이는 그들이 **목자 없는 양과 같이** 고생하여 기진함이라   마 9:35-36

이 구절에서 성경은 예수님께서 무리를 보았을 때, 그들이 사도나 선지자가 없이 유리하는 무리라서 불쌍히 여겼다고 말하고 있지 않습니다.

또한 복음 전도자나 교사가 없어서 양무리들이 약하다고 말하고 있지 않습니다. 목자가 없어서 그들은 약하고 흩어졌다고 성경은 말하고 있습니다!

양들은 목자를 필요로 합니다. 예수님은 목사가 없으면 양들은 흩어지게 될 것을 아셨던 것입니다. 복음 전도자나 교사들은 양을 돌보고 그들을 양육하는 기름부으심을 가지고 있지 않습니다.

지역교회를 대체할 수 있는 것은 없습니다

지역교회를 무시하고 사람들로 하여금 지역교회로부터 벗어나 독립하도록 부추키는 사람들에게 내가 화를 내는 이유는 지역교회를 대체할 수 있는 것이 아무 것도 없기 때문입니다.

그들은 마치 지역교회가 필요하지 않다는 인상을 남깁니다.

내가 아는 한 성경교사는 실제로 몇 몇 목사들에게 이렇게 말했습니다. "나는 지역교회를 믿지 않습니다. 만일 사람들이 라디오와 텔레비전을 통하여 내가 가르치는 것을 듣고 내 책을 읽고, 나의 테이프를 듣는다면, 그들은 그냥 집에 머무르면서도 교회에 다니는 어느 누구만큼도 영적으로 성장할 것입니다."

그것은 비성경적입니다.

그렇게 말함으로서 그는 교회의 머리이신 예수 그리스도께서 지역교회 안에 세우신 목회의 직임을 없애 버린 것입니다!

사람들이 테이프를 듣고 텔레비전 사역자들에게 귀를 기울임으로써 조금 성장할 수는 있지만, 그것은 균형을 상실한 영적 성장이 되고 말 것입니다.

그들은 목자가 필요합니다. 목자는 오중 사역의 직임들 가운데 아주 특별한 위치를 차지하고 있습니다.

왜냐하면 그는 양들을 먹이고 돌보아주도록 예수님에 의해 교회에서 세움 받은 자이기 때문입니다.

나는 이렇게 말했습니다. "가엾은 예수님께서 사람들이 교사의 사역만으로도 영적으로 성장할 수 있음을 모르셨다는 사실이 얼마나 기가 막힐 일입니까? 그래서 예수님은 지역 교회에 목자를 세우신 것입니다. 예수님은 이런 사람들보다 똑똑하지 못하시군요! 예수님은 교회에 목사들을 세우시는 것이 무엇인지 잘 모르셨다는 말이군요."

그러나 이 교사는 "나는 사람들과 같이 있으면서 그들의 문제를 돌아보는 것을 좋아하지 않습니다."라고 말했습니다. 그러나 여러분도 알다시피 그것은 목사의 일입니다. 목사는 양들의 필요에 대해 24시간 대기하고 있습니다.

내가 하나님께서 교회에 자신의 승인을 허락하셨다고 말할 때, 그것은 지역교회를 의미하는 것이지 텔레비전 사역을 의미하는 것이 아닙니다. 그것은 교회가 아닙니다. 그것은 단지 사역의 한 가지 수단일 뿐입니다. 그리고 그것은 결코 지역교회를 대체할 수 없습니다. 라디오 사역은 결코 지역 교회를 대신할 수 없습니다. 어떤 집회나 세미나들도 역시 지역교회를 대신할 수는 없는 것입니다.

라디오와 텔레비전 사역들, 그리고 대형집회들과 세미나들은 단지 교회의 한 부분이거나 외부사역일 뿐입니다. 그런 것들이 지역교회는 아닙니다.

교회를 다니지 않아도 된다고 생각하는 사람들과 텔레비전 사역을 듣고 대형집회나 세미나에 간다고 생각하는 사람들은 마치 어떤 사람들이 음식 대신 비타민만 먹고 생명을 유지하려는 사람들과 같습니다!

어떤 사람이 "나는 음식 먹는 건 그만 두고 비타민만 먹겠습니다." 라고 말하는 것이 얼마나 불합리한 말인지 여러분은 알 것입니다. 그렇게 해서는 안됩니다.

만일 어떤 사람이 그렇게 한다면, 그는 죽었을 것입니다. 지역교회도 동일한 원칙이 적용됩니다.

당신이 만일 교회 가는 것을 그만두고 라디오나 텔레비전 사역에만 의존하여 영적인 성장을 추구한다면, 당신의 영적 건강을 해치게 될 것입니다. 이러한 라디오와 텔레비전 사역자들 가운데 어떤 이들은 여러분이 십일조와 헌금을 자신들에게 보내주기를 원합니다.

나는 사람들에게 십일조를 자신들에게 보내라고 하는 사람들의 라디오나 텔레비전 사역에는 귀도 기울이지 않습니다. 정말이지 텔레비전과 라디오 설교자들은 지역교회로부터 돈을 **빼내가는** 일은 하지 말아야 합니다.

만일 가치 있다고 생각한다면, 나는 다른 설교자들을 돕는 그리스도인들을 반대하지 않습니다. 그러나 텔레비전이나 라디오 사역자들은 지역교회를 대신할 수 없으며, 그들은 사람들에게 십일조와 헌금을 자신들에게 보내라고 하지 말아야 합니다.

나는 수년 동안 이 사람들에게 "당신의 십일조를 당신의 지역 교회에 보내십시오. 당신이 지역 교회에 십일조와 헌금을 하고 나서 당신이 원한다면 다른 사역에도 헌금을 보낼 수 있습니다."

나는 어떤 사람에게도 그들의 십일조를 나에게 보내 달라고 요청한 적이 없습니다. 왜냐하면 나는 십일조가 지역교회에 속한 것이라고 생각하기 때문입니다(레 27:32, 말 3:10).

당신이 아플 때나 병원에 입원해 있을 때, 당신의 십일조와 헌금을 원하는 이 텔레비전 사역자들이 당신에게 옵니까? 당신이 결혼을 할 때, 그들이 와서 당신과 상담을 하고 예식을 거행해 줍니까?

당신이 어려움에 처해 있을 때나 가족상을 당했을 때, 그들이 와서 도와줍니까? 아닙니다! 그들은 오지 않습니다.

목사가 지역 교회에서 이런 일들을 다 수행하는 사람입니다. 그리고 목사가 하나님의 양떼들에게 균형 잡힌 영적 양식을 먹이는 것입니다. 그러므로 목사는 양들 가운데서 특별한 위치를 차지하고 있습니다. 그는 마치 한 가족의 아빠와도 같습니다. 그는 복음 전도자, 선지자 혹은 교사가 잘 해낼 수 없는 방법으로 그들을 사랑하는데, 왜냐하면 그는 목자의 기름부음을 가지고 있기 때문입니다.

여러분도 알다시피, 복음 전도자는 설교를 할 수 있습니다. 그러나 예배가 끝난 후, 문 밖으로 나가면 그만입니다.

그리고 교사와 선지자들이 와서 교회에서 가르치는 집회를 열어 사람들을 가르칠 수는 있습니다. 그러나 그것이 끝나면 그들은 다 떠나갑니다.

그러나 목사는 돌보도록 자기에게 위임된 양들을 떠날 수 없는 것입니다. 또한 그가 참된 목자라면 떠나려 하지도 않습니다.

그의 사역은 지역 교회에 정착되어 있습니다. 그는 거기에서 사람들과 함께 머물면서 양들을 양육해야 하는 것입니다.

말을 꺼낸 김에 한 가지 더 말씀드리겠습니다.

가르치는 시설teaching center들이 지역교회를 대신하는 것은 불가능합니다. 이러한 가르치는 시설들 가운데 일부는 한 주간에 한두 번 예배가 있습니다. 그러나 거기에 목자는 없고, 오직 교사만 있을 뿐입니다. 그것이 교회는 아닙니다.

목사는 말씀을 설교하거나 가르치는 사람입니다. 그럼에도 불구하고 그의 주된 직임은 목사입니다. 그러나 어떤 사역자가 단지 가르치는 은사를 가졌다면, 그의 사역 은사는 가르치는 것이고 목회의 직임이 아닙니다.

어떤 사람이 단지 설교하거나 가르친다고 해서 그것이 그 사람을 목자로 만들어주지는 못합니다.

목사는 교사일 수 있습니다. 나를 오해하지 말아 주십시오. 그렇지만 사역자가 그냥 교사라면, 그리고 그가 목사의 사역으로 부르심을 받지 않았다면 그가 가르치는 시설이 지역교회를 대체할 수는 없다는 것입니다. 만일 그가 단순히 교사일 뿐이라면 그는 사람들에게 좋은 교회에 속하는 것에 대해 가르쳐야 합니다.

또 어떤 사람들은 자기가 목사라고 주장하면서 주일 날 예배에 설교만 하고 그 외의 시간에는 항상 어디론가 가버리고 없는 사람들도 있습니다. 그것은 참된 목사의 모습이 아닙니다!

그들은 가정에 머무르며 그들의 양떼를 돌보아야 합니다.

목사가 잠깐 동안 집을 비우는 것은 괜찮습니다. 그러나 대부분의 경우 목사는 지역교회에 거하면서 양들을 보살펴야 합니다.

어떤 목사들은 왜 자신의 교인들이 영적으로 성장하지 않는지 의아해 합니다. 때때로 그 이유는 목사가 양들을 적절히 돌보지 않고 있기 때문입니다.

그리스도의 몸에서 일어난 일들은 우리가 이런 것들에서 균형을 상실했기 때문입니다.

우리가 이런 것들에서 균형을 잡지 못한 이유들 가운데 하나는 많은 사람들이 성령의 은사주의 운동Charismatic Movement으로 와서 구원을 받고 성령으로 충만함을 받은 후에 교회에서 양육을 받지 못했기 때문입니다.

그들 가운데 어떤 이들은 정통교단의 교회로부터 왔지만, 많은 이들이 지역 교회의 목적을 알지 못합니다. 그래서 그들은 지역 교회를 제대로 평가하지 않습니다.

우리의 영적 성장과 함양을 위하여, 집회와 세미나가 훌륭하긴 하지만 그것들이 지역 교회를 대신 할 수는 없는 것입니다.

집회나 세미나를 여는 것처럼 교회를 운영할 수는 없습니다.

예를 들면, 내가 집회를 열고 있을 때, 나는 대개 예배가 끝나는 대로 곧장 집회장을 떠납니다. 기름부음이 너무 강해져서 때로는 육신의 몸이 서 있을 수 없을 정도입니다.

나는 사람들의 주의가 나에게 모아지는 것을 원치 않습니다. 그래서 나는 예배 후 곧장 떠납니다. 여행하는 사역자로서 나는 집회나 세미나에서 그리고 예배 현장에서 곧바로 떠날 수 있습니다.

그러나 목사는 지역교회에서 그렇게 할 수 없습니다. 그가 참된 목사라면 말입니다.

내가 목사였을 때, 나는 사람들에게 인사하려고 제일 먼저 교회에 왔었고 맨 나중에 교회를 떠난 사람이었습니다. 예배가 끝난 후에는 사람들과 악수를 하면서 친교를 나누었습니다.

사람들은 목사로서 내가 항상 있다는 사실과 내가 그들을 위하여 섬기기 위해 있다는 사실을 알아야 합니다.

여러분은 마치 세미나를 하듯이 교회예배를 드릴 수는 없습니다.

교회에서 부흥집회를 할 수는 있습니다. 그리고 집회를 인도하는 사역자는 그런 식으로 행할 수는 있습니다.

그러나 목사는 그렇게 할 수 없습니다. 더구나 목사는 양들의 필요에 대해 사역하는 것을 다른 어떤 일보다 더 기뻐합니다.

그것이 바로 어떤 사람들은 목사의 직임에 부르심 받지 않았다는 명백한 이유입니다. 그들은 양들과 함께 있길 원하지 않습니다.

최근에 나는 한 목사에 대해 들었습니다.

그러나 수년이 지난 후에도 그 교회의 회중은 이십 오명 정도밖에 되지 않았습니다.

설교를 마치면, 그는 돌아서서 뒷문으로 나가버리곤 했는데, 의심할 바 없이 바로 그런 행동 때문입니다.

그 사람은 목사의 직임에 부르심을 받지 않았거나, 혹은 지역교회에서 목자의 진정한 역할에 대해 오해하고 있었던 것입니다.

그것은 목사의 직임을 제대로 잘 하지 못하고 있는 것입니다.

참된 목자는 양들을 사랑합니다.

그는 양들에게 상처를 주기 보다는 차라리 자신이 죽는 것을 선택합니다. 그는 양들을 축복받는 것을 보기 원하고 무엇보다도 그들을 도와주고 싶어 합니다.

지역교회는 교회가족입니다

교회의 가족으로서, 지역 교회는 사람들로 구성되어 있기 때문에 자연적인 가족이 가지는 것과 일부 동일한 문제를 가지게 됩니다.

목사는 그것이 훈계의 문제들이든, 재정적인 문제들이든 또는 어떤 다른 종류의 문제들이든 간에, 이러한 문제들을 잘 다루어야 합니다.

이러한 일은 다른 사람의 양들을 교훈하려고 오는, 양들을 알지도 못하는 소위 사도나 선지자가 해야 할 일이 아닙니다.

자연적인 영역에서 어떤 가정의 자녀들이 불순종하여 때때로 아버지의 지도가 필요할 때가 있습니다.

때때로 아버지는 잘못된 것을 바로 잡아주어야 합니다.

여러분은 자녀들에게 훈계가 필요할 때, 여러분은 자녀들을 훈계하기 위해 외부 사람을 집안으로 불러들이지 않습니다. 그렇지 않습니까? 물론 아무도 그렇게 하지 않습니다.

이것은 지역교회에서도 동일한 원칙이 적용됩니다.

그 교회의 목사는 마치 그 지역교회의 아버지와 같습니다.

교회 안에 있는 양들은 하나님의 말씀으로 자신들을 양육해주고, 양무리 안에 있는 자신들을 돌보아 줄 목자가 필요한 것입니다.

그리고 만일 그들이 훈계가 필요하다면 그들은 심령으로 자신들의 최선을 바라며 사랑의 방법으로 성경적으로 바로잡아주어야 할 목사가 필요한 것입니다.

만일 양들이 교정을 필요로 한다면, 목자가 항상 자신들과 함께 있기 때문에, 목자가 자신들을 영적으로 바로잡아 줄 자격이 있는 사람입니다.

그는 자기의 회중들을 잘 알고 그들에 대한 진정한 돌봄과 그들의 복리에 관심을 가지고 있습니다.

만일 그의 양떼들이 때때로 바로잡아져야 할 필요가 있다면 그것은 어떤 목사가 목회하는 교회의 교인들을 영적으로 바로 잡기 위해서 선지자나 사도가 들어와서 책임을 지는 것이 아닌 것과 마찬가지로 그것은 교사의 책임도 아닙니다.

교인들은 목자를 필요로 합니다.

지역교회의 목사가 없이는 양들은 온전해 질 수 없습니다.

실제로 모든 다른 사역의 은사를 가진 자들이 수고한 것이 목사를 돕지 못했다면 그들이 한 일은 헛일입니다. 왜냐하면 목사가 양들을 돌보고 하나님의 말씀으로 양들을 양육할 책임을 가진 가이기 때문입니다.

목자와 지역교회가 없다면 양들은 결코 영적으로 성장하지 못할 것이며, 온전한 성숙에 이르지 못하게 될 것입니다. 왜냐하면 지역교회는 하나의 가족이기 때문에 교회는 마치 한 가족이 그들의 가족 구성원들을 보살펴 주듯이 교인들을 보살펴야 합니다.

만일 교인이 아파서 병원에 있다면, 목사의 직임을 가진 자들이 곧장 가서 돌보아야 합니다. 교인들이 결혼하려고 할 때, 목사는 그들에게 상담을 해주어야 하며, 결혼예식을 주관해 주어야 합니다.

한 가정에서 누군가가 죽었을 때, 목사와 그 교회 교인들은 곧장 달려가서 그 가족을 사랑과 후원으로 감싸주어야 합니다.

만일 당신이 교회에 속하지 않았거나 가끔 한 번씩 교회에 나간다면, 교회에 있는 사람들이 당신이 기도가 필요한지 혹은 아픈지 어떻게 알 수 있겠습니까?

지역 교회의 유익은 인생에 있어서 영적인 면을 돕는 것 이상입니다.

지역교회는 하나님께서 삶의 자연적인 면에서도 사람들에게 축복이 되도록 세우신 것입니다.

인생에는 영적인 면도 있고, 자연적인 면도 있습니다.

당신은 항상 영적으로만 살 수는 없습니다.

당신은 여전히 자연적인 영역에서 살고 있기 때문에, 당신은 영적으로만 살도록 되어 있지 않습니다.

당신은 이 자연적인 영역에 사는 동안 당신은 영으로 행하여야 합니다. 물론 지역 교회는 사람들을 영적으로 먹어야 합니다.

그러나 교회는 또한 자연적인 방법으로 교인들에게 축복이 되어야 합니다.

그것이 바로 지역교회가 그토록 중요한 이유입니다.

우리의 삶에서 어떤 때는 영적인 영역은 물론이고 자연적인 영역에서도 우리 모두는 도움이 필요합니다.

하나님께서 우리에게 지역교회 안에서 믿는 자들의 무리들을 주셔서 우리가 함께 친교하며 영적으로 성장하도록 해 주신 것입니다. 그리고 어려울 때, 우리 모두는 위로와 훈계를 해줄 사람들이 필요합니다.

예를 들면, 제자들이 어려움을 만났을 때는 누구에게로 갔습니까?

그들이 감옥에 갇히고 위협을 받고, 마침내 풀려났을 때, 성경은 제자들이 "그들의 동료에게로 갔다"(행 4:23)고 말합니다.

그렇습니다. 당신은 몇몇 다른 사역자들에게 기도를 요청할 수 있습니다. 그러나 때때로 당신은 기도 이상의 것이 필요합니다. 어떤 때, 당신은 같은 믿음을 가진 다른 믿는 자들과의 친교가 필요합니다.

또 당신은 당신의 주위에서 형제와 자매들이 그들의 사랑과 믿음으로 당신을 둘러 감싸주면서 같이 있어주는 것이 필요합니다.

목사는 목자이지 독재자가 아닙니다

　지역교회의 목사는 지역교회의 아빠와 같은 존재입니다. 그는 독재자가 되어서는 안됩니다. 그러나 때로는 지역교회의 목사가 되는 것은 대단한 인내심을 필요로 합니다.
　하나님의 양들을 목양함으로서 목사는 다른 곳에서는 배울 수 없는 사람들을 다루는 것에 대해 배우게 됩니다.
　여러 가지 다른 것들 가운데서도 그는 인내를 배우게 되고 그리고 그가 현명하다면, 사람들을 있는 그대로 사랑하는 것을 배우게 될 것입니다.
　한 때 내가 목회를 하고 있던 바로 그 교회에서 내가 거기 있기 10년 전에 목회했던 어떤 목사와 이야기할 기회가 있었습니다.
　그가 목회를 하고 있던 당시, 그는 지금 나의 교회의 이사board 중 한 명을 알고 있었습니다. 그 당시 이 사람은 매우 불안정한 그리스도인이었습니다.
　그 목사가 내게 말했습니다.
　"내가 이 교회를 목회할 때, 그 사람이 구원을 받고 성령으로 충만함을 받은 지 수년이 지났습니다. 그러나 그는 내가 본 중에 가장 신실하지 못한 교인이었습니다. 그는 교회에도 잘 나오지 않았고, 헌금도 전혀 하지 않았습니다. 그런 그가 어떻게 그토록 신실한 그리스도인이 되었는지 나는 모르겠습니다."
　그리고 그는 이렇게 덧붙였습니다.

"내가 한 가지 말씀드리겠습니다. 한 번은 그가 교회에 나타나면, 내가 혼내주려고 기다리고 있었습니다!"

그 목사는 자기의 속내를 스스로 드러낸 것입니다. 나는 이렇게 대답했습니다.

"그것이 문제입니다. 심지어 늙은 돼지일지언정, 그가 먹으러 올 때마다 야구 방망이로 머리를 맞는다면, 그나마 오던 것도 멈추고 말 것입니다! 당신이 떠난 후에, 당신 뒤에 부임해 온 몇 몇 목사들이 하나님의 말씀으로 그를 영적으로 양육하기 시작했습니다. 그래서 그는 기독교의 유아기의 버릇들을 벗어나서 믿음직한 그리스도인이 된 것입니다."

목사는 교인들 가운데 항상 미성숙한 아이 같은 그리스도인을 가지고 있습니다. 그럼에도 불구하고 그들을 성장시키고 발전시키려고 양들의 머리를 쳐서는 안 되는 것입니다!

내가 목회를 할 때, 나는 영적으로 양들의 머리를 치지 않으려고 주의했습니다.

나는 그들의 변화 가능성을 믿음의 눈으로 보려고 했습니다. 왜냐하면 나는 보는 것으로 행하지 않고 믿음으로 행하는 것을 실천했기 때문입니다.

목사들은 그들의 양들을 볼 때, 믿음의 눈으로 보는 것을 배워야 합니다. 만일 목사들이 보는 것으로 행한다면, 많은 경우 강단에서 그들은 사람의 껍질을 벗겨서 소금에 절여 벽에 걸어서 말려버리려고 할 것입니다!

그러나 영적인 성장에 관한 이런 영역에서조차 보는 것으로 행하는 것이 아니라 믿음으로 행하는 것을 배워야 합니다.

선한 목자는 올바른 영양을 공급해주고 영적인 식이요법을 통하여 자신의 회중들 가운데 한 사람 한 사람의 변화의 가능성을 봅니다.

어떻게 양들이 그리스도인으로서의 유아기 단계를 넘어서 성숙할 수 있을까요? 목사가 그들을 적절하게 먹이고 사랑으로 그들을 대해 줌으로써 그렇게 할 수 있습니다.

그것이 바로 믿음의 눈으로 사람들을 보는 방법입니다.

그리고 시간이 지나면, 그들은 훌륭한 그리스도인이 될 수 있는 것입니다.

나는 목사로서 그런 일을 실천해 왔기 때문에 잘 알고 말하는 것입니다. 목자는 믿음의 눈을 통하여 사람들을 보는 바로 이 영역에서조차도 양을 위하여 자기의 생명을 줍니다. 왜냐하면 그것은 항상 쉬운 일은 아니기 때문입니다.

목사는 사랑의 태도로 양을 양육하고 돌보는 중대한 책임을 가지고 있습니다. 그러나 양을 감독한다는 것은 사람들 위에 군림한다거나, 그들을 함부로 대하는 것을 의미하지 않습니다.

나는 어떤 목사를 위하여 텍사스의 한 지역에서 열었던 부흥집회를 기억합니다.

그는 "자기 자신 외에는 모든 사람이 다 잘못되었다"라는 태도를 가지고 강력하게 남을 비난하는 사람들 가운데 한 사람이었습니다.

그는 율법적이었으며, 만일 여자가 단발머리이거나 화장을 했다면 성가대에서 찬양하는 것조차 허용하지 않았던 사람이었습니다.

그러나 수년이 지난 후, 내가 그 교회에 부흥회를 하려고 다시 돌아왔을 때, 그의 태도는 완전히 변화되어 있었습니다.

나는 그에게 무슨 일이 있었는지 물어보았습니다.

그는 이렇게 말했습니다.

"17년 동안이나 내가 목회했던 교회들은 하나같이 성장하지 않았기 때문에 주님께 열심히 구하기 시작했습니다.

사람들은 나를 후원해 주었고 그리고 나는 심지어 경제 대공황 당시에 조차도 언제나 충분한 돈을 가지고 있었습니다.

나는 무엇 하나 부족한 것이 없었지만 내가 목회한 교회들은 수적으로도 영적으로도 성장하지 않았습니다."

그는 계속해서 말했습니다.

"나는 그 문제를 놓고 금식하면서 기도하기 시작했습니다. 나는 교회에 오는 손님들을 묵게 하는 숙소로 가면서, 아내에게 '나는 금식하고 기도하면서 하나님을 구할 것이므로 나를 방해하지 말아 주세요'라고 말했습니다.

나는 거기서 닷새 동안 금식했는데, 물만 마시면서 말씀과 기도로 하나님을 구했습니다.

나는 주님께 '주님. 무엇이 잘못 되었습니까?' 하고 물었습니다.

'나는 이렇게 오랫동안 목회를 해오고 있는데, 내가 목회한 교회는 한 곳도 성장하지 않았습니다. 새로운 교인도 오지 않았고 기존 교인들이 영적으로 자라는 것 같지도 않습니다.'

주님께서 응답해 주셨습니다. 그분의 말씀은 이러했습니다.

'한 가지 문제는 네가 양들을 죽이는 것이다. 그래서 너에게는 장성한 양이 없단다. 네가 계속해서 양들을 죽인다면 너의 회중들은 자랄 수 없을 것이다.'"

주 예수님은 또 이렇게도 말씀하셨습니다.

"너는 양들을 그냥 두어라. 먹이고 양육하라. 그러나 다만 그들을 나에게 맡겨라. 그들은 뛰어다니며, 들락날락할 것이다. 그리고 때때로 그들은 어린 양들이기 때문에, 저 언덕 위로 뛰어올라가기도 할 것이다. 그리고 너는 그들이 심지어 영영 가버렸다고 생각할 수조차 있을 것이다. 그러나 네가 그 사실을 알기도 전에 그들은 돌아올 것이다. 그들을 그냥 두어라."

예수님은 계속해서 말씀하시길 "그것뿐만이 아니다. 너는 너의 양떼 중에서 병든 것들을 양육하고 돌보는 대신에 죽이고 있다. 만일 너의 회중 가운데 누군가가 영적인 수술이 필요하다면 그들을 위해 양육하고 기도하는 대신 너는 그들을 도살해 버리는 것이다.

영적인 것이 아닌 자연적인 상황에서 교인들 가운데 한 명이 무언가 문제가 있다면 너는 도살용 칼로 쪼개어 문제를 찾고 곪은 부위를 도려낼 수 있다.

그렇지만 네가 그 일을 다 끝낸 후에 그는 얼마나 만신창이가 되어 있겠느냐? 영적으로 말하면 네가 너의 병든 양들에게 하고 있는 것이 정확히 그것과 똑같은 것이다!"

주님께서 말씀하셨습니다. "너는 아픈 양들을 도살하는 것이 아니라 그들을 양육해야 한다! 네가 그들에게 말씀을 제공해 준다면 그들 대부분이 치유받게 될 것이다. 그리고 만일 그들 가운데 누군가가 수술을 필요로 한다면, 너는 그것을 나에게 맡겨라. 그래서 내가 직접 그들을 수술할 수 있도록 하여라."

주님의 말씀은 계속되었습니다.

"그리고 물론 너는 재정적으로도 잘하였다. 십일조를 드리지 않는 모든 사람들을 교회에서 쫓아내었으니 말이다. 그래서 지금 교회에 있는 사람들은 누구나 십일조를 드리고 있다."

이 목사는 주님께 말씀드렸습니다. "주님, 제가 잘못했습니다. 회개합니다. 하나님, 저를 용서해 주세요."

그리고 이 목사는 나에게 말했습니다.

"나는 주님께 회개했습니다. 그리고 나는 변화되었습니다. 내가 변화된 이후로 교회는 성장해 오고 있습니다."

이처럼 참된 목자의 심령을 가진 분들로 인해 하나님께 감사드립니다. 선한 목자는 자기에게 맡겨진 양을 위하여 자기의 생명을 내어놓습니다(요 10:11).

그는 양들을 제일 우선시합니다.

그는 양들을 감독하는 사람입니다. 그는 자신의 심령을 양들과 양들의 최선의 유익에 두고 그들을 관리하는 사람입니다.

내가 목회를 해온 모든 기간 동안 나는 항상 사람들에게 말했습니다. "만일 여러분이 여기보다 더 잘 양육 받고 여기 있는 것보다 더 영적으로 성장할 수 있다면, 나는 여러분이 그곳에 가기를 권유해

드립니다. 실제로 나는 여러분이 그곳에 갈 것을 주장합니다. 왜냐하면 여러분이 진실로 잘 되는 것이 내 마음에 있기 때문입니다."

만일 목사들이 사람들의 삶을 조종하여 그들로 하여금 자신들이 원하는 것을 하도록 한다면 그들은 십중팔구는 회중의 절반을 잃어버리게 될 것입니다!

경제공황이 끝나고 얼마 안 되어서 나는 한 교회를 방문하였습니다. 그 당시에는 그 교회가 오순절 교단에서는 벽돌로 지은 첫 번째 교회였습니다.

대부분의 오순절 교회들은 나무로 지은 교회건물을 가지고 있었습니다. 그래서 나는 그 교회의 목사를 방문하게 되었던 것입니다.

그 당시 나는 스물세 살 정도 되었습니다. 그리고 그 목사는 오십오 세였습니다. 내가 그 목사와 친교를 나누는 중에, 그는 그 근처에 와서 천막 집회를 하는 다른 목사에 대해 이야기했습니다.

그 목사는 천막 집회를 하는 목사가 가르치는 모든 내용에 동의하지는 않았습니다.

그 목사는 이렇게 말했습니다.

"나는 주일 날 아침에 사람들에게 그 천막 집회에 가지 말라고 할 것입니다."

천막집회를 하고 있는 목사는 기본적으로는 건전한 교리를 가르치고 있었지만 그가 가르치는 것 중의 일부가 말씀과 일치하지 않았던 것입니다.

비록 나는 이 목사보다 훨씬 더 어렸지만, 그 목사가 자기 교회 회중들에게 이러한 다른 집회에 가지 못하도록 말한다면 실수가 될 것임을 알았습니다.

그러나 당신이 아는 것을 사람들에게 모두 다 말할 필요는 없습니다. 특별히 그들이 당신의 말을 듣지 않을 것을 당신이 알 때는 말입니다.

그래서 결국 그 목사는 주일날 강단에 서서 자기 교회의 회중들에게 그 천막 집회에 가는 것을 금지시켰습니다.

이것은 양들에 대한 그의 거칠고 독재적인 태도를 보여줄 뿐입니다.

일년이 지나가기도 전에 그 목사는 교회를 잃어버렸을 뿐만 아니라, 더 이상 사역도 할 수 없게 되고 말았습니다.

그는 결코 사역으로 되돌아오지 못했습니다.

그 일이 일어나고 일년 정도 지난 후에, 나는 그 근처에서 목회하고 있었습니다.

천막집회를 하던 그 목사가 나의 교회 근처에 와서 집회를 하고 있었습니다.

같은 지역에 있던 한 목사가 내게 이렇게 물었습니다. "당신은 그 목사가 이 근처에서 집회하는 것을 어떻게 대처할 것입니까?"

나는 "아무런 대처도 하지 않을 것입니다. 나는 나의 회중들에게 아무 말도 하지 않겠습니다."라고 대답했습니다.

그 목사는 나에게 "나는 교인들에게 그 집회에 가는 것을 금하겠습니다"라고 말했습니다.

내가 그 목사에게 말했습니다.

"만일 당신이 그렇게 한다면 실수하는 것입니다."

그리고 나는 그런 실수를 하였던 다른 목사에 대해 말해주었습니다.

그 목사는 그래도 이렇게 우겼습니다.

"그러나 만일 당신이 교인들을 금하지 않는다면 교인들 중 몇몇은 그 집회에 갈 것입니다."

"물론 갈 것입니다. 그렇지만 나는 독재자가 아닙니다. 믿는 자들은 하나님의 가정 안에서 독재자 밑에 있는 것이 아닙니다. 더구나 그 목사는 나와 경쟁하는 것이 아닙니다. 나는 교인들을 말씀으로 양육합니다."

그 목사는 말했습니다.

"나는 내 교인들이 거기에 가지 못하도록 하겠습니다."

나는 이렇게 말했습니다.

"만일 당신이 그렇게 한다면 교인들은 당신이 말하는 대로 정말 그런가 하여 모두 갈 것입니다. 그러므로 나는 교인들에게 그런 이야기는 꺼내지 않을 것입니다."

나는 그 목사가 잘못 생각하는 것을 알았습니다. 그럼에도 불구하고 나는 그에게 확신을 줄 수가 없었습니다.

나는 우리 교인들에게 다른 목사가 우리 지역에 와서 집회하고 있다는 말도 하지 않았는데, 결국 그 목사의 집회에 관해 많은 논쟁이 일어나서 사람들이 나에게 그것에 대해 물어오기 시작했습니다.

그리고 그 목사가 여름 내내 그 집회를 할 것이기 때문에 그것에 대해 공개적으로 언급해야 했습니다.

그래서 나는 나의 회중들에게 말했습니다.

"많은 사람들이 이 동네의 천막 집회에 대해 물어왔습니다. 나는 그 목사가 가르치는 모든 것에 다 동의하지는 않습니다. 그러나 그 사람이 가르치는 것이 90 퍼센트는 확실히 맞다고 말하겠습니다. 사람은 심령은 옳아도 머리가 잘못될 수 있습니다. 내가 생각하기로 그 사람은 어떤 것들에서 잘못된 부분이 있습니다. 그러나 하나님은 그를 축복하십니다. 그는 사람들을 구원받게 하고 치유받게 합니다. 그래서 나는 그에게 더 많은 능력이 있게 되길 원합니다."

나는 계속 말했습니다.

"사람들이 나에게 그 집회에 가도 되느냐고 물어왔습니다. 나는 독재자가 아닙니다. 우리는 주일 아침, 주일 밤, 그리고 수요일 밤에 예배가 있습니다. 교회 문이 열렸을 때, 여러분은 여러분의 교회에 충실해야 하고 여기에 와 있어야 합니다. 다른 때는 여러분이 가고 싶은 곳에 가십시오. 건초만 먹고 막대기는 그냥 두고 오십시오."

내가 단 한 명의 교인도 잃지 않은 것을 당신은 아십니까!

그렇지만 다른 목사가 자기 교인들에게 그 집회에 참석하지 말라고 명령을 하였을 때, 그는 자기 교회에서 가장 훌륭한 일곱 명의 교인을 잃어버리고 말았습니다.

사실 그는 자신의 교회를 거의 잃어버리다시피 했습니다. 왜냐하면 잃어버린 일곱 명의 가족들이 그 교회에서 가장 충실한 재정 후원자들이었기 때문입니다. 그리고 그들이 떠난 후 그는 심지어 교회의 공과금도 낼 수 없게 되었습니다.

목사들이 독재자가 되어서는 안됩니다!

물론 어떤 사역자가 양들에게 해로운 교리를 가르친다면, 목사는 양떼들에게 경고해야 할 책임이 있습니다.

그러나 다른 한편으로 보면, 만일 목사가 사람들을 잘 양육한다면, 그들은 계속하여 돌아올 것이고 다른 교회를 떠돌아다니지 않을 것입니다.

영적으로 자연적으로 지역교회를 관할하는 것

고린도전서 12장 28절에서 교회 행정에 대해 언급하는 것은 영적인 측면과 자연적인 측면, 양면을 동시에 언급하는 것입니다.

다른 말로 표현하면, 목사는 교회를 영적으로 감독해야 하며, 또한 교회운영의 자연적인 측면도 다루어야 한다는 의미입니다.

예를 들면, 목사는 자산을 구입하고 새 건물을 짓고 장비를 구입하는 등등의 일들을 감독해야 합니다.

이러한 모든 일들은 자연적인 영역에서 이루어집니다.

그렇다면 목사가 그런 모든 것을 관할해야 합니까?

어느 정도까지는 그렇습니다.

그렇지만 그가 모든 시간을 자연적인 영역에 속한 일들에 다 소모해버린다면, 그는 설교할 준비가 안 될 것이고, 또한 설교할 수 있는 기름부음을 받지 못하게 될 것입니다!

그러므로 목사는 이런 영역에서 균형을 잘 유지해야 합니다.

나는 어떤 목사들이 일상의 교회 운영에 너무 많은 시간을 보냄으로 말씀을 전하고 가르치는 기름부음이 감소하는 것을 보았습니다.

교회가 성장 발전해 감에 따라 목사는 자연적인 업무와 책임들 가운데 어떤 것들을 위임할 만큼 지혜가 필요합니다.

교회 운영의 자연적인 측면에서 목사는 교회의 재정을 반드시 담당해야 할 필요는 없습니다. 그러나 그는 재정적 영역에서는 어느 정도 감독을 계속 유지해야 할 필요가 있습니다. 다른 말로 표현하면 그는 그런 책임들을 다른 사람에게 위임할 수 있다는 것입니다. 어떤 목사들은 그들의 자연적인 책임 모두를 다른 사람에게 위임하므로 결국 자기의 교회를 잃어버리게 되었습니다. 왜냐하면 그들이 자연적인 기능들에 대해 몰랐거나 감독하지 않았기 때문입니다. 균형이 필요합니다.

또한 사역자가 설교를 잘 한다고 해서 그가 사업이나 교회 건축 같은 자연적 일들에서 능력이 있다거나 전문가임을 의미하는 것은 아닙니다.

어떤 목사들은 그런 것들을 잘 알지만, 또 어떤 목사들은 잘 모릅니다.

그러나 목사가 자연적인 능력이 있건 없건 그가 이러한 사업의 일들에 대해서 교회 안에 자문 이사회advisory board를 두는 것이 지혜로운 것입니다. 그러나 교회운영government이란 단어를 통해 볼 때 성경은 목사가 지역 교회의 영적인 수장首長임을 말하고 있습니다.

지역교회 안에서 목사보다 더 높은 영적 권위는 없습니다. 왜냐하면 그는 지역교회에 대한 영적인 감독권을 가지고 있기 때문입니다.

우리는 초대교회에서 교회 운영에 관한 자연적 업무들과 책임들이 다른 사람들에게 위임되고 있는 것에 대한 한 가지 예를 볼 수 있습니다.

이 사람들은 교회의 자연적인 업무를 돕기 위해서 선택된 사람들이 이 첫 번째 집사들이었습니다.

그 때에 제자가 더 많아졌는데 헬라파 유대인들이 자기의 과부들이 매일의 구제에 빠지므로 히브리파 사람을 원망한대 열두 사도가 모든 제자를 불러 이르되 우리가 하나님의 말씀을 제쳐놓고 접대를 일삼는 것이 마땅하지 아니하니 형제들아 너희 가운데서 **성령과 지혜가 충만하여 칭찬받는 사람 일곱을 택하라 우리가 이 일을 그들에게 맡기고** 우리는 오로지 기도하는 일과 말씀 사역에 힘쓰리라 하니 온 무리가 이 말을 기뻐하여 믿음과 성령이 충만한 사람 스데반과 또 빌립과 브로고로 와 니가노르와 디몬과 바메나와 유대고에 입교했던 안디옥 사람 니골라를 택하여 사도들 앞에 세우니 사도들이 기도하고 그들에게 안수하니라   행 6:1-6

기억하십시오. 처음에는 사도들만이 초대교회에 있었던 유일한 사역자들이었습니다. 그리고 처음에는 예루살렘 교회가 세상에 존재하는 유일한 교회였습니다. 그러나 사도행전 6장의 일이 일어났을 때는 예루살렘의 지역교회는 상당히 성장해서 교회 내에서 행정직무와 자연적인 업무를 감당할 수 있는 사람들을 선택하는 것이 필요하게 되었습니다.

우리는 성경을 통하여, 예루살렘 교회가 적어도 8,120명의 교인들로 성장했음을 알 수 있습니다(행 1:15, 2:41, 4:4).

그때까지는 사도들이 사역에 관한 모든 일들을 감당했습니다. 그들이 영적인 일들과 함께 자연적인 업무까지 직접 감당했습니다.

'집사'라는 헬라어 단어는 시중드는 사람attendant 또는 일반적으로 말해서 돕는 사람을 의미합니다. 이들 집사들은 교회의 자연적인 업무영역에서 도왔기 때문에 사도들은 하나님의 말씀을 가르치고 전파하는 일에 전념할 수 있었던 것입니다.

사도행전 6장 3절에서 우리는 집사 사역의 한계를 할 수 있습니다. "…우리가 이 일을 그들에게 맡기고."

신약성경 어디에서도 집사 회의deacon board에서 교회의 교리를 결정하거나 교회의 영적인 감독권을 행사하는 것을 발견할 수 없습니다.

사도들은 자연적인 사업이나 교회의 일들을 이 사람들에게 위임했으며, 그리고 이 집사들은 어떤 자격들에 근거해서 선택되어졌습니다.

첫 번째, 이러한 집사들은 그들의 정직성 때문에 선택되어졌습니다.

그들은 성령으로 충만해야 했습니다. 그럼에도 불구하고 그들은 지혜가 있어야 한다는 사실을 알아야 합니다.

교회에서 단순히 돕는 자들인 집사들이 정직하다는 평판과 지혜가 필요하다면, 복음을 전파하는 자들이야 얼마나 더 엄격히 그런 것들이 요구되겠습니까!

어떤 목사들이 실패하는 이유는 그들이 정직하다는 소문이 없기 때문이며, 그리고 그들이 돈을 다루는 데 지혜가 부족하기 때문입니다.

혹은 어떤 사역자들이 정직하다는 평판이나 혹은 직무를 수행하는 데 실제적인 지혜가 없는 사람들을 돈을 다루는 자리에 두었기 때문입니다.

그것은 성경적이 아닙니다.

만일 그들이 정직하다는 평판이 없거나 혹은 재정적인 일들을 다루는데 지혜가 부족하다면, 돈을 다루어서는 안됩니다.

그럼에도 불구하고 어떤 목사들은 여기서 그 점을 놓치고 있습니다.

적은 회중을 가진 교회의 어떤 목사들은 자신들이 기도와 말씀에 전념하기 위해서 실제적인 업무를 관할하는 담당자를 둡니다. 그리고 이런 목사들은 극단에 치우쳐서 교회의 실제적인 일들을 전혀 돌보지 않는 것입니다.

그러나 만일 목사가 교회의 재정적인 문제를 감독하지 않는다면, 그 교회는 재정적으로 복잡한 문제에 빠질 수 있게 됩니다. 그리고 그는 손쓰기에는 너무 늦을 때까지 이런 사실을 모르고 있을 것입니다.

그렇기 때문에 목사는 그가 이러한 재정적인 업무를 다른 사람에게 맡겼다 해도 자기 교회에서 재정적으로 어떤 일이 일어나고 있는지 알아야 하는 것입니다.

나는 이 삼백 명 정도의 회중을 가진 작은 교회들을 목회하였습니다.

나는 재정적으로든 영적으로든 교회에서 일어나는 일을 다 알고 있었습니다. 그리고 동시에 나는 많은 기도를 하였습니다. 또한 계속해서 말씀 안에 거했습니다.

내가 직접 돈을 다루지는 않았습니다. 나는 그 일을 다른 사람에게 위임했습니다. 그러나 그 사람은 나에게 설명을 해야 했고, 그래서 나는 교회 재정상태가 어떻게 되어 가는지 알 수 있었던 것입니다.

목사들과 교회 이사board

내가 성령세례를 받고 오순절 교단으로 왔을 때, 나는 이런 면에 대해 많이 알지 못했습니다.

나는 내가 목회했던 모든 교회에서 나의 전임 목사들이 이사회와 문제가 있었다는 것을 알게 되었습니다.

내가 목회했던 어떤 교회도 교회행정 체제가 지극히 올바르다고 나는 생각하지 않았습니다.

나는 성경 말씀을 통하여 지역교회의 관할권이 영적으로도 자연적으로도 목사에게 있음을 알고 있었습니다.

그러나 내가 목회했던 교회들의 이사회에 속한 어떤 이들은 영적으로도 자연적으로도 교회의 운영을 자신들이 하려고 했습니다.

나는 그들 교회의 행정권을 인계받아서 바꾸려고 그 교회들에 간 것은 아니었습니다. 나는 하나님의 말씀을 전파하고 사람들에게 축복이 되며, 그리고 그 지역교회 안에 있는 하나님의 양무리를 돌보기 위해서 간 것이었습니다.

만일 내가 이 교회들을 갈 때 모든 것들에 대한 주도권을 잡아서 하룻밤에 뜯어고쳐 놓겠다는 태도로 갔다면 나는 모든 일을 엉망으로 만들었을 것이고 이사회에서는 나를 내보냈을 것입니다. 그리고 그들이 그렇게 한 것이 잘한 일이었을 것입니다. 그러나 나는 그런 독재자적인 태도를 가지지 않았습니다.

나는 그 교회들에 가서, 사람들을 축복하고 도우려고 했으며, 존재하는 그 교회들의 교회법의 테두리 안에서 일하고자 했습니다.

예를 들자면, 내가 목회했던 마지막 교회에서는 추가로 건축을 해야 했고 기존의 예배당을 새로 단장해야 했습니다. 그것은 교회 운영의 자연적인 일입니다. 그리고 그 일에는 사역의 사업적인 면을 다루는 것이 요구되었습니다.

나는 내가 부임해 가기 훨씬 전부터 있었던 이사회에 이 문제를 가지고 가서 "내가 원하는 대로 우리는 교회를 새로 단장할 것입니다."라고 요구하지 않을 만큼 상식이 있었습니다.

그 대신 나는 그들에게 "어떤 식으로 새롭게 단장하고 싶습니까? 무엇보다 이 교회는 여러분의 것입니다. 내가 떠나간 후에도 여러분은 여전히 여기 있을 것입니다. 그러므로 우리가 예배당을 새로 단장할 때, 모든 회중들의 필요를 고려합시다."

전에 있던 모든 목사들도 이 교회의 이사들과 일하는데 문제들이 있었습니다.

그러나 내가 발견한 것은 전에 있던 다른 목사들은 "나는 모든 사람들이 내가 여기서 목사라는 것을 알아주기 바랍니다. 내가 이 교회를 운영합니다. 그리고 내가 말하는 대로 여러분은 따르십시오! 여러분은 내가 말한 것을 행해야 합니다!"라는 식으로 독재적인 태도를 가지고 왔다는 사실입니다.

그런 태도를 가진 목사는 어느 교회의 이사회하고도 문제에 직면하게 될 것입니다!

목사는 어떤 교회에 가서 그 날로 모든 것을 바꾸려 해서는 안됩니다. 그는 기존의 교회 이사회와 함께 일하려고 노력해야 합니다.

나는 독재적인 태도를 가지고 있지 않았기 때문에 어떤 목사들이 그 교회들의 이사회들과 가졌던 것과 같은 문제들을 만나지 않았습니다.

나는 교회로 가서 모든 것을 넘겨받아서 단번에 변화시키려고 하지 않았습니다.

가능한 한 목사는 기존의 이사회와 같이 일하려고 노력해야 합니다.

나는 그런 식으로 하지 않았던 한 목사를 기억합니다.

이 목사가 어떤 교회를 맡았을 때, 그는 교회 행정을 완전히 바꾸려고 작정했습니다. 그는 개인적으로 나에게 "우리는 올바른 교회행정을 가지고 있지 않으므로 하나님께서 우리를 축복해 주실 수 없습니다. 그러므로 나는 신약의 교회 행정체제를 세워야 하겠습니다."라고 말했습니다.

나는 그에게 그렇게 하지 말라고 했습니다.

나는 그에게 "우선 당신은 어떤 것을 변경할 만큼 거기서 오래 있지 않았습니다. 두 번째로 그 교회는 당신이 부임하기 전부터 오래 있어 왔기 때문에 하룻밤 사이에 당신이 무엇을 바꿀 수는 없습니다. 적어도 일 년 혹은 이 년은 지금의 교회 구조에서 아무 것도 바꾸지 마시고 목회하십시오."

나는 또 말했습니다.

"사람들에게 당신이 그들을 사랑한다는 것을 증명해 보여 주십시오. 선한 목자는 양을 위해 목숨까지 버립니다. 그리고 당신이 그들을 사랑한다는 것과 당신의 심령에 그들의 최선을 원한다는 것을 일단 증명해 보이면, 그들은 하나님의 인도하시는 대로 어디든지 당신을 따라갈 것입니다."

그는 말했습니다.

"그렇지만 우리는 올바른 교회행정 체제를 갖출 때까지 하나님의 축복을 받을 수 없고 하나님의 능력이 나타날 수 없습니다."

나는 그에게 그렇게 말했습니다.

"그렇지 않습니다! 나는 그렇지 않다는 것을 압니다. 나는 거의 12년이나 목회를 해왔습니다. 그리고 당신에게 정직하게 말한다면 내가 목회했던 어떤 교회도 내가 '옳다'고 생각하는 신약의 행정 체제를 가지고 있지 않았습니다. 그렇지만 나는 그것들을 바꾸려고 하지 않았습니다. 그럼에도 불구하고 모든 교회 이사들이 나에게 이렇게 말했습니다. '당신이 여기에 오고 나서, 우리 교회는 놀라운 성장을 경험하였고, 우리 교회 역사상 가장 놀라운 성령님의 역사하심을 경험하였습니다.'"

하나님이 행하시는 일과 하나님 자신을 교회 안에서 나타내 보이시는 것은 교회의 행정과는 아무런 관계가 없습니다.

신약 교리의 지침과 완전히 다르다면 모르지만 말입니다.

하나님은 우리가 기술적으로 올바른 구조라고 생각할 수 있는 것을 가지는 것보다 서로 사랑하고 연합 안에서 행하는 것이 더욱 관심이 있으십니다.

나는 이 목사에게 "하나님께서 당신의 교회를 축복하십니까? 사람들이 구원받고 치유받고 성령으로 세례를 받습니까?"라고 물었습니다.

그는 "물론입니다. 거의 모든 예배에서 그렇습니다."라고 대답했습니다.

나는 "그렇다면 하나님께서 당신을 축복해 주시고 있군요."라고 대답했습니다.

그러자 그는 자신이 생각하는 올바른 교회행정에 대해 말했습니다. 당신은 그것이 어떤 것인지 아십니까? 그것은 '내가 머리이다. 그러므로 내가 모든 돈을 관리하겠다' 라는 의미입니다.

내가 말했습니다. "당신은 그것을 조심해야 합니다. 그렇게 하지 마십시오."

나는 그에게 여러 번 말했지만 그는 들으려 하지 않았습니다. 나는 무슨 일이 일어날 것인지 알았습니다. 그리고 그 일은 일어났습니다.

그가 교회 행정 체제를 바꾸고 자신이 옳다고 생각하는 교회행정 체제를 확립한 후 하나님께서 그들을 얼마나 축복했는지 놀라울 정도였습니다!

그가 그 교회에서 처음으로 목회할 때, 교인은 1500여명 정도 되었습니다.

그가 자신이 옳다고 생각하는 교회행정 체계로 바꾼 후 18개월 만에 그 교회는 200명도 채 안되는 교인밖에 없었습니다.

그는 충고를 듣기에는 너무나 완고했습니다. 내가 정직하게 말할 수 있는 한 가지는 젊은 목사로서 나는 믿음의 세계에서 더 많은 경험을 가진 사역자들에게 항상 귀를 기울이려고 노력했습니다. 내가 그 사람들의 말에 동의를 하든 하지 않든 나는 그들이 사역에 더 많은 경험이 있다는 것을 알았기 때문에 그들이 말하는 것에 대해 항상 마음을 열고 들으려고 유의했던 것입니다.

그들 가운데 어떤 이들은 소위 말하는 믿음에 대해서는 전혀 아는 게 없었습니다. 그럼에도 불구하고 그들은 다른 것들에 대해 많이 알았는데, 그것들이 나에게 측량할 수 없을 정도의 축복이 되었고 또한 도움이 되었습니다.

젊은 사역자는 마땅히 배우고자 하는 태도를 가지고 사역에서 더 많은 경험을 가진 나이 많은 목사들에게 귀를 기울여 들을 만큼 상식이 있어야 합니다.

젊은 목사로서 나는 내가 목회했던 교회들에서 기존의 교회이사들과 함께 일을 해야 한다는 것을 이해했던 것입니다.

그 교회들은 내가 부임해 가기 전부터 있었기 때문에 그 교회들은 나의 교회가 아니었습니다.

만일 어떤 목사가 처음부터 개척하여 새로운 사역을 시작하였다면,

그것은 전혀 다른 경우입니다.

만일 자기가 사역을 시작했다면, 그는 주님께서 인도하신다고 느끼는 대로 여러 가지 일들을 할 수 있습니다. 그러나 심지어 그때조차도 그는 독재자가 되지 않고 사랑 안에서 행하도록 주의해야 합니다.

그가 직접 교회를 개척했다고 해도 그 교회가 그의 것은 아닙니다. 그것은 주님의 교회입니다. 그리고 그는 여전히 사랑으로 행하고 사람들을 우선적으로 생각해야 합니다.

사랑은 언제나 다른 사람을 먼저 생각합니다.

교회의 영적인 감독에 대해서 이 교회들의 이사들은 내가 교회의 수장임을 알았고, 나에게 무엇을 하라고 결코 말하지 않았습니다. 그들은 나를 존중했고 나도 그들을 존중했습니다.

어떤 목사들은 "주님이 나에게 이렇게 말씀하셨습니다. 그러므로 우리는 이런 식으로 일을 해나갈 것입니다!"라고 말함으로써 그 교회의 이사들과 문제에 직면하게 됩니다.

나는 하나님께서 나에게 무슨 일을 말씀하셨을지라도 그것을 교회의 이사회에 말한 적이 없습니다.

왜냐하면 그렇게 하면 그것은 그들로 하여금 내가 말한 것을 행하도록 속박 아래 처하게끔 하기 때문입니다.

예를 들어서, 내가 목회를 했던 한 교회에서 우리는 한 달에 한 번씩 사업에 대한 회의를 했습니다.

우리는 돈 자산, 건물에 대한 보험, 그리고 일반적인 교회의 사역들에 대해서 의논하곤 했습니다. 헤인즈 형제가 우리 이사회의 일원이었습니다. 그가 어떻게 투표하든 이사회의 다른 두 사람도 그를 따라 투표했습니다. 나는 헤인즈 형제에게 무엇이든 원하는 것은 말하게 했습니다. 그리고 만일 내가 주님께서 다른 방향으로 가기를 원하는 것을 안다면 나는 이렇게 말하곤 했습니다. "이 방법으로 하면 어떨까요? 그리고 만일 그것이 잘못된 것이라면 우리는 여러분이 원하는 방법으로 다시 바꿀 수 있습니다."

그 말이 논리적으로 들렸기 때문에 그들은 모두 동의했습니다.

9개월이 지난 후 헤인즈 형제는 이렇게 말했습니다. "여러분 해긴 목사님이 아홉 달 동안 여기 계셨습니다. 그리고 목사님께서 잘 되지 않는 것을 제안하신 적이 한 번도 없었습니다. 목사님이 원하시는 것은 무엇이든 우리가 따르겠다고 지금 기록해 둡시다."

내가 제안했던 것들이 잘된 것은 그 상황에서 내가 하나님께 구했기 때문입니다. 그리고 나는 우리가 해야 하는 것에 대해 주님의 마음을 가지고 있었습니다.

교회 이사들에게 그것은 반드시 말해야 할 필요는 없었지만, 나는 나 자신을 증명해 보여주었습니다. 그래서 그들은 나를 신뢰할 수 있었던 것입니다.

그들은 내가 그들을 사랑하고 그들이 최선의 유익을 얻게 하고자 하는 것이 내 마음에 있음을 보았던 것입니다.

교회 이사회가 목사를 믿게 되면 그들은 대개 그 목사와 같이 일을 하고자 하고 그 목사의 뜻을 충족시키려고 하게 됩니다. 나는 그들의 신뢰를 받았습니다.

그래서 그들은 내가 하고자 하는 것은 무엇이든 후원해 주었습니다.

그들은 내가 자신들을 이용하지 않으리라는 것을 알았던 것입니다.

나는 그들 앞에서 올바로 살았고 올바로 행하였습니다. 그래서 그들은 나를 신뢰할 수 있다는 것을 알았습니다.

그러나 내가 그 교회를 떠난 후, 얼마 지나지 않아서 그들은 다른 목사를 청빙했습니다. 그 교회는 사람들을 돕기 위한 선교기금, 병원기금, 건축기금을 포함하여 일곱 개의 자선기금이 있었습니다.

그 교회 이사회는 교회의 모든 재정을 이 새로 부임한 목사에게 위임했는데, 그는 그들이 가지고 있던 모든 돈을 훔쳤습니다.

교회 집사들 중 한 명이 나에게 말했습니다. "우리는 그를 감옥에 보낼 수 있었습니다. 그러나 우리는 순복음 교회 목사가 횡령죄로 체포되었다고 광고되는 것을 원치 않았습니다."

그 목사는 교회 이사회가 자신을 기소하지 않을 것을 알았습니다. 왜냐하면 그것이 교회 내에서 추문을 불러일으킬 것이기 때문입니다.

그래서 그는 바로 그 점을 이용했던 것입니다.

그런 사람은 악한 자입니다.

거짓 목사가 어떤 자인가 하면, 바로 그 사람이 거짓목사였습니다!

스스로 사도와 선지자라고 주장하면서, 모든 사람들을 지배하여 교회들이 자기들에게 십일조를 바치도록 하는 사람들이 사도와 선지자가 아닌 것처럼 그런 사람은 더 이상 목사가 아닙니다.

교회 이사회는 가끔 교회를 실제적으로 운영하는 일에 있어서 이러한 불행한 처지에 빠질 수 있습니다.

다른 한편으로는 사기를 당하는 것으로부터 지키기 위하여 교회가 다소 엄격한 규칙과 법을 만들어야 할 수도 있습니다. 그리고 그것들이 목사의 손을 묶어서 그가 무언가를 성취하는 것이 어렵게 될 수도 있는 것입니다.

그렇지만 또 다른 한편으로 보면, 만일 교회가 새로 온 목사에게 아무 검증도 없이 모든 재정적인 일을 맡겼다면, 그 사람과 같은 어떤 파렴치한 사람이 와서 그들이 가진 모든 돈을 훔쳐갈 수 있는 것입니다. 그러므로 교회행정 체제에는 어떤 지침이 있기는 하지만 아주 엄격한 규칙은 없는 것입니다.

나는 성경이 "아무에게도 악으로 악을 갚지 말고 모든 사람 앞에서 선한 일을 도모하라"(롬 12:17)고 한 것을 근거로 항상 행동하려고 했습니다.

만일 목사가 주님과 동행하려고 애쓰고 또 그의 심령이 하나님 앞에 옳다면 그는 사람들을 이용하려고 하지 않을 것입니다. 그는 사람들을 축복하고 양들을 위하여 자기의 생명을 주고자 할 것입니다.

13

서로 다른 교회의 구조

교단들마다 서로 다른 교회 구조를 가지고 있습니다. 사람들은 묻습니다. "어떤 종류의 교회 행정이 올바른 것입니까?" 사실 그들 각자마다 어떤 진리와 유익한 것들이 있습니다.

그리고 때때로 나는 우리 교회의 구조 때문이 아니라, 불완전한 구조들임에도 불구하고 하나님께서 우리를 축복해주신다고 생각합니다.

예를 들어서, 한 특별한 교회기관에서 교단의 지방 감독들이 교회를 위해 목자들을 선택합니다. 그들은 양떼들 가운데 한 명이 누가 자신들의 목자가 되어야 할 것인가에 대해 투표하지 않는다는 원칙 아래서 그렇게 하는 것입니다.

그러므로 그들은 오직 양무리의 지방 감독자나 관할자들만이 지역 교회의 양들을 위한 목자를 선택할 수 있는 자격이 주어져 있다고 논리적으로 설명합니다.

그 제도도 그들을 위해 잘 수행되어지는 것 같습니다. 그들의 교리의 토대들이 성경적이고, 그래서 하나님은 그들을 축복하실 수 있으신 것입니다.

그리고 그들은 실질적인 교회의 성장을 경험해 왔습니다.

또 다른 주요 기관에서는 회중들이 투표하여 목사를 뽑습니다.

그들 역시 그들의 교단 내에서 하나님의 축복을 경험합니다.

사람들은 계속해서 구원받고, 치유받으며, 그리고 성령으로 충만함을 받습니다.

다른 기관에서는 이상의 두 가지의 교회 행정스타일을 결합한 것을 선택해 왔습니다.

그들의 지역 감독은 이사회를 만나서, 주님께서 다음 목사 되도록 지시한다고 느끼는 사람을 추천합니다.

그리고 그들은 모두 그것에 대해 기도하고 그 문제를 투표하기 위해 교회 회중들 앞으로 가지고 옵니다.

이 특별한 교단의 한 지역 감독이 나에게 이렇게 말했습니다. "나는 항상 회중들에게 '만일 여러분이 이 목사를 받아들이는 것이 이 교회를 위한 하나님의 뜻이라고 생각하지 않는다면, 받아들이지 않아도 괜찮다는 것을 여러분은 압니다. 그럼에도 불구하고 나는 그것에 관해 기도했고, 이사회도 기도했습니다. 그리고 이제는 여러분이 그것에 관해 기도해야 합니다.' 라고 말합니다."

어느 교회의 행정이 옳은 것입니까?

그들은 모두 나름대로 유익한 점들이 있습니다. 그러나 요점은 목사는 자신이 목회하고 있는 교회에 이미 존재하는 행정의 틀 안에서 일을 추진해야 한다는 것입니다.

목사는 그들의 구조와 함께 머물러야 하고 그 구조를 바꾸려고 해서는 안된다는 말입니다.

나는 1951년 어떤 교단의 총회에 참석하였습니다. 그 교단의 총비서General Secretary가 나에게 도움이 될 만한 교회행정에 관해 몇 가지를 말해주었습니다.

그는 이렇게 말했습니다. "내가 처음 목회를 시작했을 때, 나의 교회는 그 지역에 있는 유일한 순복음교회였습니다.

그리고 나는 회중들에게 조직을 갖는다는 것은 잘못된 것이고, 죄를 짓는 것이라고 설교했습니다.

그러나 시간이 경과함에 따라 나는 일종의 조직 또는 교회행정 체계가 필요하다는 것을 알게 되었습니다."

그래서 이 목사가 여러 다른 목사들에게 편지를 내었고, 그 결과로서 그는 주요한 교단을 창설하게 되었던 것입니다.

그는 이렇게 말했습니다. "그러나 나는 나의 교인들에게 조직을 만드는 것은 잘못된 것이라고 가르쳤습니다. 그래서 내가 조직을 맡기 시작했을 때, 나는 교인의 절반을 잃어버리고 말았습니다. 그들이 내게 말했습니다. '당신은 타협을 해버리고 말았습니다! 마귀가 당신을 사로잡아 버렸습니다. 하나님은 당신의 타협하는 영 때문에 당신을 축복할 수 없습니다.' 그리고 그들은 그 지역의 다른 쪽으로 가서 다른 독립적인 사역을 세웠습니다."

이 목사는 말했습니다.

"나의 교인들의 절반이 다른 동네로 가서 독립적인 사역을 세웠을 때, 그들은 우리를 배신자들이라고 불렀으며, 우리가 조직화된 교회 행정의 틀 안에서 사역하기 때문에 하나님께서 우리를 축복할 수 없다고 말했습니다. 그들은 주장하기를 '하나님은 우리가 독립되어 있고 아무 것에도 매여 있지 않기 때문에 우리를 축복하실 것이라' 고 했습니다."

이 목사는 계속했습니다.

"그러나 2~3년이 지나갔습니다. 그리고 정말 놀랍게도, 그 다른 교회가 우리가 성장한 것만큼 성장했습니다. 두 쪽의 회중들 모두가 두 배로 성장한 것입니다. 우리는 구원받지 못한 자들에게 나아갔고, 그들도 역시 그렇게 했습니다. 그러자 하나님은 두 쪽 다 축복해주셨습니다."

"결국 약 5년 정도 지난 후에, 그들의 목사가 나에게 와서 말했습니다. '하나님은 우리 두 교회 모두에게 자비를 베푸십니다! 나는 당신의 교회를 보아왔습니다. 당신 교회는 조직화되었기 때문에 하나님께서 축복하실 수 없을 거라고 나는 확신하고 있었습니다. 그러나 하나님은 당신을 축복해 주셨고 당신의 교회도 성장했습니다. 그리고 하나님은 우리 모두를 축복해 주셨고 그리고 우리 모두는 성장했습니다. 우리의 서로 다른 점은 이제 잊어버리도록 합시다. 우리는 우리 교회의 행정 방식을 유지할 것입니다. 당신은 당신의 방식을 유지하십시오. 그러나 우리는 서로 교제를 유지하십시다.'"

"그래서 나는 그의 교회에 가서 설교를 하기 시작했습니다. 그리고 그는 나의 교회에 와서 설교하기 시작했습니다. 나는 우리가 생각했던 것처럼 우리의 서로 다른 교회행정에 관해 하나님은 그다지 관심이 없으시다는 것을 알게 되었습니다. 하나님은 우리의 차이에도 불구하고 우리 둘 다를 축복해 주셨습니다."

'누가 장로입니까?'

내가 어렸을 때, 고향에 있던 교회들 중 하나가 "누가 장로인가?" 그리고 "장로의 직임은 무엇으로 구성되는가?"라는 문제로 갈라진 적이 있습니다.

한 무리가 교회를 떠나서 다른 교회를 세웠습니다. 그리고 그들은 교회를 운영하기 위해 사업가들을 선택하여 장로로 세웠습니다. 그들은 그렇게 하는 것이 올바른 교회행정이라고 생각했습니다. 그들은 100명 이상의 교인들로 시작했습니다. 그리고 몇 년 후 다섯 명만이 그 교회에 남게 되었습니다!

여러분 모두가 알겠지만, 사업가는 목회적인 직임에 임할 수 있는 기름부으심을 가지고 있지 않습니다. 안수받은 사역자 즉, 목회적 직임에 부르심을 받은 자가 그 지역에 있던 다른 교회에서 목회했습니다. 그 교회는 계속 성장하여 그들의 장소가 좁아져서 새 건물을 지어야 했습니다. 그런 종류의 성장은 올바른 교회행정에 관해 어떤 중요한 것을 말해주는 것입니다!

바울이 사도행전 20장 28절에서 장로들과 목사들을 언급할 때, 그는 목회의 직임에 부르심 받은 자들에 대해 말하는 것입니다.

말씀을 설교하는 자와 말씀을 가르치는 자는, 양떼들을 하나님의 말씀으로 양육할 수 있도록 영적으로 준비된 사람들입니다.

이 장로들은 사업가이지, 교회를 운영하도록 맡겨진 사람들이 아닙니다.

영적인 감독자로서 부름받지도 않고, 기름부음받지 않은 사업가를 세우는 것이나, 장로들의 이사회를 사업가들로 구성하는 것은 비성경적입니다.

지역교회로 말하자면, 장로는 말씀을 설교하거나 가르치는 사람으로서, 목사인 것입니다.

사업가로서 교회의 장로로 지명받은 자가 아닌 것입니다.

사업가들은 돕는 사람이나 집사가 될 수는 있습니다. 그리고 그들이 가진 재정이나 사업에 관한 전문지식은 목사에게 큰 도움이 될 수 있습니다. 그러나 사업가는 목사의 직임을 감당할만한 기름부음이 없습니다. 그들에게는 하나님의 교회를 영적으로 감독할 만한 기름부으심이 없으며, 또한 말씀으로 하나님의 양무리를 먹일 수 있는 기름부음도 없습니다.

오직 사역의 직임에 임할 수 있도록 성령으로 준비된 사람, 즉 목사의 직임만이 장로(영적인 면으로 말하면) 관리자, 또는 감독이 될 수 있는 것입니다.

사업가는 사역의 직임에 임할 수 있는 영적인 장비나 기름부음을 가지고 있지 않습니다. 성경적으로 말하면 모든 목사는 곧 장로입니다.

실제로 모든 안수 받은 사역자는 사도이든 선지자이든, 복음 전도자나 또는 목사이든, 또는 교사이든 간에 그는 목사입니다.

장로직Eldership은 오중 사역과 분리된 직임이 아닙니다.

그것이 바로 성경이 초심자들을 권위의 직임이나 사역의 직임에 두지 말아야 한다고 가르치는 이유인 것입니다.

우리는 그가 그리스도의 몸 안에서 장로직으로 안수받기 전에 사역이 증명되고 또 영적인 성숙과 경험을 얻을 때까지 기다려야 합니다.

그것이 바로 성경이 초심자들을 권위의 직임이나 사역의 직임에 두지 말아야 한다고 가르치는 이유입니다.

우리는 그가 그리스도의 몸 안에서 장로직으로 안수받기 전에 사역이 증명되고 또 영적인 성숙과 경험을 얻을 때까지 기다려야 합니다.

사역자가 안수를 받기 전에 어느 정도의 나이에 도달하는 것과 성숙하는 것, 그리고 사역에서 경험을 쌓는 것은 중요합니다. 왜냐하면 안수는 그리스도의 몸에서 온전한 장로가 될 수 있는 자격을 얻었다는 사실을 공식적으로 인정받는 것이기 때문입니다.

장로직은 사역을 막 시작했거나, 영적으로 초보수준에 있는 사람들을 위한 것이 아닙니다.

물론 사람들은 하룻밤 사이에 생겨났다가 사라져 버리는 기관들로부터 안수를 살 수도 있습니다. 많은 사람들이 그렇게 합니다. 그리고는 스스로를 사역자라고 부릅니다. 그러나 그것이 그들로 하여금 안수받은 복음의 사역자들로 만들지는 못합니다!

그들은 단지 교회놀이를 하는 영적인 어린아이들에 불과합니다.

사역자와 사역은 반드시 먼저 검증되어져야 합니다.

그리고 사역자들은 자신들이 승인받았음을 보여주기 위해 공부할 필요가 있습니다.(딤전 3:10, 딤후 2:15)

또한 성경은 사역자들의 확실한 자격들에 관해 말합니다(딤전 3:1-13, 딤전 1:6-9).

그래서 사도, 선지자 교사, 그리고 복음 전도자는 그리스도의 몸에서 모두 장로들입니다. 왜냐하면 그들은 전임full-time 사역을 위해 안수받았기 때문입니다.

그리고 목사는 그리스도의 몸에서 가장 확실하게 장로인데, 왜냐하면 목사는 지역교회의 양떼들을 목양하기 때문입니다.

장로의 복수체제Plurality

사람들은 장로와 교회의 행정이란 주제에 관해 작은 전쟁들을 치러 왔습니다.

어떤 사람들은 교회가 진정한 신약의 교회가 되기 위해서는 장로의 복수Plurality 체제 즉 노회a board of elders가 교회를 주관해야 한다고 가르칩니다.

그러나 성경 어디에서도 장로회의board of elders가 지역교회를 주관하는 것과 목사와 회중들에게 무엇을 하라고 말하는 것을 찾아볼 수 없습니다. 그런 종류의 구성은 성경에 나오지 않습니다.

어떤 사람들은 이런 질문을 합니다.

"장로의 복수 체계가 성경적으로 올바른 것입니까?"

그것은 그들이 무엇을 말하는가에 따라 다릅니다.

만일 장로의 복수체제가 동일한 권위를 가진 여러 명의 사역자들이 교회를 운영하는 것을 의미한다면 그 대답은 '아니오' 입니다.

두 개 혹은 그 이상의 머리를 가진 것도 기형입니다.

다섯 명의 장로들이나, 목사들이 하나의 교회를 동일한 권위로 운영한다는 것은 있을 수 없는 일입니다. 그것은 불가능합니다.

그러나 만일 장로의 복수체제라는 것이 원로급의 목사가 교회를 관할하고, 그 목사가 부목사나 협력목사를 두어서 자신을 돕게 하는 것을 의미한다면, 그 대답은 올바른 것이며 성경적입니다.

그것은 두 머리를 가진 지도력을 의미하는 것이 아니라 장로직분이 여러 명임을 의미하는 것입니다.

협력목사들은 그들의 역할이 있지만, 담임목사는 최종 결정을 합니다.

누군가가 지역교회의 중심적인 목자가 되어야 하는 것입니다.

만일 어떤 목자가 적은 회중을 가지고 있다면 그는 대개 사람들을 돌볼 수 있습니다. 그리고 그는 다른 장로나 부목사로 하여금 자신을 도와주도록 할 필요가 없습니다.

그러나 목사는 양무리들을 돌보는데 도와줄 협력목사가 언제 필요한지 충분히 말할 만한 지각이 있어야 합니다.

어떤 교회들은 협력목사를 장로라고 부릅니다. 다른 교회에서는 협력목사를 목자 또는 감독이라고 부릅니다.

우리는 그런 모든 용어들이 성경에 나와 있음을 압니다.

하나님은 회중들 가운데서 오중 사역으로 부르심을 입고, 교회에서 충실한 일꾼인 어떤 사람을 일으켜 세워서 담임목사를 돕게 하실 지도 모릅니다.

그럼에도 불구하고 그는 영적인 일들에서 초보자여서는 안됩니다.

어떤 사람들은 초대교회는 교회의 행정체제로서 여러 명의 장로들이 있었다고 가르칩니다. 그들은 바울이 에베소 교회에서 장로들에게 말하는 사도행전 20장 17절을 여러 명의 장로들이 있었다는 한 가지 예로서 말합니다.

그러나 여러분도 아시겠지만 그 교회는 그 당시 에베소에 있던 유일한 교회였습니다.

그때, 그 교회에는 교인들이 상당히 많았을 것이고, 그 교회를 감독하는데는 한 사람 이상이 필요했을 것입니다.

예루살렘에 있던 모교회mother church도 이것은 동일했습니다.

여러분이 여러 명의 장로들이 교회를 운영하는 것에 대해 말하려고 할 때, 예루살렘 교회는 지역교회로서 유일하였던 것과 그리고 그 교회는 상당히 큰 교회였음을 고려해야 할 것입니다.

그 사람들 모두를 감독하는데는 확실히 한 사람 이상의 목사가 필요했을 것입니다. 그렇지 않겠습니까? 사람들 모두에게 적절하게 사역하기 위해서는 여러 명의 장로들이 있어야 했을 것입니다.

오늘날 우리는 그들을 꼭 "장로"라고 부르지는 않을지라도, 큰 교회에서는 같은 일을 합니다. 우리는 그들을 부목사assistant 또는 협력목사associates라고 부릅니다. 그러나 이백 여명밖에 되지 않는 작은 교회에서는 여러 명의 장로들이 거의 필요하지 않습니다.

지역교회에서 여러 명의 장로들이 있게 된 발전과정의 한 예를 들어보겠습니다.

레마성경교회는 1976년 이후 하나의 교회로서 공식적으로 등록되어 왔습니다.

다른 사람들이 그렇게 했듯이, 나는 가끔 거기서 가르쳤습니다.

그러나 1985년 꽉 찬 예배 일정표를 가진 교회를 시작하였으며, 그리고 나의 아들 케네스 해긴 주니어가 공식적으로 목사가 되었습니다.

목사로서 켄은 교회의 머리입니다. 내가 아닙니다. 그가 나의 목사입니다. 비록 내가 교사와 선지자의 직임에 있더라도 나는 레마성경교회의 운영하는 일과는 아무런 관계가 없습니다. 나는 목회적인 분야에 있는 것이 아니고, 또한 교회의 운영을 돕지도 않습니다.

나는 다른 사람들과 함께 의자에 앉아 예배를 즐길 뿐입니다.

레마성경교회가 시작되었을 때, 켄은 세 명이 협력목사와 한 명의 청년담당 목사, 그리고 음악 목사 한 명이 있었습니다.

교회가 성장하고 발전함에 따라 켄은 어린이 목사를 한 명 더 두게 되었습니다.

이것은 진정한 장로의 복수체제입니다. 그러나 우리는 그것을 그런 식으로 부르지는 않습니다. 우리는 그들을 협력목사associate pastor라고 부릅니다.

교회는 계속해서 숫자가 증가하고 있고, 그래서 협력목사들은 모든 사람들에게 적절히 사역하기 위해서 꼭 필요합니다.

반면에 내가 시골 교회에서 목회하였을 때, 나는 한 사람의 협력목사도 필요하지 않았습니다. 그러나 때때로 도움이 필요할 때, 나를 도울 누군가를 구하곤 했습니다. 그 사람은 어떤 일에 끼어들어 운영하는 사람을 의미하는 것이 아니고, 단지 저를 돕는 사람이었습니다.

그러나 나는 독재자 또한 아니었습니다. 목사는 지역 교회를 운영함에 있어서 독재적 관점을 취해서는 안 됩니다. 왜냐하면 그렇게 할 때, 그는 이미 사랑 안에서 행하는 것이 아니기 때문입니다.

내가 지적하고자 하는 것은 목회자를 가진 오늘날의 많은 지역 교회들에서 복수의 장로체제는 언제나 있어 왔다는 사실입니다.

비록 장로란 지역교회에서 그들의 기능임에도 불구하고 우리는 그들을 '장로'라고 부르지 않습니다.

우리는 그들을 협력목사라고 불러 왔습니다.

거짓 목사들과 사역자들

거짓 목사들과 거짓 사역자들이 있습니다.

거짓 사역자는 자기가 그 직임에 부르심을 받지 않았는데도 그 직임에서 일하려고 시도하는 사람입니다.

사적인 이익을 위해 사역에 몸담는 자와 심령 안에 사람들을 사랑하는 마음이 없는 자는 누구든지 거짓입니다.

거짓 선지자와 거짓 사도들이 있는 것처럼 거짓 목사들이 있습니다.

다른 어떤 사역의 은사에도 이것은 동일합니다.

거짓 목사들은 목사의 사역으로 전혀 부르심을 입지 않았거나, 스스로를 그 직임 안으로 밀어 넣고 양들의 필요보다 자신의 이익을 추구하는 자들로서 목회사역에 몸담고 있는 자들입니다.

거짓 목사는 또한 자기 양들에게 상처를 주고 그들을 분열시키는 것들을 가르치는 자입니다.

선한 목자는 교회가 갈라지거나 어떤 식으로든 양들이 상처를 입는 것을 보기보다는 차라리 자신이 죽고자 할 것입니다.

그러나 나는 소위 목사라고 하는 사람들이 특별히 수년 전에, 목회했던 교회들마다 문제를 일으켰던 것을 알고 있습니다. 그들은 사람을 보다 자신들을 우선시하는 자들입니다.

그런 식으로 행하는 사람은 목자의 심령을 소유하지 않은 것입니다.

선한 목자는 자신의 이익이나 욕망보다 사람들을 먼저 생각합니다. 그리고 그는 거짓 사역자나 거짓 가르침으로부터 자기의 회중들을 보호하는 것을 포함하여 양들을 위해 희생하며, 자기의 목숨을 버릴 것입니다.

그것이 바로 목사는 누군가를 초청하여 자기의 강단을 내주는 것에 대해 조심을 해야 하는 이유입니다.

목사가 다른 사역자들이 설교하는 작은 모든 것까지 다 동의할 수는 없겠지요.

그러나 교회를 가르고 순진한 사람들에게 상처를 주는 극단적인 교리들이 있습니다. 그렇기 때문에 목사는 다른 사역자들을 자신의 교회에서 설교하도록 초청하기 전에 그 사람의 설교에 대해 점검해 보아야 하는 것입니다.

그리고 그는 순회 사역자traveling ministry들이 그들의 사역에서 일어난 자신의 성취들에 대해서 이야기할 때, 모든 것을 그냥 믿어서는 안됩니다.

목사는 순회사역자들이, 그들이 설교했던 교회들에게 어떤 효과를 주었는지 긍정적이었는지 부정적이었는지 반드시 알아야 합니다.

순회사역자들은 그들이 사역했던 교회들에 축복이 되었습니까?

아니면, 그가 설교했던 곳마다 분열과 분쟁을 일으켰습니까?

만일 사역자들이 과거에 다른 교회들을 교리적으로 갈라놓았다면, 그 다음 교회에서도 동일하게 엉망으로 만들어 놓기 쉽기 때문입니다.

우리는 바울이 그리스도의 몸을 위하여 거짓 사역자들을 들어냈음을 기억해야 합니다.

바울은 이렇게 말했습니다. "형제들아 내가 너희를 권하노니 너희가 배운 교훈을 거슬러 분쟁을 일으키거나 거치게 하는 자들을 살피고 그들에게서 떠나라"(롬 16:17).

우리는 개인적으로 사역자들에게 그들의 평판을 손상시키고 상처를 주기 위해 폭로하는 것에 관해 말하는 것이 아닙니다.

목사는 반드시 문제들과 건전한 성경적 교리에 관심을 가져야 합니다. 그는 자기의 양떼들을 보호해야 합니다. 그리고 때로는 양떼들을 위해 지역교회를 분열시키고 상처를 주는 잘못을 들추어내야 합니다.

목사가 자신의 양떼들이 빠지지 않도록 지켜주어야 하는 오류 중 하나는 교회에 속출하고 있는 듯한 선지자들에 대해서입니다.

무엇이 거짓 선지자입니까?

무엇보다 우선 이것은 자신이 스스로 선지자라고 하면서 어떤 목사의 교회에 들어가서 공개적으로 목사에게 예언을 하여 그를 부끄럽게 만들어 그의 교회를 분열시키는 자입니다.

교회를 분열시키는 예언들과 목사를 부끄럽게 하는 예언들은 하나님으로부터 온 것이 아닙니다!

우리가 사는 이 시대에 때때로 소위 선지자라는 사람들이 어떤 교회로 들어가서 공개적으로 목사에게 "당신이 여기서 끝이 난 것을 하나님께서 저에게 보여 주십니다. 당신은 이 교회를 떠나야 합니다!"라는 식으로 예언을 합니다.

목사를 강단에서 내쫓는 예언을 공개적으로 하는 사람과 그의 교회를 분열시키고 상처를 입히는 사람은 누구든지 거짓 선지자입니다.

그것은 비성경적일 뿐만 아니라, 거짓말이기도 합니다.

그런 식으로 말하는 소위 선지자라고 하는 사람들은 누구든지 하나님에 대해 거짓말하는 것을 멈추어야 합니다.

하나님은 어느 누구에게도 자기의 회중들 앞에서 목사가 수치를 당하고 또 양들에게 상처를 주고 혼란하게 하도록 말씀하시지 않습니다!

광신주의와 진정한 영성은 줄 하나 차이입니다. 그것이 바로 순회 사역자들은 다른 사람의 교회에 갈 때, 많은 지혜와 신중한 분별력이 필요한 이유입니다.

순회 사역자들은 성령 안에서 어떤 것을 알 수는 있지만, 그렇다고 해서 그들이 아는 것을 방송하듯이 떠들면서 돌아다니라는 것은 아닙니다.

나는 아내와 함께 어떤 교회를 방문했습니다. 거기서 RMAI우리 사역 단체의 이름으로서 RHEMA Ministrial Association Interational의 약자의 사람이 목회하고 있었습니다.

우리가 그 교회를 방문한지 하루인지 이틀 후에, 나는 아내에게 "당신은 하나님께서 이 목사에게 다른 일을 하게 하시고 지금 이 교회를 떠나야 할 때임을 느낄 수 있어요?" 하고 물었습니다. 내 아내도 자신의 영 안에서 그것을 느꼈다고 동의를 했습니다.

그러나 우리는 사람들을 모두 불러 모아서 모든 사람들 앞에서 그것을 예언하지 않았습니다. 우리는 그 목사가 시무하는 교회의 이사들을 불러서 그가 이 교회를 떠나야 한다고 말함으로써 그를 부끄럽게 하지 않았습니다.

우리는 그에게 개인적으로 말했습니다. 그때 우리는 심지어 "우리는 당신을 위한 하나님의 말씀을 가지고 있습니다"라고도 말하지 않았습니다. 오히려 우리는 부드럽게 제안했습니다.

"주님께 기도하고 주님을 구하는 것이 좋을 것입니다. 왜냐하면 하나님께서 당신을 위해 무언가를 가지고 계신다는 것을 우리는 영 안에서 감지하기 때문입니다."

그 후에 그는 기도하며 하나님을 구하기 시작했습니다. 그리고 그는 나중에 우리에게 전화를 걸어서 이렇게 말했습니다. "하나님께서 제가 교회를 떠나야 할 때라고 말씀합니다. 하나님께서 저에게 다른 일을 주시려고 하십니다."

개인적으로 다루어야 할 어떤 일을 공개적으로 다룸으로써, 우리는 그 교회에 큰 손실을 끼치고 분열을 일으키게 하여 그 지역 교회를 위한 하나님의 계획을 망칠 수 있습니다.

문제를 야기 시키고 교회를 분열시키는 사역자들은 대개 "어느 누구도 나에게 무엇을 하라고 말할 수 없어! 또는 아무도 나에게 무엇을 설교할 것인지를 말할 수 없어!"라는 태도를 취하고 있습니다.

그러나 사역자가 회중들에게 축복이 될 수 없다면 그는 더 이상 설교할 필요가 없는 것입니다.

14

사역자에 대한 지도

모든 사역자는 누군가에 대해 책임이 있습니다. 왜냐하면 성경은 "우리 중에 누구든지 자기를 위하여 사는 자가 없고 자기를 위하여 죽는 자도 없도다"(롬 14:7)라고 말하기 때문입니다.

실제로 독립적인 사역이나 독립적인 사역자는 있을 수 없습니다. 우리는 모두 한 몸의 지체들이기 때문에 서로 의지하면서 살아가고 있습니다(롬 12:5, 고전 12:12).

우리는 서로 필요한 존재입니다.

만일 사역자가 자신을 '독립적인' 사역자라고 부른다면, 그는 최소한 영적인 면에서는 자신이 그 이유를 대답해줄 수 있어야 합니다. 혹은 그가 사역자들 모임에 속해 있다면 그들에게 지도를 받아야 합니다.

목사는 지역교회의 영적인 머리입니다. 그러므로 순회 사역자는 어떤 특정한 교회에서 사역할 때, 그는 그 교회의 목사에게 지도를 받아야 합니다. 그리고 그 교회 목사도 또한 누군가로부터 지도를 받아야 합니다.

우선적으로, 물론 목회윤리와 정직성의 문제에서 목사는 자기가 돌보는 회중들에 대해 책임이 있습니다. 그러나 목사를 포함하는 사역자들은 어떤 종류의 모임이든지 반드시 속해 있어야 합니다. 거기서 그들은 자신들의 삶과 사역에 대한 정보를 받을 수 있고 또 어떤 지도도 받을 것입니다. 사역자들의 모임들은 사역자들을 지배하려는 것이 아니라 그들에게 축복이 되도록 도와주어야 합니다. 그러므로 만일 어떤 목사가 한 조직의 회원이라면 그는 그 조직으로부터 지도를 받아야 합니다.

만일 어떤 사역자가 자신을 '독립적인' 사역자라고 부르며 어떤 목회자의 모임에도 속하지 않고 있다면 최소한 그는 자신이 성장했던 모교회로부터라도 지도를 받아야 합니다.

성경은 이렇게 말합니다.

"…현명한 조언으로 너는 전쟁을 하라. 조언자가 많아야 안전하느니라"(잠 24:6).

실제로, 사도행전에서 교리에 대한 질문이 제기되었을 때, 제자들은 그들의 모교회인 예루살렘 교회로 돌아갔습니다.(사도행전 15장을 보십시오.)

모든 목사는 자신의 목사가 필요하고 자신이 정기적으로 사역을 받을 수 있는 모교회를 필요로 합니다. 다른 말로 표현하면, 우리 모두는 서로를 필요로 합니다.

사역자들도 역시 그들의 회중들이 그렇듯이, 하나님의 말씀을 선포하는 것과 가르치는 것을 들어야 할 필요가 있습니다. 그리고 때때로 사역자들은 그들의 회중들이 영적으로 교정되어질 필요가 있듯이 그들도 영적으로 교정되어져야 할 필요가 있는 것입니다.

어떤 사역자들은 경험있는 사역자들의 말을 듣지 않고 경건한 권면을 듣지 않기 때문에 자신들의 교회를 잃어버렸거나 현재 그들의 사역으로부터 벗어나 있게 된 것입니다.

어떤 경우들에서는 만일 그들이 영적으로 경험이 있는 사람들의 말에 귀를 기울였다면, 그들은 지금도 여전히 사역을 하고 있었을 것입니다.

때로는 사역자들이 나에게 전화를 걸어 사역에서 그들이 하려고 계획하는 어떤 일에 대해 나의 충고를 구합니다.

어떤 때 나는 그들에게 "그렇게 하지 마십시오. 그렇게 하면 당신의 사역이 타격을 입게 될 것입니다."라고 충고를 해줍니다.

그러나 그들 가운데 어떤 이들은 그 말을 듣지 않았습니다.

나는 그들이 하려는 일이 성경적이지도 않고 지혜롭지도 않은 것을 알고 있었습니다. 그러나 어쨌든 그들은 그 일을 했습니다.

몇몇 경우에 그들은 사역을 파선시키고 현재 사역을 하지 못하고 있습니다. 때때로 그들은 우리가 인정할 수 없는 교리를 가르칩니다. 그럼에도 그들은 레마RHEMA의 한 부분이라고 주장합니다.

그들은 우리에게서 나갔을 수 있으며, 또 한 때는 교리적인 면에서 영적으로 옳은 입장에 있었을 수 있습니다. 그러나 우리는 지금 그들이 가르치고 있는 교리적인 오류에 대해 옳다고 인정할 수 없는 것입니다.

그렇습니다. 그리스도의 몸이 하나이기 때문에 같은 지역의 교회 교인이건 아니건 간에 우리는 그리스도의 몸 안에서 연합을 추구해야 합니다. 우리는 그리스도의 몸에서 다른 사람들을 향하여 사랑으로 행하지 않음으로 인해 문제에 직면할 수 있습니다.

그러나 또 한편으로 바울 자신도 이렇게 말했습니다.

"형제들아 내가 너희를 권하노니 너희가 배운 교훈을 거슬러 분쟁을 일으키거나 거치게 하는 자들을 살피고 그들에게서 떠나라"(롬 16:17).

바울은 그리스도의 몸에서 문제와 분열, 그리고 분쟁을 일으키는 자들을 겨냥하여 그런 말을 함으로 다시는 그런 자들과 상종하지 말도록 교훈한 것입니다.

실제로, 어떤 경우에는 그렇게 하는 것이 사랑 안에서 행하는 것입니다. 만일 당신이 그들의 죄와 교리적인 잘못에 대해 그들을 지적하거나 지도해주지 않는다면 그들은 결코 회개할 수 없을 것이고 그리스도의 몸에 커다란 손실을 주게 될 것입니다.

우리는 스스로에게 "어떻게 행하는 것이 사랑하는 것인가?"라고 물어보아야 합니다. 어떤 경우에는 가장 위대한 사랑의 표현은 교리적인 오류를 드러내어 그리스도의 몸에 속한 다른 사람들을 극단적인 가르침으로부터 보호하는 것입니다.

여러분의 자녀들이 성냥을 가지고 놀 때, 처음에는 단지 야단을 치고 불의 위험에 대해 말해줄 것입니다. 그런데 만일 자녀들이 다시 성냥을 가지고 노는 것을 본다면 당신은 아마도 한 대 때리면서 그들에게 그만하라고 할 것입니다. 그럼에도 불구하고 당신의 자녀들이 성냥을 가지고 노는 것을 세 번째로 본다면, 당신은 그들을 훨씬 강하게 때려줌으로 그들이 기억하게 할 것입니다.

이런 경우에 당신은 사랑으로 행하고 있는 것입니까?

물론 당신은 사랑으로 행한 것입니다. 아이들이 집에 불이 나게 할 수도 있었기 때문에 당신은 그들의 생명을 건진 것일 수도 있습니다.

그리스도의 몸에서도 마찬가지입니다. 그렇습니다. 당신은 사랑으로 행하고자 합니다. 그러나 사랑에는 다른 면도 있습니다. 예수님이 이 땅에 계셨을 때, 그분은 사랑과 권능의 사람이셨습니다.

그러면서도 한편으로는 의로운 분노를 가지신 분으로 성전에서 돈을 바꾸는 자들을 쫓아내었습니다(요 2:13-17).

사역의 회복

지역교회는 마치 한 가족같기 때문에 여러분은 가정에서 가지게 되는 문제들과 몇몇 동일한 문제들을 교회에서도 가지게 될 것입니다.

자녀들은 훈련을 받아야 합니다. 그리고 때때로 교인들도 훈련받고 고침을 받아야 합니다. 그러나 목사들과 사역자들도 그 점에서는 마찬가지입니다.

때때로 사역자들도 여러 가지 문제들을 경험하는데, 도덕적, 재정적 그리고 심지어는 교리적인 문제들조차 포함합니다. 마치 다른 사람들이 여러 가지 문제들을 가지는 것과 똑같습니다.

때때로 그들은 훈련과 교정을 필요로 합니다. 그리고 가능하다면, 그들을 도와주어야 합니다.

수년 전 나는 한 교단의 지도자에게 물었습니다.

"사역자들이 잘못을 저지르고 실수를 할 때 왜 그것들을 성경적으로 다루지 않습니까? 성경의 갈라디아서 6장 1절은 이렇게 말합니다. '형제들아 사람이 만일 무슨 범죄한 일이 드러나거든 신령한 너희는 온유한 심령으로 그러한 자를 바로잡고 너 자신을 살펴보아 너도 시험을 받을까 두려워하라.' 왜 사역자들은 성경이 가르치는 대로 회복되지 않았습니까?"

그는 이렇게 말했습니다.

"해긴 목사님, 나는 실수를 하고 죄를 짓는 많은 사람들이 회복될 수 있다고 믿습니다. 만일 사람들이 회개하고 올바로 행하기를 원한다면, 그들은 반드시 도움을 받아야 합니다. 그들이 듣지 않고 성경적 권고를 받아들이지 않는다면, 물론 사역자 협회는 다른 선택의 여지가 없어집니다. 그들의 자격을 박탈할 수밖에 없습니다."

나는 이렇게 하는 것이 걱정되었습니다. 왜냐하면 나는 어떤 목사들이 잘못을 하고 실수를 했어도 회복될 수도 있었던 것을 알았기 때문입니다. 그들 가운데 어떤 사람들은 결코 사역으로 되돌아오지 못했습니다. 왜냐하면 그들이 잘못했을 때 교단이 그들의 잘못을 공개해 버리고 그들의 명예가 실추되었기 때문입니다.

그리고 모든 사람들이 그들의 문제를 알게 되었을 때, 이 사역자들은 "지금 가서 자신을 증명해 보십시오."라는 말을 듣습니다.

그러나 그들의 몰락이 이미 공식화되어 있기 때문에 아무도 그들과 교제하려고 하지 않는 것입니다!

그리고 목사들은 자신의 교회에서 그들이 설교하는 것을 허락하지 않습니다. 그래서 그들 중 대부분은 다시 사역으로 돌아가지 못하게 되는 것입니다.

왜 우리는 실수한 사역자들을 회복시켜 사역에 복귀시키지 않습니까?

물론 그들이 다시 회복되기를 원치 않고 하나님 앞에 바로 살기를 원치 않는다면 그것은 전혀 별개의 문제가 됩니다.

그러나 나는 지금 회개하고 올바로 행하기를 원하는 사역자들에 관해 말하고 있습니다.

갈라디아서 6장 1절에서 이렇게 말합니다.

"…너 자신을 살펴보아 너도 시험을 받을까 두려워하라."

우리도 그들과 동일한 환경에 처해 있었다면, 우리 가운데 어떤 이들도 그들이 행했던 것과 똑같이 행하였을 것입니다. 그러나 우리는 너무나 빨리 다른 사람들을 판단하고 정죄해 버립니다.

나는 이런 일에 관심이 있었으므로 나는 그것에 대해 기도하면서 주님께 나아갔습니다.

"주님, 당신의 말씀은 '만일 사람이 실수하였다면 신령한 너희는 온유한 마음으로 그를 받아 주어라'고 하셨습니다."

"주님, 성경은 그들의 문제를 떠벌림으로 그들을 아주 허물어뜨리라고 말하지 않았습니다. 성경은 그들을 회복시키라고 말합니다. 왜 우리는 그들을 회복시키지 않는 것입니까?"

주님께서 대답해 주셨습니다.

"너의 응답은 그 구절 안에 들어있다."

나는 주님께서 무슨 말씀을 하시는지 이해하지 못했습니다.

나는 다시 주님께 말씀드렸습니다.

"주님, 우리는 왜 죄를 범하고 타락한 사역자들을 회복시켜주지 않습니까?"

주님께서 말씀하셨습니다.

"네가 구하는 답은 그 구절 안에 들어있다. 그것을 다시 읽어보아라."

나는 그 구절을 다시 읽었습니다.

그러나 나는 여전히 무슨 뜻인지 이해하지 못했습니다.

나는 주님께 세 번째로 물어보았습니다.

그러자 그분은 다시 말씀하셨습니다.

"네가 구하는 답은 그 구절 안에 들어 있다. 그것을 다시 읽어보아라."

나는 '그것이 여기 있다면 왜 내가 찾을 수 없는 걸까' 하고 생각했습니다. 그리고 다시 읽어보았습니다.

"…신령한 너희는…"

나는 그것을 알아차렸습니다. 성경은 "신령한 너희는 온유한 심령으로 그러한 자를 바로 잡고 정죄하고 비판하며, 그들을 매장시켜

버리지 말라"고 말하고 있는 것입니다. 나는 주님께 말씀드렸습니다. "오! 저는 응답받았습니다."

내가 가장 성경적이라고 생각하는 방식으로 한 교단에서는 넘어진 사역자들을 회복시키는 일을 하고 있었습니다.

예를 들면, 수년 전에 그들 중의 한 사역자가 그 교회에 있던 한 여성과 부도덕한 문제에 빠졌습니다. 그 목사는 결혼했었고 그 여자도 역시 결혼한 상태였습니다. 그들은 둘 다 회개했고 또 주님 앞에서 올바로 행하길 원했습니다.

그 지방의 감독이 와서 그 사역자가 상담을 하고 그에게 말했습니다. "당신이 교회를 바꾸는 것이 좋겠습니다. 우리는 이번 사건을 어느 누구에게도 공개하지 않겠습니다. 왜냐하면 당신은 회개했고 또 그 모든 것을 정리했기 때문입니다. 우리는 당신을 회복시켜 줄 것이지만, 당신은 다른 주로 이사하는 것이 좋겠습니다. 그러면 우리는 당신이 스스로를 입증할 수 있는 기회를 드리도록 하겠습니다."

그래서 회복의 시간 후에, 그들은 그 사역자에게 다른 주에 있는 한 교회를 맡을 수 있도록 해주었습니다. 그리고 그들은 그가 범했던 실수들을 공개하지는 않았지만 다른 주의 지방 감독에게 이 사역자의 문제에 대해 언급하여 이 사역자에게 도움이 되도록 조치를 하였습니다.

그들은 이 성경 구절을 실천함으로 이 사람을 회복시켰고, 그리고 그들은 그 사역자가 자신을 입증해 보여줄 수 있는 상황에 두었습니다.

그러나 이 특별한 목사는 또 같은 죄를 범했습니다. 그는 그 교회에서도 한 여인과 부도덕한 관계에 빠지고 말았던 것입니다.

그 지방 감독은 그에게 두 번째로 가서 그가 영적으로 회복할 수 있도록 일정한 기간을 주었습니다. 그러나 이번에는 그 사역자에게 이렇게 말했습니다.

"우리는 한 번 더 당신에게 기회를 주겠습니다. 그러나 당신이 세 번째 도덕적인 문제에 빠진다면 다시는 당신을 목회할 수 있도록 회복시키지 않을 것입니다. 당신은 즉시 제명될 것이고, 증명서들을 재발급 받을 수 없게 될 것입니다."

그리스도의 몸은 그 안에서 일어나는 모든 일을 공개해서는 안됩니다. 이런 일들이 공개적으로 드러나서는 안 되는 것입니다.

교회 안에 있는 우리는 교회라는 울타리 안에서 이런 일들을 개인적으로 처리할 수 있는 충분한 영성이 있어야 합니다.

당신의 가정에서 어떤 일이 일어났을 때, 당신은 밖으로 나가서 그것을 방송합니까?

아닙니다. 마찬가지로 교회는 하나의 가족입니다. 우리는 교회 안에서 일어나는 이런 문제들을 어떻게 다루어야 하는지를 알 정도로 충분한 상식이 있어야 하며, 또 그들의 삶이 파멸되는 것이 아니라, 회복되도록 그들을 도와주어야 합니다. 그러면 그들은 그리스도의 몸에서 어떻게 축복이 될 수 있는지를 배울 수 있게 됩니다.

나는 하나님께 강력하게 쓰임 받았던 한 사역자를 압니다. 그는 부도덕한 문제에 빠졌고 그 교단의 감독은 나에게 이렇게 말했습니다.

"그 사람의 아내가 자신이 문제였음을 나에게 인정했습니다. 그녀는 자신이 전혀 그에게 아내 노릇을 하지 못했음을 인정하였으며, 그것이 자기의 남편으로 하여금 문제에 빠지게 했던 것입니다. 그러나 그녀는 회개하였고, 그리고 그들의 결혼도 회복되었습니다."

그 사람의 사역도 역시 회복되었습니다. 그리고 그의 사역은 열매를 맺을 수 있었습니다. 이해하시겠습니까? 우리는 할 수만 있다면 사람들을 구해내야 합니다.

그리스도의 몸은 사람들을 회복시키는 건져내는 사역에 전력을 다해야 하는 것이지, 그들을 파탄 나게 해서는 안 되는 것입니다.

그러나 사람들이 회개하길 원치 않고 또 옳은 것을 행하길 원치 않는다면, 그것은 전혀 이야기가 달라진다는 것을 여러분은 이해하실 것입니다.

만일 그들이 계속 해서 잘못을 행하고자 한다면 그들은 성경적으로 다루어져야 합니다.

우리는 신약성경에서 지도받는 것에 대한 언급을 볼 수 있습니다 (고전 5:5). 그리고 신약의 모형을 따라서 예루살렘 교회에서 나간 제자들은 그 교회의 지도를 받았던 것입니다(행 15:1-23).

다른 말로 하면, 순회 사역자들은 지역교회의 지도를 받습니다. 그리고 만일 문제가 일어나면, 그들은 자신들이 나왔던 모교회로 돌아가서 권고를 받거나 교리문제를 해결하곤 했습니다(사도행전 15장 참조). 그 제자들은 외부의 이사회나 회중들에게가 아니라, 자신들을 보냈던 교회의 지도를 받았던 것입니다.

재정적인 지도

모든 사역자는 재정적으로 누군가로부터 지도를 받아야 합니다.

예를 들면, 레마RHEMA에는 매우 성공적인 사업가들로서 고문 이사들이 이루어져 있습니다. 그들이 자연적인 일들natural affairs에 관해 조언을 해줍니다. 우리는 사업적인 일들에 관해서도 그들의 조언을 구합니다.

사역자들은 스스로가 조언이 필요 없을 만큼 높은 위치에 있다고 생각해서는 안 되는데, 특별히 어떤 분야의 전문가와 상담할 때, 그런 식으로 생각해서는 안 됩니다.

우리는 레마의 사업적인 일들에서 우리의 고문 이사회에 대답해야 할 책임을 가집니다.

사실, 그들이 우리의 급여를 결정합니다. 그리고 그들은 다른 고용인들의 급료를 정할 수 있는 권위를 우리에게 부여해 줍니다.

일년에 한 번 우리는 하루 종일 사업을 위한 회의를 가집니다. 그리고 이 사업가들이 우리가 작성한 재정보고서들을 검사합니다. 우리의 모든 재정장부는 물론 직업적인 감사회사로부터 감사를 받습니다. 그렇지만 우리는 사업적인 일들에 대해 이 고문 이사들에게도 설명해야 할 책임이 있는 것입니다.

성경은 "…모든 사람 앞에서 선한 일을 도모하라"(롬 12:17)고 말하기 때문에 그것은 성경적입니다.

좀 더 작은 교회나 사역은 달리 할 수도 있겠지만, 모든 사역자는 교회의 재정을 다루는 일에 있어서 성경적이길 원한다면, 어떤 방법으로든 책임 있는 관리를 받아야 합니다.

이것은 사역의 자연적인 측면입니다. 그러나 그 고문 이사회는 영적으로 교회를 관할하고 운영하는 일이나 사역에는 아무런 관계가 없습니다. 그들은 오직 사업적인 문제로만 우리에게 조언을 해줍니다.

목사는 교회의 영적 감독권을 가집니다. 그리고 지역교회에서 목사의 직임보다 더 높은 권위는 없습니다. 그러나 심지어 영적인 일에서조차도 목사가 조언을 필요로 한다면, 바울이 자기의 영적인 경주를 헛되이 하지 않기 위해 그들의 조언을 받아들였듯이, 건전한 성경적 평판이 있는 자들에게 갈 수 있을 만큼 충분한 상식이 있어야 합니다(갈 2:2).

사역 윤리와 예의

사역의 윤리에 관해 우리가 유의해야 할 것들 가운데 첫 번째는 황금률을 실천하는 것입니다. 다른 사람들이 당신에게 해주기를 원하는 대로 당신이 다른 사람들에게 행하는 것입니다.

복음의 사역자들은 자신이 사랑의 하나님이신 하늘 아버지의 자녀라는 사실을 항상 염두에 두고 있어야 합니다. 하나님의 사랑은 성령으로 우리의 마음에 부어졌습니다(롬 5:5). 그러나 심지어 사역자라 할지라도 자신의 사역에서 사람들을 대하는데 있어서 그들의 심령으로 자신을 주관하도록 해야 합니다.

만일 사역자들이 다른 사역자들이나 그리스도인들에 대해 사랑으로 행한다면 그들은 하나님의 말씀의 빛 안에서 행하고 있는 것입니다. 어떤 사역자가 하나님의 말씀과 뜻 가운데서 행하는 한, 그는 하나님의 계획과 뜻 그리고 목적을 성취할 수 있게 됩니다.

동료 사역자들에 대하여 사랑으로 행하는 것은 목회 윤리를 실천하는 것도 포함합니다.

목사들과 순회 사역자들은 서로 분리된 일꾼들이 아니라 주님의 추수를 위해 함께 일하는 자들임을 알아야 합니다.

나는 거의 12년 동안 목회를 했습니다. 나는 하나님께서 목회할 수 있도록 영광스러운 특권을 주신 것에 대해 정말 기쁘게 생각합니다.

나는 때때로 모든 교사, 선지자 그리고 복음 전도자는 적어도 2~3년간은 목회를 해야 한다고 생각합니다. 그들은 목회를 함으로 사람을 다루는 일에서 진정으로 가치 있는 교훈을 배우게 될 것입니다. 그들은 어떤 사람들이 하는 것처럼 비성경적인 가르침을 가지고 교회로 오는 일은 없을 것입니다. 그리고 또한 나는 모든 목사들이 2~3년 간 순회사역자traveling minister로 일해 본다면 유익할 것이라고 때때로 생각합니다. 그렇게 해 봄으로써, 순회사역자들이 자신의 교회로 올 때 어떻게 대접해야 하는지 알게 될 것입니다.

그러나 순회사역자가 어떤 목사의 교회에 들어 올 때, 그는 그 교회의 손님이라는 사실을 알아야 할 필요가 있습니다.

그는 그냥 들어와서 모든 권한을 인계받아 자신이 원하는 것을 마음대로 할 수 없습니다. 다른 사람의 교회에 가서 주도권을 가지고 자신이 원하는 식으로 뭔가를 하는 것은 마치 다른 사람의 집에 가서 제 멋대로 하려는 것과 같습니다.

자연적인 영역에서도 사람은 누구든지 그런 식으로 행하려고 생각하지 말아야 합니다. 그런데 왜 지역교회라는 영적인 영역에서 그런 식으로 행하려고 합니까?

내가 당신의 집에 가서 "나는 이 침실의 가구를 좋아하지 않습니다. 나는 그것을 밖에 내다 버리겠습니다! 그리고 나는 이 식탁도 좋아하지 않습니다. 나는 이것을 찍어서 화목火木으로 쓰겠습니다."라고 말할 권위가 없는 것입니다.

동일한 원칙이 하나님의 집에서도 적용됩니다.

나는 하나님의 집, 즉 다른 사람의 교회에 들어가서 모든 것을 가로채어서 내 마음대로 할 수 있는 권리가 없습니다.

목사가 그 지역 교회의 권위자입니다.

언젠가 한 목사가 자신의 교회에 관해 언급하는 편지를 내게 보내온 적이 있습니다. 그 교회는 200명 정도의 회중이 있었습니다.

그런데 다른 한 목사가 자신을 사도라고 결정하고 이 목사에게 와서 "나는 사도입니다. 하나님께서 당신의 교회가 나의 교회 중에 하나이고 내가 당신의 교회를 감독하도록 보여 주셨습니다. 나는 사도이기 때문에 내가 원할 때는 언제든지 올 수 있고, 내가 강단을 맡아서 내가 원하는 대로 설교할 수도 있습니다."라고 말했다고 합니다.

이것은 비윤리적인 일뿐만 아니라 비성경적이기도 합니다!

나는 그런 막 되먹은 불한당 같은 자를 사랑의 태도로 내쫓아버릴 것입니다. 내가 그런 일을 사랑으로 행할 수 있냐고요? 내가 여러분께 이것을 물어보겠습니다. 예수님께서 채찍으로 돈 바꾸는 자들을 성전에서 내어 쫓으셨을 때, 예수님은 사랑으로 그렇게 하셨습니까? (요 2:14-17)

예수님은 그들에게 말씀하셨습니다. "기록된바 내 집은 기도하는 집이 되리라 하였거늘 너희는 강도의 소굴을 만들었도다 하시니라" (눅 19:46). 물론 사랑으로 그렇게 하신 것입니다. 예수님은 사랑의 사람Man of love이셨습니다.

이러한 소위 사도라고 불리는 사람들 가운데 어떤 이들은 어떤 목사의 교회를 취하여 자신들을 위해 헌금을 걷어 들일 수 있도록 하려고 합니다. 그런 일을 하는 자는 누구든지 이유를 막론하고 강도요 도둑입니다.

그들은 교회를 개척하지도 않았습니다. 지역교회를 위하여 수고한 사람은 바로 목사입니다. 그가 교회를 시작한 사람일 수도 있습니다. 그는 아무도 그 교회에 들어가서 함부로 교회를 가로채지 못하도록 해야 합니다. 나는 목사들 편입니다! 나는 지역 교회를 신뢰합니다.

목사들은 지역교회를 믿지 않는 자들과 지역교회에 대해 어떤 위임도 받지 못한 자들, 또는 그들의 교회에 들어와서 교회의 주도권을 가로채려는 자들에게 전혀 관심을 기울여서는 안됩니다.

이 특별한 목사는 그 사람에게 이렇게 말했습니다.

"안됩니다. 당신은 나의 강단을 가로챌 수 없습니다. 당신이 원한다면 예배에는 참석할 수 있습니다. 그러나 당신은 다른 사람들과 마찬가지로 그냥 의자에 앉아야 합니다. 여기서 목사는 바로 나입니다."

오늘날 너무 많은 사람들이 목사들을 얕잡아 보고 그들을 함부로 대합니다.

나는 소위 사도라고 불리우는 어떤 사람이 가르친 내용을 읽어본 적이 있습니다. 이 사람이 목사들에 대하여 이야기를 마친 후, 여러분이 목사가 족제비보다 더 못한 존재라고 생각할 만큼 목사의 직임을 너무 시시하다는 투로 이야기 했습니다.

그러나 성경은 그렇게 말하고 있지 않습니다. 성경은 말씀하기를 "미쁘다 이 말이여. 곧 사람이 감독의 직분을 얻으려 하면 선한 일을 사모하는 것이라 함이로다"(딤전 3:1)라고 합니다.

성경은 감독의 직분이나 목사의 직분을 선한 일이라고 말씀하고 있습니다.

이러한 소위 사도라고 하는 자가 신약성경에 목사라는 말이 단 한 번만 나오기 때문에 그런 식으로 가르쳤던 것입니다(그리고 그것은 킹제임스 번역본에서 기술적으로 맞는 말입니다). 그러므로 그것이 틀림없이 아주 중요한 직분은 아니라고 하는 것입니다.

그러나 소위 사도라는 그 사람은 공부를 제대로 하지 않았던 것입니다. 왜냐하면 목사의 직임은 성경에서 계속 언급되고 있기 때문입니다. 감독, 관리자overseer, 목사, 목자, 그리고 장로elder들은 모두 같은 직임을 언급하고 있는 것입니다.

사실, '장로'는 또한 오중 사역으로 부르심을 받은 자를 의미합니다. 모든 안수받은 사역자는 장로입니다.

그러나 가는 곳마다 분쟁과 분열을 야기 시켜서, 교회를 가르고 쪼갠 흔적을 남기는 사람들을 주의하십시오.

나는 그런 자들이 나의 교회에 들어오지 못하게 할 것입니다.

이 말은 당신이 개인적으로 그들을 반대한다는 의미가 아닙니다.

당신은 이전에 그랬던 것만큼, 그들을 사랑할 수도 있습니다. 그러나 그들의 열매가 성경적으로 건전하지 않기 때문에 당신은 그들이 범한 오류에 대해 반대하는 것입니다.

순회 사역자들이 지혜와 사역적인 예절이 필요한 또 다른 영역은 공개적으로 다루기에 적절한 것은 무엇이며, 또 사적으로 다루어야 할 사역의 영역이 무엇인지 아는 것입니다.

내가 사역해 온 모든 기간 동안에, 나는 사람들의 개인적인 문제를 공개적으로 다룬 적은 거의 없습니다.

개인적인 일들을 누설하면서 돌아다니며, 사람들의 사적인 문제들을 공개적으로 다루는 이러한 사람들 가운데 어떤 이들은 질서에서 벗어나 있습니다. 그리고 그런 자들은 지역 교회의 목사에 의해서 질서가 바로 잡혀져야 합니다.

나는 주님께서 내가 구체적으로 어떤 개인의 사적인 문제에 대해 사역해주길 원하신다는 것으로 인도함을 받을지라도 나는 무엇보다 우선 그 목사에게 말하여 허락을 먼저 받는 것을 항상 실천하려고 해 왔습니다.

그리고 둘째로 나는 그 사람에게 부끄러움을 주지 않기 위해 언제나 신중하게 사역하려고 노력해 왔습니다.

내가 다른 사람의 교회에서 설교할 때 나는 그 교회의 어떤 개인에 관한 민감한 문제를 다루기 전에 담임목사의 허락을 구합니다.

나는 다른 사람의 양에게 그의 허락 없이 민감한 문제들에 대해 사적으로 또는 개인적으로 어떤 사역도 하지 않습니다. 그런 일을 담임목사의 허락 없이 하는 사람은 누구를 막론하고 불한당입니다.

어떤 목사가 목회하는 교회에 들어와서 그 목사의 허락 없이 그 교회 양들 중 누군가에게 사역하려고 하는 자는 누구든지 지켜야 할 선을 넘어섰으며, 질서를 벗어난 것입니다. 그는 악당에 지나지 않습니다. 그는 기도가 필요한 사람입니다.

열두 명의 성숙한 사람들이 그를 12마일 정도 떨어진 시골로 데리고 가서, 그를 위해 열두 시간 동안 기도해야 할 것입니다.

순회사역자로서 지역교회에서 내가 사역하는 것에 스스로 책임 있는 사람임을 증거 할 때, 목사들은 항상 내가 그들의 양들에게 사역하는 것에 대하여 온전히 신뢰해 주었습니다.

나는 신중하고 지혜롭게 행함으로써 나의 사역을 증명해 보였던 것입니다.

사역에서의 신중함

하나님은 권위 있는 위치에 초보자들을 세우지 않습니다. 하나님께서 그렇게 하시지 않는 한 가지 이유는 사역에서 경험을 쌓는데는 시간이 걸리고 어떤 상황을 지혜롭게 대처하는 방법을 배우는데도 시간이 걸리기 때문입니다.

어떤 초보자가 이러한 영역들에서 어떻게 신중하고 지혜롭게 사역해야 하는지를 모른다면 그는 모든 것들을 엉망으로 만들어 놓을 수도 있습니다.

예를 들어 본다면, 어떤 순회사역자가 다른 사람의 교회에 갈 때 어떻게 신중하게 사역하는지를 알아야 할 필요가 있습니다.

무엇보다도 선지자는 주님께서 다른 사람들에 대해 계시해 주시는 것들에 대해 반드시 신중해야 합니다.

나는 어떤 목사의 교회에서 집회를 인도했습니다. 그리고 집회의 마지막 순서로 치유를 위해 사람들이 줄을 서도록 했습니다.

한 젊은 여인이 기도를 받기 위해 나왔습니다. 내가 그 여인을 위해 기도를 시작하자마자 나는 그 여인의 문제가 무엇인지 분명히 알게 되었습니다.

나는 또한 그 여인의 결혼생활이 파국에 직면하려는 것과 왜 그렇게 되려고 하는지를 알게 되었습니다. 그러나 이것은 사적인 일이었습니다. 그래서 나는 그 문제를 공개적으로 다루지 않았습니다.

선지자나 다른 어떤 순회사역자이든 그런 일에 직면해서 매우 주의해야 할 필요가 있는데 왜냐하면 영의 영역에서 자기가 듣고 보는 모든 것을 항상 말하지는 말아야 하기 때문입니다.

그렇게 함으로 자기가 사역하는 사람과 목사, 그리고 심지어 회중들까지 부끄럽게 할 수 있기 때문입니다.

뿐만 아니라 선지자는 그 목사 교회의 손님입니다. 그리고 손님으로서 그는 그 교회의 목사에게 순종해야 합니다. 왜냐하면 지역교회에서는 목사보다 더 높은 권위가 없기 때문입니다. 이번 경우에서는, 비록 성령의 계시로 그 여인이 잘못된 것이 무엇인지 알았지만, 나는 먼저 그 목사에게 가서 내가 알게 된 것을 그에게 말했습니다.

나는 그에게 이렇게 말했습니다.

"이 젊은 여인의 결혼이 깨어지려고 합니다. 그리고 왜 그렇게 되려 하는지 나는 정확히 압니다. 그러나 나는 당신의 허락 없이는 이 상황을 다루지 않을 것입니다."

이해하시겠습니까? 비록 주님께서 선지자 직임을 통해 성령의 계시 은사로써 초자연적으로 나에게 어떤 것을 계시해 주셨을지라도, 나는 다른 사람의 양을 그의 허락 없이는 절대로 다루지 않을 것입니다.

선지자들은 이런 종류의 문제에 있어서 신중함, 상식 그리고 사역적인 윤리를 실천해야 합니다.

그 목사가 나에게 말했습니다.

"나의 아내와 나는 그녀를 돕기 위해 그녀와 상담을 했습니다. 만일 당신이 그녀와 그녀의 남편을 도와줄 수 있다면 나는 당신이 그렇게 해주길 원합니다."

그 목사와 그의 아내, 그리고 내가 그 여인에게 사적으로 사역을 해 주었고, 그녀는 완전히 자유하게 되었습니다.

자신이 집회를 하고 있는 지역교회의 목사의 뜻에 자신의 사역을 순종시키지 않는 순회사역자는 과오를 범하고 있는 것입니다.

예를 들면, 소위 선지자라 불리는 몇몇 사람들이 다른 사람의 교회에 들어가서 회중들 앞에서 예배를 인도하면서 "나는 누구누구로부터 악령을 쫓아낼 것입니다"라고 말한다는 것에 관해 들은 적이 있습니다.

선지자는 그 교회 담임목사의 허락 없이 그렇게 할 권리가 없습니다. 그리고 대개 그것은 전혀 악령의 문제가 아닙니다. 만일 그렇다고 해도, 회중들 가운데는 그런 것을 이해하지 못하는 영적으로 유아같은 그리스도인들이 있는 곳에서 공개적으로 다루는 것은 반드시 지혜로운 것은 아닙니다.

그러나 요점은 순회사역자들이 담임목사의 허락도 없이 그 목사의 양을 개인적으로 다루어서는 안 된다는 것입니다.

결국 목사는 지역교회의 목자입니다. 그리고 그가 그 회중들에 대한 책임이 있습니다. 그리고 방문하는 사역자들은 처음간 그 교회에서 이러한 문제들을 공개적으로 다루려 하면서 어슬렁거리지 말아야 합니다.

사역자들은 지역교회에서 사람들을 다룸에 있어서 신중함과 지혜가 필요합니다.

나는 그런 경험을 겪은 자로서 경험에 대해 여러분에게 말해줄 수 있습니다.

매번 나는 선지자의 직임에 서 있으며, 또 성령의 초자연적인 계시로서 많은 것들을 알 수 있었음에도 불구하고 나는 목사의 권위를 침해하지 않았습니다. 선지자를 포함하여 순회사역자는 아무도 지역교회에서 목사 위에 있지 않습니다.

그 목사는 여전히 자기가 목회하는 교회에서 감독자이며, 그는 양들에 대한 책임이 있습니다.

그 교회의 손님으로서, 선지자는 그 교회의 권위자가 아닙니다. 목사가 권위자입니다.

어떤 순회사역자이든 그는 자신이 사역을 하고 있는 지역 교회의 목사에게 자신의 사역을 복종시켜야 합니다.

그것은 윤리적이고 올바른 것일 뿐 아니라, 좋은 사역의 예의입니다.

어떤 사람들은 이렇게 말합니다. "그럴지라도 누구든 진리를 설교하고 가르쳐야 합니다!"

순회사역자가 하나님의 말씀의 진리를 설교할 수 있습니다. 그러나 목사는 자기의 회중이, 어떤 것이 철저히 성경적인 것이라 해도 특별한 가르침을 들을만한 준비가 되어있지 않다는 것을 알고 있습니다.

만일 회중들이 영적으로 성숙해 있지 않다면 어떤 가르침은 유익하기보다는 오히려 해가 될 수도 있습니다.

그것은 심지어 교회를 갈라놓을 수도 있습니다.

목사는 항상 그 사람들과 함께 있습니다. 만일 그가 참된 목자라면, 그는 자기의 사람들을 아는 것입니다. 혹은 그가 그 사람들이 어느 한 쪽의 가르침을 너무 많이 받았다는 것과 그래서 그들이 영적인 균형을 유지하기 위해서 다른 주제에 대한 가르침이 필요하다는 것을 알 것입니다.

순회사역자는 반드시 그런 상황을 안다고 할 수 없습니다.

자연적인 영역과 영적인 영역은 매우 유사합니다.

예를 들면, 자연적인 영역에서 당신은 갓난아이에게 비프스테이크를 먹일 수는 없습니다. 만일 그렇게 한다면 아이는 죽게 될 것입니다.

영적인 영역에서도 이것은 마찬가지입니다. 그리고 자기의 회중들로 하여금 적절한 식이요법을 하도록 하는 것은 목사의 책임입니다.

어떤 순회사역자도 교회를 분열시키는 자가 되어서는 안됩니다. 순회사역자는 지역 교회의 덕성을 함양시키고 축복해 주어야 합니다. 그리고 선지자들은 영적인 은사들로써 준비가 되어 있을지라도, 그들은 은사들이 주어진 목적을 이해하고 은사들을 건설적으로 신중하게 사용하는 것을 배워야 합니다. 만일 선지자들이 어떤 지혜가 있다면 그들은 영으로 보고 듣는 모든 것을 드러내면서 돌아다니지는 않을 것입니다.

선지자를 포함하여 순회사역자는 누구든지 "내가 잘못되었다면 말해 주십시오."라고 말할 수 있을 만큼 충분히 아량이 있는 그리스도인이어야 합니다.

몇몇 순회사역자들이 신중하고 지혜롭게 사역하지 못함으로 순진한 양들이 상처를 입는 것은 옳지 않습니다.

오랫동안, 내가 집회했던 모든 교회의 목사들에게 말했습니다.

"내가 아니라 당신이 이 지역 교회의 머리입니다. 예수님께서 교회의 머리이십니다. 그러나 당신은 그분 아래 있는 목자입니다. 만일 당신이 원치 않는 주제에 관해 내가 가르친다면 그냥 내게 말씀해 주십시오. 그러면 그 주제를 피하겠습니다. 혹은 만일 당신이 내가 하지 말았으면 하는 어떤 것을 내가 하는 것을 보시거든, 그냥 말씀해 주십시오. 그러면 나는 그것을 더 이상 하지 않겠습니다."

사랑하는 친구들이여, 그것이 바로 진정한 순종입니다.

목사들 가운데 몇몇은 놀라운 충고와 어떤 면에서는 건전하고 건설적인 비판을 해주었습니다.

그것들은 파괴적이지 않았으며, 나를 파괴시키지 않았습니다.

그것들은 내게 커다란 유익을 주었고 어떤 영역들에서는 내가 변화하도록 도와주었습니다.

그 목사들은 내가 모신 동일한 성령을 모시고 있었습니다.

그리고 하나님의 말씀은 우리가 함께 하는 동역자들이지 분리되어 있지 않다고 언급합니다. "우리는 하나님의 동역자들이요 너희는 하나님의 밭이요 하나님의 집이니라"(고전 3:9).

이 말씀은 우리가 서로로부터 배울 수 있음을 의미합니다.

만일 선지자의 사역이 지역교회의 목사에게 적절하게 순복되어 있다면, 주님은 지역 교회에 크게 도움이 되고 유익하게 할 무언가를 선지자에게 계시해줄 수 있습니다.

목사는 검증되고 영적으로 순종하는 사역을 신뢰할 수 있는 것입니다.

물론 선지자는 자신이 보고 듣는 모든 것을 말하거나 드러내지는 않습니다.

사실 나는 이런 것들을 거의 말하지 않습니다.

나는 대개 당사자를 개인적으로 대면하여 문제를 다룹니다.

나는 그들을 불러내서 전체 회중들 앞에서 공개적으로 그들의 문제를 다루지 않습니다. 선지자는 매우 신중해야 합니다. 그래서 어느 누구도 부끄럽게 하지 말아야 합니다.

내가 순회사역을 하고 있을 때, 나는 항상 나의 사역을 내가 사역하고 있는 교회의 목사에게 순종시켰습니다.

그리고 내가 사역했던 교회를 엉망으로 하고 떠나지 않았기 때문에 나는 모든 교회들로부터 다시 와서 사역을 해달라는 요청을 받곤 했습니다.

교리적으로 문제를 일으켰고 많은 혼동과 분쟁을 일으켰기 때문에 자신이 사역했던 교회로 다시 돌아갈 없는 사역자들을 나는 알고 있습니다. 그것이 바로 순회사역자는 자기의 사역을 지역 교회의 목사에게 순종시켜야 하는 이유입니다.

거짓 목사들, 거짓 사도들 그리고 거짓 선지자들에 의하여 그리스도의 몸 안에 많은 어려움들이 야기되어 왔습니다.

이런 면에서 비성경적인 가르침 때문에 교회들이 분열되어 왔으며, 교인들을 잃어버리게 되었습니다.

어떤 사역의 직임에 있든지, 참된 복음의 사역자라면 누구든지 사람들을 축복하고, 교회와 지역사회를 축복하기 위해서 옵니다.

만일 어떤 사역자가 자신의 개인적인 이익을 위해 교회에 오거나 또는 분쟁과 혼란을 일으키려고 온다면, 그는 거짓된 복음사역자입니다.

'나는 양도둑이 아닙니다!'

목사의 직임에 관한 사역 윤리와 예의의 또 다른 영역이 있습니다. 그리고 그것은 다른 목사의 양들을 훔치는 문제에 관한 것입니다.

내가 목회했던 동부 텍사스의 한 교회는 다른 이웃 교회들과 매우 근접해 있었습니다. 나의 목사관 가까이 살던 세 가정이 다른 교회에 출석하고 있었습니다.

목요일 저녁에 우리 교회에는 예배가 있었지만, 이들 다른 교회에는 목요일 저녁예배가 없었습니다.

그래서 이 가정들은 우리 교회의 목요예배에 참석했습니다.

이 일은 가솔린이 정량 배급되던 제2차 세계대전 중에 있었습니다. 이들 다른 교회 중 한 교회의 지도자급인 사람이 내가 사는 곳의 바로 길 건너편에 살았습니다. 그가 내게 와서 말했습니다.

"해긴 목사님, 가솔린 배급 때문에 멀리 있는 우리 교회로 운전해 가는 대신 우리가 목사님 교회로 나가기 원합니다. 목사님 교회는 길 건너편에 있기 때문에 우리는 걸어서 갈 수 있습니다."

나는 그에게 이렇게 말했습니다.

"아닙니다. 우리 교회로 오지 마십시오. 당신의 교회에서 당신이 필요하기 때문입니다. 왜냐하면 당신은 그 교회의 중요한 이사들 중 한 분이기 때문입니다. 그들은 지금 교회를 건축하는 중에 있기 때문에 당신의 후원과 재정을 특별히 필요로 합니다. 당신도 아시겠지만 성경은 우리 자신보다 우리의 형제를 먼저 생각해보라고 말합니다.

더구나 나는 양도둑이 아닙니다."

그 일이 있는 후 얼마 되지 않아서, 우리 교회의 몇 몇 이사들이 나에게 말했습니다.

"헤긴 목사님, 다른 교회에 나가는 사람들이 목사관 가까이 살고 있습니다. 그들을 우리 교회에 오도록 해야 합니다. 그러면 우리에게 재정적으로 큰 도움이 될 것입니다."

나는 그들에게 말했습니다. "여러분, 나는 양도둑이 아닙니다. 나는 다른 사람의 양을 훔치지 않을 것입니다."

나를 오해하지 마십시오. 이 사람들은 순복음 교회에 속해 있었습니다.

만일 그들이 방언을 말하는 것과 신유는 다 마귀에게 속한 것이라고 가르치는 죽은 교회에 다닌다면 그것은 전혀 다른 문제가 되었을 것입니다. 그런 경우였다면, 나는 주 예수 그리스도의 순복음full gospel을 들으려고 오고 싶어 하는 자들을 거절하지는 않았을 것입니다. 그리고 그것은 내가 사랑으로 행한 것이었을 것입니다. 내가 그렇지 하지 않으면, 그들은 그리스도 안에 있는 언약에 대한 그들의 권리를 결코 알지 못할 테니까요.

결국 나의 목사관 가까이에 사는 다른 한 사람이 내게 와서 말했습니다.

"헤긴 목사님, 나의 아내와 저는 목사님 교회에 다니고 싶습니다."

나는 이 사람이 교회에 어쩌다 한번씩 나가는 것을 알고 있었습니다. 나는 그에게 말했습니다.

"당신 목사님에게 먼저 이야기해 보십시오. 그리고 나도 당신의 목사님께 말하겠습니다. 만일 그분이 괜찮다고 하시며 당신을 추천해 주시면 내가 당신을 받아들이겠습니다. 그러나 그렇지 않으면 당신을 받아들일 수 없습니다. 왜냐하면 나는 양도둑이 아니기 때문입니다."

나는 그의 목사와 이야기했습니다.

그러자 그 목사는 이렇게 말했습니다.

"해긴 목사님, 나는 목사님께서 그 가정을 받아주시길 원합니다."

나는 말했습니다. "당신은 내가 양을 쫓아다니는 것이 아니라는 것을 아실 것입니다."

그 목사가 말했습니다.

"그럼요. 알고 있습니다. 그렇지만 그 남편을 위해서 나는 목사님께서 그 가정을 받아주셨으면 합니다. 그는 우리 교회에 거의 오지 않습니다. 그의 아내는 우리 교회에서 가장 훌륭한 일군들 가운데 한 명입니다. 그리고 그녀를 잃는 것은 우리 교회로서는 희생이 됩니다. 그러나 목사님께서 그녀의 남편으로 하여금 하나님과 동행할 수 있도록 영향을 주실 수 있을 것입니다. 그를 위해 그들을 받아주시길 원합니다."

이 목사는 그 사람의 최선의 유익을 심령에 품고 있었습니다.

그리고 하나님께 감사드리는 것은 하나님께서 어떻게 그 사람을 도와 줄 것인지 보여주셨고, 그와 그의 아내는 우리 교회에 큰 축복이 되었습니다.

그러나 내가 말하고 싶은 요점은 사역자들은 그리스도인의 윤리뿐만 아니라 사역자의 윤리에 관한 것도 배워야 한다는 것입니다.

사역자의 윤리에 대한 다른 하나의 예를 말하겠습니다. 내가 순회 사역을 시작한 후 7년 동안 나는 한 큰 도시에서 한 목사를 위해 다섯 번의 집회를 하였습니다.

그러는 중에 같은 도시에 있는 다른 목사가 자기를 위해 집회를 해 달라고 내게 요청했습니다. 나는 그 처음 갔던 교회에 2년 동안 가지 않았습니다. 그리고 거기는 매우 큰 도시였습니다.

그러나 나는 도덕적이고자 했으며, 모든 상황에서 사랑으로 행하길 원했습니다. 그래서 나는 내가 집회를 했던 처음 교회의 목사인 브라운 목사에게 연락을 했습니다. 나는 그에게 우선권을 주길 원했고 또 같은 도시에 있는 목사들 사이에 문제를 일으키는 것을 원치 않았습니다.

나는 브라운 목사에게 전화를 걸어 말했습니다. "브라운 목사님. 나는 목사님을 위하여 수년에 걸쳐 여러 차례 집회를 했습니다. 최근에 당신의 도시에 있는 다른 목사가 자기 교회에서 집회를 해 달라고 내게 요청했습니다. 당신만 괜찮으시면 가도 좋다고 느끼고 있습니다."

내가 그 교회로 가도록 인도함을 받았다고 느꼈을지라도, 이 목사가 만일 "가지 마세요!"라고 말했다면, 나는 가지 않았을 것입니다.

나는 같은 도시의 목사들 사이에 분열과 분쟁을 일으키지 않을 것입니다.

그러나 나는 이 목사가 하나님의 사람인 것을 알았고 그리고 그는 내가 거기에 갈 수 있도록 격려해 주었습니다.

그는 이렇게 말했습니다. "해긴 목사님, 그 목사님은 훌륭한 하나님의 사람입니다. 만일 당신이 가도록 인도함 받는 것으로 느낀다면 가십시오. 우리도 가서 당신을 도와드리겠습니다."

누가 나에게 그런 종류의 사역적 예의를 실천하라고 말하였습니까? 내주하시는 성령님과 하나님의 말씀입니다. 성경은 말하기를 우리는 말씀을 행하는 자가 되어야 하고 우리 자신보다 형제를 먼저 생각해야 한다고 합니다.

아시겠지만, 나는 그 교회에 7년에 걸쳐 여러 번 갔었습니다.

아마도 그 교회의 교인들 절반은 내가 그를 위해 가졌던 부흥집회에서 구원받았을 것입니다. 만일 내가 그 도시에 있는 다른 교회에 설교하러 갔다면 그 목사 교회 회중의 절반이 나의 메시지를 들으러 왔을 수도 있습니다. 그것은 문제를 일으킬 수 있고, 그것 때문에 그 목사는 교인들 중 일부를 잃을 수도 있었습니다.

그 도시는 매우 컸습니다. 그리고 이 교회들은 서로 멀리 떨어져 있어서 별 문제가 없었을 수도 있습니다.

그러나 다른 한편으로 보면 우리는 그리스도의 몸에 속한 동료 사역자들과 동료 교인들에 대하여 존경심을 가져야 하며, 서로 짓밟아서는 안됩니다.

나는 이런 종류의 사역자의 예의를 단 한 번만 행한 것이 아닙니다.

나는 사역에서도, 나의 모든 일들에서도 도덕적이길 원하기 때문에 수년 동안의 순회사역에서 그런 식으로 실천을 해 왔습니다.

나는 한 주일을 어떤 교회에서 집회를 하고 길 건너편에 가서 다른 목사를 위해 집회를 하는 몇 몇 사역자들을 보았습니다!

그리고 그것은 도시에 혼동과 분열을 만들었고 목사들 사이에 다툼을 야기 시켰습니다. 또 나는 부목사들이 어떤 문제들 때문에 교회를 분열하고 회중의 절반을 데리고 나가서 두 세 블록 떨어진 곳에서 다른 교회를 시작하는 것을 보았습니다.

그것은 비윤리적입니다.

복음의 사역자는 양무리를 분열시키지 말아야 합니다.

그것이 바로 심지어 세상에 있는 어떤 사람들이 사역자들을 믿지 않고 교회에 대한 신뢰를 잃어버리는 이유입니다.

어떤 사역자들은 교회들을 분열시키고 또 어린 양들을 영적으로 죽이면서 많은 파괴와 혼동을 만들어 왔습니다.

만일 부목사들이나 교회 교인들이 교회의 운영방식에 동의할 수 없다면, 그때 그들은 그 교회를 떠나야 합니다. 그러나 그들은 그렇게 함으로서 분열을 야기 시키지는 말아야 합니다.

교회를 분열시키는 일부 사역자들은 이렇게 말합니다. "주님은 나에게 그렇게 말씀하셨습니다."

그것을 주님께 떠넘기지 마십시오! 그분은 그렇게 하시지 않습니다. 어떤 사람들은 "주님이 그렇게 하라고 나에게 말씀하셨습니다."라고 변명함으로서 그들이 하고 있는 잘못된 일들로부터 책임을 벗어나고자 합니다.

주님은 양도둑이 되라거나 교회를 분열시키라고 결코 아무에게도 말씀하시지 않습니다.

내가 여러분에게 진실을 말해 드리겠습니다. 만일 사역자들이 올바로 살고 올바로 행하면 사람들은 그들을 믿을 것입니다.

성령은사주의 운동Charismatic Movement에는 하나님의 일을 위한 헌신, 성별 그리고 존경이 부족합니다. 복음의 사역자들은 자신들이 설교하는 복음을 타협하도록 하는 어떤 것에도 거부하는 정직성이 필요합니다.

목사들은 "당신은 우리 교회로 나와야 합니다. 우리는 어느 누구보다도 더욱 성령의 충만함을 가지고 있습니다."라고 말하면서 다른 교회 신자들을 데려오라고 자기의 교인들에게 가르쳐서는 안됩니다.

목사들은 다른 사역자들과 마찬가지로 새로운 교인을 얻는데서 조차 다른 사람들로부터 흠 잡혀서는 안되는 것입니다.

어떤 목사들은 이웃 교회들로부터 새로운 교인을 얻으려고 자신들의 시간을 다 소모합니다. 그렇게 하는 목사는 누구든지 양도둑입니다.

그렇게 하는 대신에 그는 교회의 프로그램을 새롭게 하여 구원받지 못한 사람들과 교회에 나오지 않은 사람들에게 손을 내밀어야 할 것입니다!

나는 한 목사를 위해 집회를 했던 복음 전도자 한 사람을 압니다.

매년 그 복음 전도자가 그 목사의 교회에 와서 그를 위해 집회를 열었습니다.

이 복음 전도자의 사역으로 인해 그 교회의 교인은 두 배로 증가되었습니다.

하루는 이 복음 전도자가 목사에게 와서 이렇게 말했습니다. "나는 당신의 교인 몇 사람 또 다른 목사의 교인 몇 사람, 그리고 또 다른 아무개 목사의 교인 누구누구랑 함께 이 근처에 교회를 시작하려고 합니다."

이 복음 전도자는 다른 사역자들의 수고 위에 건축했습니다. 그는 양도둑이었습니다. 나는 그 복음 전도자의 사역을 지켜보았습니다. 그는 비록 30대였지만, 4년 후 그는 죽고 말았습니다. 그는 자기 자신을 판단하지 않았습니다. 그래서 하나님이 그를 판단하셔야 했던 것입니다.

성경은 이렇게 말합니다. "우리가 우리를 살폈으면 판단을 받지 아니하려니와"(고전 11:31).

부도덕한 행동으로 그리스도의 몸에 상처를 주는 것은 심각한 문제입니다.

나는 사역에 몸담아 온지 50년이 넘었습니다. 나는 목사들, 복음 전도자들, 교사들과 같은 사역자들을 관찰해 왔습니다.

복음의 사역자들이 다른 사람의 사역과 평판을 타고 그리스도 안에서 이름을 내려고 하는 것을 줄곧 관찰해 왔습니다.

나는 또한 사람들이 나와 내 이름을 사용해서 영적으로 높이 올라가려고 하는 사람들도 보았습니다.

그렇게 하는 것은 거짓에 지나지 않습니다.

그렇게 하는 자는 결국은 실패하게 되는데 왜냐하면 그들은 말씀 위에 건축하지 않기 때문입니다. 그들은 자신들의 사역과 명성을 거짓말 위에 기초해서 쌓아가고 있는 것입니다. 그리고 그들은 도덕적이지 않습니다.

우리 각자의 삶을 위한 하나님의 목적을 성취할 수 있도록 우리 스스로를 준비하는 노력을 합시다. 우선 우리의 심령을 하나님의 말씀으로 준비하고 하나님 앞에서 기도합시다. 온 마음을 다해 주님을 찾는 자들은 그분을 만나게 된다고 성경은 약속하고 있습니다.

주님을 위해 자신을 성결하게 하고 헌신함으로서 주님은 그리스도의 몸과 세상에 축복이 되도록 우리를 사용하실 수 있게 되는 것입니다.

예언의 말씀

사역자의 아내들까지 포함하여 사역에서 성령의 은사의 영역에서 어느 정도 쓰임 받아 온 사람들이 있습니다. 그러나 그들은 몇 군데에서 실수를 했습니다.

그들은 상처를 받고 말했습니다. "나는 다시 그 일을 하지 않을거야."

그러나 하나님의 영이 당신 안에 있는 그 은사를 흔드시기 위해 그 상처를 제쳐두기로 결심하고 '다음에는 실수하지 않을 거야.' 라고 말하라고 하십니다.

당신이 성령으로 행하고 성령으로 사역할 때 다른 사람들은 당신을 믿기 시작할 것입니다. 그리고 당신이 행하는 일에서 축복받게 될 것입니다. 그리고 심지어 당신 주변에 맴돌던 사람들도 보러 와서 말할 것입니다.

"분명히 성령님께서 저들을 통해 자신을 나타내시는구나."

또 과거의 실패와 실수와 죄로 말미암아 자신의 영을 둔감하게 했던 사람들도 있습니다. 그리고 지금 사역에 몸을 담고 있지만 '나는 더 이상 이런 사역을 하지 않을 거야. 사람들도 나를 믿어주지 않을거야' 라고 생각해온 사람들도 있습니다.

그러나 주님은 이렇게 말씀하십니다.

"과거는 지나갔고, 잊혀져야 하는 것이다. 예수님의 피는 모든 죄로부터 우리를 정결하게 해주시고, 나는 마치 네가 전혀 잘못한 적이 없는 것처럼 너를 바라보고 있다."

그러므로 은사들을 흔드십시오. 그리고 어떤 경우에는 성령의 기름부으심으로 당신 안에 있는 은사들을 흔들어서 성령님께 다시 순종하기 시작하십시오.

그리고 당신이 성령님께 순종할 때, 그리고 성령의 기름부으심 아래서 사역할 때, 당신은 과거에 당신이 성령 안에 있었던 같은 수준으로 돌아오게 될 것이며, 당신은 거기서부터 다시 시작하여 계속 전진하게 될 것입니다.

그리고 마치 갑절의 기름부으심이 당신에게 있는 것처럼 보여지게 될 것입니다.

그리고 사람들이 당신을 보고 놀라서 "오! 놀라우신 하나님의 은혜입니다"라고 말하게 될 것입니다.

"사람이 아니라 내가 모든 영광을 받을 것이다"라고 주님께서 말씀하십니다.

그래서 하나님의 사역은 이 땅에서 성취될 것입니다.

"만일 너의 사역에서 일어나게 될 것들 중 일부를 네가 미리 듣게 된다면, 너는 불신으로 거의 외면하면서 '이런 일은 일어날 수 없어.'라고 말할 것이다.

그러나 네가 신실하게 나와 함께 걸을 때, 그리고 성령의 흐름을 따라 행한다면, 그것은 반드시 이루어질 것이다.

네 주변에 있는 모든 사람들이 너는 나의 사랑하는 자요, 성령으로 무장되었으며, 하나님의 부르심을 받은 자인 것과 복을 가지고 세상에 나갈 자격을 갖춘 자임을 알게 될 것이다.

그러므로 수확하게 될 영광스런 추수와 영광스런 성령의 역사가 나의 몸인 교회를 통하여 이 땅에 일어나게 될 것을 인하여 기뻐하고 즐거워해라.

결국 하나님의 역사는 성취될 것이고 또 즐거워 할만한 이유들이 있게 될 것이다."

헌신의 기도

헌신과 성결의 기도로서 당신의 마음을 다해 이것을 말하십시오.

아버지, 나는 나의 심령으로 성령님께 순복하여 하나님의 영으로 동기를 부여받고, 하나님의 말씀으로 통제받길 원합니다. 말씀과 성령님은 일치하기 때문입니다.

나는 성령님과 함께 움직이는 것을 배우기를 마음 다해 갈망합니다.

성령의 은사로서 사역할 기름부음이 없을지라도 그래도 나는 계속해서 말씀을 나눌 것이고, 그리고 하나님께 결과를 맡길 것입니다.

기름부음이 임할 때, 성령님이 지시하는 대로 성령의 기름부으심 아래서 말하는 것과 사역하는 것에 충실할 것입니다. 그리고 내가 내 자신을 성별하여 하나님의 말씀과 하나님께 헌신할 때, 나는 교회의 머리이신 예수 그리스도께서 친히 원하시고 선택해주시는 대로 그리스도의 몸 안에서 내가 사역할 위치에 나를 배치해 주시길 원합니다.

아버지, 예수님의 이름에 결코 비난을 가져오지 않도록 사역하기를 온 마음을 다해 결심합니다.

나는 자신의 영광을 구하지 않고 나의 이름이나 나의 사역을 뽐내지 않으며, 예수님의 이름을 높이고 다른 이들에게 축복이 되도록 노력하겠습니다.

내가 하는 모든 일에서 예수님께서 영광과 찬송받으시길 원합니다. 아멘.

믿음의말씀사 출판물

구입문의 : 031-8005-5483 / 5493 http://faithbook.kr

■ 케네스 해긴의「믿음 도서관」책들
- 새로운 탄생 | 값 1,000원
- 재정 분야의 순종 | 값 1,000원
- 나는 지옥에 갔다 왔습니다 | 값 1,000원
- 하나님의 처방약 | 값 1,000원
- 더 좋은 언약 | 값 1,000원
- 예수의 보배로운 피 | 값 1,000원
- 하나님을 탓하지 마십시오 | 값 1,000원
- 네 주장을 변론하라 | 값 1,000원
- 셀 모임에서 성령인도 받기 | 값 1,000원
- 안수 | 값 1,000원
- 치유를 유지하는 법 | 값 1,000원
- 사랑은 결코 실패하지 않습니다 | 값 1,000원
- 하나님께서 내게 가르쳐 주신 형통의 계시 | 값 1,000원
- 왜 능력 아래 쓰러지는가? | 값 1,000원
- 다가오는 회복 | 값 1,000원
- 잊어버리는 법을 배우기 | 값 1,000원
- 위대한 세 단어 | 값 1,000원
- 하나님의 은사와 부르심 | 값 1,000원
- 그 이름은 "놀라우신 분" | 값 1,000원
- 우리에게 속한 것을 알기 | 값 1,000원
- 성령을 받는 성경적인 방법 | 값 1,200원
- 하나님의 영광 | 값 1,200원
- 은혜 안에서의 성장을 방해하는 다섯 가지 | 값 1,200원
- 사랑 가운데 걷는 법 | 값 1,200원
- 바울의 계시: 화해의 복음 | 값 1,200원
- 당신은 당신이 말하는 것을 가질 수 있습니다 | 값 1,200원
- 그리스도 안에서 | 값 2,000원
- 말 | 값 2,000원
- 방언기도의 능력을 풀어 놓으라 | 값 2,000원
- 옳은 사고방식 틀린 사고방식 | 값 2,000원
- 속량 – 가난, 질병, 영적 죽음에서 값 주고 되사다 | 값 2,000원
- 네 염려를 주께 맡겨라 | 값 2,000원
- 예언을 분별하는 일곱 단계 | 값 2,000원
- 절망적인 상황을 반전시키기 | 값 2,000원
- 당신의 믿음을 풀어 놓는 법 | 값 2,000원
- 진짜 믿음 | 값 2,000원
- 믿음이란 무엇인가 | 값 2,000원
- 그리스도께서 지금 하고 계시는 일 | 값 3,000원
- 충분하고도 넘치는 하나님 엘 샤다이 | 값 2,500원
- 금식에 관한 상식 | 값 2,500원
- 하나님의 말씀 : 모든 것을 고치는 치료제 | 값 3,000원
- 가족을 섬기는 법 | 값 3,000원
- 조에 | 값 4,000원
- 당신이 알아야 하는 신유에 관한 일곱 가지 원리 | 값 5,000원
- 여성에 관한 질문들 | 값 6,000원
- 인간의 세 가지 본성 | 값 5,500원
- 몸의 치유와 속죄 | 값 6,000원

- 크게 성장하는 믿음 | 값 6,000원
- 하나님 가족의 특권 | 값 6,500원
- 기도의 기술 | 값 7,000원
- 나는 환상을 믿습니다 | 값 7,000원
- 병을 고치는 하나님의 말씀 | 값 7,000원
- 영적 성장 | 값 7,000원
- 신선한 기름부음 | 값 7,000원
- 믿음이 흔들리고 패배한 것 같을 때 승리를 얻는 법 | 값 7,000원
- 믿음의 선한 싸움을 싸우는 법 | 값 9,000원
- 하나님의 계획과 목적과 추구 | 값 8,000원
- 예수 열린 문 | 값 8,000원
- 믿음의 계단 | 값 12,000원
- 당신을 향한 하나님의 계획 | 값 8,500원
- 역사하는 기도 | 값 9,000원
- 기름부음의 이해 | 값 9,000원
- 내주하시는 성령 임하시는 성령 | 값 11,000원
- 재정적인 번영에 대한 성경적 열쇠들 | 값 10,000원
- 어떻게 하나님의 영으로 인도받을 수 있는가? | 값 13,000원
- 마이더스 터치 | 값 10,000원
- 치유의 기름부음 | 값 13,000원
- 그리스도의 선물 | 값 16,000원
- 방언 | 값 12,000원
- 믿는 자의 권세(생애기념판) | 값 13,000원
- 믿음의 양식 | 값 13,000원
- 승리하는 교회 | 값 15,000원

■ E. W. 케년
- 십자가에서 보좌까지 무슨 일이 일어났는가? | 값 16,000원
- 두 가지 의 | 값 7,000원
- 놀라우신 그 이름 예수 | 값 9,000원
- 하나님 아버지와 그분의 가족 | 값 12,000원
- 나의 신분증 | 값 4,000원
- 두 가지 생명 | 값 11,000원
- 새로운 종류의 사랑 | 값 6,000원
- 그분의 임재 안에서 | 값 13,000원
- 속량의 관점에서 본 성경 | 값 20,000원
- 두 가지 지식 | 값 4,500원
- 피의 언약 | 값 4,500원
- 숨은 사람 | 값 16,000원
- 두 가지 믿음 | 값 9,000원
- 새로운 피조물의 실재 | 값 16,000원

■ 스미스 위글스워스
- 스미스 위글스워스의 천국 | 값 11,000원
- 스미스 위글스워스의 매일묵상 | 값 20,000원
- 위글스워스는 이렇게 했다 | 피터 J. 매튼 지음 · 값 9,000원
- 스미스 위글스워스의 능력의 비밀 | 피터 J. 매튼 지음 · 값 7,000원

■ T. L. 오스본
• 행동하는 신자들 | 값 4,500원
• 기적 – 하나님 사랑의 증거 | 값 4,500원
• 새롭게 시작하는 기적 인생 | 값 8,000원
• 좋은 인생 | 값 13,000원
• 성경적인 치유 | 값 10,000원
• 능력으로 역사하는 메시지 | 값 16,000원
• 100개의 신유 진리 | 값 1,000원
• 24 기도 원리 7 기도 우선순위 | 값 1,000원
• 하나님의 큰 그림 | 값 5,500원
• 긍정적 욕망의 힘 | 값 10,000원

■ 잔 오스틴
• 믿음의 말씀 고백기도집
• 하나님의 사랑의 흐름
• 견고한 진 무너뜨리기
• 초자연적인 흐름을 따르는 법
• 당신의 운명을 바꿀 수 있습니다
• 어떻게 하나님의 능력을 풀어놓을 수 있는가?

■ 크리스 오야킬로메
• 방언기도학교 31일 | 값 2,500원
• 여기서 머물지 말라 | 값 2,500원
• 이제 당신이 거듭났으니 | 값 1,500원
• 당신의 인생을 재창조하라 | 값 2,000원
• 이 마차에 함께 타라 | 값 5,000원
• 그리스도 안에 있는 당신의 권리 | 값 2,500원
• 당신의 치유를 유지하기 | 값 500원
• 성령님과 당신 | 값 2,500원
• 방언의 능력 | 값 1,000원
• 성령님이 당신 안에서 행하실 일곱 가지 | 값 3,500원
• 성령님이 당신을 위해 행하실 일곱 가지 | 값 3,000원
• 기적을 받고 유지하는 법 | 값 2,500원
• 하나님께서 당신을 방문하실 때 | 값 3,500원
• 올바른 방식으로 기도하기 | 값 2,500원
• 당신의 믿음을 역사하게 하는 법 | 값 5,000원
• 끝없이 샘솟는 기쁨 | 값 1,500원
• 기름과 겉옷 | 값 4,000원
• 약속의 땅 | 값 8,000원
• 하나님의 일곱 영 | 값 5,000원
• 예언 | 값 4,000원
• 시온의 문 | 값 4,000원
• 하늘에서 온 치유 | 값 10,000원
• 효과적으로 기도하는 법 | 값 6,500원
• 어떤 질병도 없이 | 값 6,000원
• 주제별 말씀의 실재 | 값 15,000원
• 마음의 능력 | 값 8,000원

■ 앤드류 워맥
• 당신은 이미 가졌습니다 | 값 14,000원
• 은혜와 믿음의 균형 안에 사는 삶 | 값 14,000원
• 하나님은 당신이 건강하기 원하십니다 | 값 12,000원

• 영 · 혼 · 몸 | 값 10,000원
• 전쟁은 끝났습니다 | 값 11,000원
• 믿는 자의 권세 | 값 16,000원
• 새로운 당신과 성령님 | 값 6,500원
• 노력 없이 오는 변화 | 값 10,000원
• 하나님의 충만함 안에 거하는 열쇠 | 값 9,000원
• 더 좋은 기도 방법 한 가지 | 값 9,000원
• 재정의 청지기 직분 | 값 10,500원
• 하나님을 제한하지 마라 | 값 8,500원
• 하나님의 뜻을 발견하고 따라가며 성취하라 | 값 16,000원

■ 기타 「믿음의 말씀」 설교자들
• 성령의 삶 능력의 삶 | 데이브 로버슨 지음 · 값 20,000원
• 복을 취하는 법 | R.R. 쏘아레스 지음 · 값 5,500원
• 주는 자에게 복이 되는 선물 | R.R. 쏘아레스 지음 · 값 6,000원
• 믿음으로 사는 삶 | 코넬리아 나줌 지음 · 값 6,000원
• 붉은 줄의 기적 | 리차드 부커 지음 · 값 10,000원
• 당신이 말한 대로 얻게 됩니다 | 돈 고셋 지음 · 값 10,000원
• 예수–치유의 길 건강의 능력 | 월포드 H. 리트 지음 · 값 11,000원
• 믿음과 고백 | 찰스 캡스 지음 · 값 12,000원
• 임재 중심 교회 | 테리 테이/린 폰더 지음 · 값 11,000원
• 성령충만한 그리스도인의 지침서 | 데릭 프린스 지음 · 값 30,000원
• 열정과 끈기 | 조엘 코미스키 지음 · 값 8,000원
• 제자 만들기 | 랄프 무어 지음 · 값 11,000원
• 어떻게 교회를 배가하는가 | 랄프 무어 지음 · 값 15,000원
• 초자연적으로 타고난 | 채드 곤잘레스 지음 · 값 12,000원
• 운명 | T. D. 제이크스 지음 · 값 16,000원
• 모든 사람을 위한 치유 | 커리 R. 블레이크 · 값 9,000원
• 그렇지 않습니다 | 월포드 라이트 · 값 5,000원
• 당신의 자녀를 리더로 훈련하라 | 팻 윌리엄스 · 값 20,000원

■ 김진호 · 최순애
• 왕과 제사장 | 김진호 지음 · 값 6,500원
• 새로운 피조물의 실재 | 김진호 지음 · 값 9,000원
• 믿음의 반석 | 최순애 지음 · 값 22,000원
• 새 언약의 기도 | 최순애 지음 · 값 8,000원
• 새로운 피조물 고백기도집 | 최순애 지음 · 값 5,000원
• 성령 인도 | 최순애 지음 · 값 7,000원
• 복음의 신조 | 최순애 지음 · 값 9,000원
• 존중하는 삶 | 최순애 지음 · 값 8,000원
• 성경의 세 가지 접근 | 최순애 지음 · 값 3,000원
• 말씀 묵상과 고백 | 최순애 지음 · 값 3,000원
• 그리스도의 교리 | 김진호 지음 · 값 10,000원
• 영혼 구원 | 김진호 지음 · 값 8,000원
• 새로운 피조물 | 김진호, 최순애 지음 · 값 10,000원